U0534609

健康、财富及不平等的起源

逃离不平等

THE GREAT ESCAPE:
Health, Wealth, and the Origins of Inequality

［美］安格斯·迪顿（Angus Deaton）／著

崔传刚／译

中信出版集团｜北京

图书在版编目（CIP）数据

逃离不平等：健康、财富及不平等的起源 /（美）安格斯·迪顿著；崔传刚译 . -- 2 版 . -- 北京：中信出版社，2024.3
书名原文：THE GREAT ESCAPE: Health, Wealth, and the Origins of Inequality
ISBN 978-7-5217-6263-1

Ⅰ.①逃… Ⅱ.①安…②崔… Ⅲ.①平等－研究 Ⅳ.① D081

中国国家版本馆 CIP 数据核字（2024）第 014770 号

Copyright © 2013 by Princeton University Press
Simplified Chinese translation copyright © 2024 by China CITIC Press
ALL RIGHTS RESERVED
No part of this book may be reproduced or transmitted in any form or by any means, electronic or mechanical, including photocopying, recording or by any information storage and retrieval system, without permission in writing from the publisher.
本书仅限中国大陆地区发行销售

逃离不平等——健康、财富及不平等的起源
著者：　　［美］安格斯·迪顿
译者：　　崔传刚
出版发行：中信出版集团股份有限公司
　　　　　（北京市朝阳区东三环北路 27 号嘉铭中心　邮编　100020）
承印者：　嘉业印刷（天津）有限公司

开本：787mm×1092mm 1/16　　印张：21　　字数：283 千字
版次：2024 年 3 月第 2 版　　　　　印次：2024 年 3 月第 1 次印刷
京权图字：01-2013-7619　　　　　　书号：ISBN 978-7-5217-6263-1
定价：78.00 元

版权所有·侵权必究
如有印刷、装订问题，本公司负责调换。
服务热线：400-600-8099
投稿邮箱：author@citicpub.com

谨以此书纪念我的父亲，莱斯利·哈罗德·迪顿

目录

2024 年版序言　_III

前　言　_XI

引　言　_001

第一章　人类福祉现状　_023

第一部分　生存与死亡　_051

第二章　从史前至 1945 年　_053

第三章　消灭传染病　_089

第四章　当代世界的健康状况　_111

第二部分　大分化时代　_145

第五章　美国的物质生活状况　_147

第六章　全球化与大逃亡　_193

第三部分　救助与全球贫困　_233

第七章　如何救助落后者？　_235

后　记　_289

注　释　_295

2024 年版序言

《逃离不平等》讲述的是一个积极向上且充满希望的故事：在过往的 250 年中，人类在寿命提升以及物质生活改善等方面都取得了巨大的进步。作为既定历史，这一部分叙述几无需要修订之处。本书中对人类数百年来不断摆脱困苦险阻经历的描述，既有益于我们理解人类何以发展至此，也或有助于我们走向一个更加美好的未来世界。

然而，在我构思以及写作本书之后的十余年里，整个世界发生了巨变，且其中不乏各种负面及令人沮丧之事。"今日人类的生活比历史上任何时候都要好"这句本书的开篇之语在 2013 年时固然是成立的，但事到如今，这一论断却未必站得住脚，即便对于一位典型的世界公民而言也同样如此。这种逆转是暂时的吗？还是说，这只是一个更糟糕未来的开始？近来发生的各种事件，是否会导致我们重写整个人类历史故事？

我们往往会过分关注当下的威胁，却忽略过去，并轻视那些能够让我们迎难而上并最终取得胜利的力量。我们积累了大量有用的知识，这些知识纵然不足以解决我们所面临的所有问题，但即便是在政治、和平、繁荣以及人类寿命都在出现倒退之际，我们也不会轻易将其丢弃或者遗忘。通过阅读本书，我们可以了解到人类不断取得进步的方法以及缘由，我们也会认识到人类渴望摆脱贫穷、疾病以及过早死亡的意愿何以催生出相应的解决方法。这些解决方法很少是立竿见影的，但在启蒙运动之后，理性的力量最终为各种新旧挑战找到了解决问题的办法。本书就讲述了细菌致病理论在长期争论中不断发展的故事。细菌致病理论是对数项人类已发现的最为有用的知识的综合，自19世纪末以来，这项理论已经挽救了无数人的生命，但可惜的是，该理论未能惠及此前已死亡的数以百万计人口。癌症是一个离我们时间更近的例子。理查德·尼克松在1971年宣布"向癌症开战"，但直到20年后，癌症死亡率才开始下降。尽管成功的概率会随着时间的推移而日益增加，但解决问题的意愿只是取得进步之必要非充分条件。

尽管从长期来看，进步是一件确定之事，但人类福祉的发展历史早已经证明，盲目的乐观主义并不可取。本书反复指出，人类的福利水平并非总是能够得到改善，相反，它会频繁受到各种逆转的干扰并遭受一些难以想象的破坏，而且这些逆转经常会持续非常长的时间。仅就20世纪而言，两次世界大战、种族大屠杀以及各种灾难性的国际和国内政策，就导致了全球数千万人的死亡。1918—1920年的全球流感大流行导致大约5 000万人死亡，而当时全世界的总人口数还不到20亿。截至目前，艾滋病大流行已造成约4 000万人死亡，而且现在每年仍有50多万人死于该疾病，其中大多数都分布于撒哈拉以南的非洲地区。根据世界卫生组织的最新估计，新冠大流行已造成近700万人死亡，但实际死亡数字可能是这一估计的数倍。富裕国家也有大量人口死于新冠，比如，美国因新冠死亡的人数就超过了120万。新冠大流行打断了许多国家的经济增长步伐，全球减贫进程也因此近乎停滞。新冠疫情还扰乱了很多国家的数据收集，现在各种数据的不确定性因此大大超出以往。

在历经各种劫难之后，人类最终会重启前进的脚步，在随后的复苏中，各种健康和财富指标则会再次取得突破（尽管在新冠疫情之后，这一情况尚未发生）。这样的结果当然无法告慰死者或者他们的亲朋好友。进步并不能让死者复生，但它的确为幸存者和后代带来一种能过上更美好生活的前景。我们有充分的理由相信各种历史悲剧不会重演；伴随着整体的进步，我们用于处理和避免灾祸的工具也得到了改进。我们对各种疾病有了更深刻的理解：细菌致病理论从 19 世纪末起就成为公共卫生的基础；各种疫苗被研发出来用于疾病预防；在尚无疫苗的情况下，各类新药物的出现使得患者能够带病生存，而不至于像以前那样只能面对死亡，现在艾滋病就是这种情况。新冠疫苗仅在不到一年的时间之内就研发上市，就是这方面的一个令人瞩目的例证。

在物质福利方面，得益于凯恩斯在 20 世纪 30 年代所提出的深刻见解，宏观经济的管理水平得到改善，许多人都认为，如今央行在货币政策操作方面的表现已大大好于从前。只是长期经济增长仍然是一个谜题，相比于如何刺激增长，我们似乎在阻止经济增长方面更有经验。直到最近，世界政治似乎比以前稳定了许多；在过去的半个世纪里，国际秩序也难得地保持了稳定。主权国家之间的广泛合作促成了全球化、经济增长以及减贫事业的蓬勃发展。

但没有什么能保证这种趋势会一直持续。

本书的后记部分提到了一种令人不安的可能性：在一千年之后，也或许不需要这么长的时间，人类的大逃亡就会被看作一场昔日黄金时代的往事，一段宏大历史全景中的吉光片羽，以及一种脱离痛苦和早逝等人类常态的例外。近年来的世界，的确发生了一系列令人沮丧的事件：经济增长放缓甚至出现负增长，全球气候变暖，传染病重现，反民主和右翼民粹主义政治盛行，全球化进程停滞，人类预期寿命增长停滞不前。此外，国际政治关系，尤其是世界上最大的两个经济体中国和美国之间的紧张局势也在不断加剧。我们是在倒退到一个由牧师和军阀主宰的前启蒙世界，还是说，当下这种愈加黑暗的前景只是一种暂时现象，我们终将适时克服这些挫折，走向光明？毕竟，科学进步仍在持续，而人们追求美好生活的意愿也没有消退。或者，当下的前景会比20世纪30年代的欧洲更糟糕？

气候变化是一项最可能给世界带来永久性破坏的威胁。我们已经对需要采取何种行动有了科学的理解，行动所需的各项技术也在不断改进提升，其成本也越来越低廉。然而，各国及整个国际社会却尚未对这些必要行动予以实际支持。气候转型代价不菲，因此经常遭到机会主义政客的反对，而那些掌控大量竞选资金的特殊利益集团，尤其是那些石化行业巨头，会竭尽全力维持现状。若不是人为因素的影响，一些可怕的天气现象断不可能频繁出现，但这些事实似乎无法改变那些顽固不化的头脑，所以在应对气候变化方面，我们极有可能走向一种无可挽回的境地。但我们也有一项可以寄予希望的变化，那就是从激励而非惩罚的角度出发来制定气候政策。民主国家已经认识到，它们很难推行那些让大量民众利益受损的政策，哪怕只是短期利益受损。

要应对气候变化，就必须采取共同行动，不仅富裕国家要行动起来，贫穷国家也要积极参与其中，然而，如果前者不能向后者大量转移资源，共同行动就只会是一句空话。本书在第七章中就指出，发达国家在扶植落后国家发展民主和实现经济增长方面一直表现不佳，但或许气候变化援助会成为一个例外。事实上，正如非民主社会时常能够贯彻更为严格的公共卫生措施，在应对气候变化方面，它们也能够更容易地落实各种必要政策。然而这也将成就一番可耻的景象：一方面，富裕国家以损害贫困国家民主治理的方式提供援助；另一方面，这些富国又通过援助来让穷国实施它们不愿在本国实行的气候政策。

新冠大流行带给我们的长期经验教训则尚不明朗。

积极的观点认为，它凸显出了韧性的力量——疫苗以惊人的速度得到了研发，疫情后的经济也出现了快速反弹。但在导致大量死亡之外，长期新冠也在持续影响着人类，且我们对于这些影响的认知尚不明朗。新冠所造成的最为明显且持久的伤害，是对学龄儿童的影响。这些孩子错失了数年正常受教育的时光，这会给他们的发展带来长时间的负面影响。另外，和其他灾难所导致的不平等结果一样，新冠对贫困家庭儿童的影响要更为严重。

消极的观点则认为，新冠大流行预示着未来或有更多的瘟疫出现。从历史上看，瘟疫总是沿着贸易路线四处蔓延，从 20 世纪 90 年代到 21 世纪初，世界进入"超级全球化"时代，国际贸易也以前所未有的速度扩张，这不仅开辟了全球价值链，也开辟了一条全球病毒链。近年来，全球还发生过其他两种新型呼吸道疾病的流行，即严重急性呼吸综合征（SARS）和中东呼吸综合征（MERS），只是其规模要比新冠疫情小得多。根据世界卫生组织的数据，这两种流行病所造成的死亡人数都没有超过 1 000 人，据此，我们很容易会相信世界公共卫生系统的有效性，并认为在一个更加富裕和运转更为良好的世界里，任何新型感染的威胁都会非常有限。但新冠大流行证明，先前的那些病毒可能只是恰好具有更易控制的特性，我们只是运气好而已，未来我们未必还能如此幸运。另外，我们在疫苗研发方面也不能过分自满，别忘了，我们用了 40 多年的时间，也没能制造出针对艾滋病毒的有效疫苗。我们最好记住，傲慢是报应的先兆，这也许是新冠疫情给我们的最重要的教训之一。

我不知道是该相信积极的还是消极的观点，但未来世界很可能会有高于我们所习以为常的发病率和死亡率。除了大流行病之外，不受控制的气候变化也会对健康构成威胁，人口死亡率的下降速度在新冠大流行之前就已经开始放缓，就是关于这方面的一个例证。

在过去的 25 年中，国家和国际政治格局都发生了巨变。许多富裕国家右翼民粹主义盛行，现有的国内和国际制度体系都遭受到冲击。全球化是尤其被针对的目标。认为 20 世纪末的全球化帮助减少了世界贫困的观点不仅没有平息这些国家内部的不满情绪，反而起到了火上浇油的效果。目睹工作岗位消失和社区变化的美国和欧洲工薪阶层将全球化视为这一切的罪魁祸首之一。在许多人看来，全世界福利水平的提升是以牺牲富裕国家劳动人民的利益换来的。尽管世界整体上变得更好了，但在富裕国家内部，这些外部的受益者并无投票权，反而是那些利益受到伤害的本国人，在不断抱怨这种违背其意愿的对外援助。从贫穷国家到富裕国家的移民活动使得数百万人脱离了贫困，但富裕国家的本土劳动者却将移民视为一种威胁。在富裕国家，帮全世界"逃离不平等"并不是一项受欢迎的民主政策。

在很多国家，移民和全球化都被认为仅有利于那些受过良好教育的国际化精英，对普通劳动人民则有害无益。于是，这些劳动人民不禁想要摒弃这种只为跨国商业和受高等教育者服务却毫不顾及他们利益的内部民主制度。全球"逃离不平等"的进程极有可能因为这种副作用而放缓甚至被逆转。

在美国，半个世纪以来，劳工阶层的工资和收入一直停滞不前，与此同时，死亡率降低的趋势却呈现缓慢逆转局面。尽管受过大学教育的美国人的死亡率继续下降，但自 2010 年以来，那些没有受过大学教育的人的寿命一直在缩短。在 2020 年出版的《美国怎么了：绝望的死亡与资本主义的未来》一书中，安妮·凯斯和我提到，由于自杀、酒精性肝病，尤其是药物滥用的影响，美国无大学学历男性和女性的死亡率出现上升。如果美国劳工阶层的生活得不到改善，我们很难想象此类死亡率会下降。除此之外，在很多国家，心血管疾病死亡率的下降速度也在放缓，而在没有大学学历的美国人中，这一情况甚至出现了逆转。自 1970 年以来，富裕国家人均预期寿命的增长在很大程度上要归功于心血管疾病死亡率的下降。纵观历史，药物滥用是一个经常出现的周期性现象，所以，我们有理由期待这一次的问题也会得到时间的化解。癌症发病率在 1970 年到 1990 年没有出现明显变化，但由于吸烟率的下降以及先进科技在医疗上的应用，近年来癌症的发病率呈现下降势头。这一积极趋势有望得到延续，相关的新知识正在各国之间传递，而且有不少国家都参与了其背后所使用科学技术的创造。我的看法是，预期寿命的"正常"增长最终将恢复常态，但增长速度可能会放缓，并且我们还要留意上述流行病以及气候变化等问题的影响。

随着民粹主义的兴起，美国眼中的中国已然从合作伙伴变成了明显的威胁。两国之间日益增长的敌意给全球稳定甚至全球和平带来了风险。中国的经济增长有所放缓，这部分是由于新冠疫情，但更主要缘于其国内经济和人口因素的变化。如果中美两国的紧张局势不断升级，双方发生严重误判的可能性也会不断上升。尽管美国针对中国提出了很多反对意见，但迎合民粹主义情绪的美国政客们夸大了现实。我在后记中对这些危险情况做出了预测，并且对这些预测深感忧虑。不过，我们确实不能也不应该延续以前的超级全球化模式，相反，我们迫切需要建立一个新的全球经济秩序，我们要保持让人类"逃离不平等"的可能性，但也要更多关注国内政治，以及更多关注富裕国家中大量非富裕和受教育程度较低民众的福祉。华盛顿当前的各项政策就是奔着这一目标而去的，但这些政策是否能够取得成功，很大程度上取决于其能否得到长期有效的实行。

2008年金融危机的负面影响比我预期的要持久得多。在美国，很多人对资本主义以及进步会使人人受益的说法失去了信心。危机过后，制造问题的金融家们毫发无伤地乘着游艇扬长而去，而许多普通人则因为无家可归和失业陷入困境。在欧洲大部分地区，危机之后的紧缩政策摧毁了公共服务，自此之后，这些地区的经济几乎再无增长。当民主和资本主义失去向心力时，民粹主义自然会更具吸引力。民粹主义者和独裁者完全不尊重制度，他们不仅不重视民主进程以及对少数群体权利的保护，而且正如我们在新冠疫情期间所看到的，他们将受过教育的精英视为敌人，对科学知识机构也缺乏敬畏之心。

还有一个更为紧迫和具体的关切，那就是作为本书主干的数据收集正受到前所未有的威胁。比如，印度公布的增长率好得令人难以置信，很可能受到了操纵，其贫困监测系统也被压制。在美国，政治两极分化导致了对贫困的不同衡量标准，其中的一派甚至几乎完全否认美国存在贫困。我们无法确定 50 年后人类"逃离不平等"的进程是会持续向前，还是会被扼杀于一个日益不自由和非民主的世界。

前　言

《大逃亡》本来是一部电影，讲述的是二战期间一群盟军士兵逃离德军战俘营的故事。在本书中，我所说的"大逃亡"则另有所指：我要讲的是人类如何摆脱贫困与早逝，如何改善自身生活质量，以及应该如何让更多的人实现这些目标的故事。

我父亲的人生经历就是这类故事中的一个真实案例。父亲名叫莱斯利·哈罗德·迪顿，他于1918年出生在英国南约克郡一个名叫瑟克罗夫特的以挖煤为业的小村子里。在发现了新的煤矿后，我的曾祖父母放弃了农业，转而投身煤矿业，希望能生活得更好一点。他们的大儿子，也就是我爷爷，在参加完一战后复员，回到村子里继续井底挖煤的生活，并最终成了一名煤矿管理者。两次世界大战期间，村子里只有极少的孩子有机会读到中学，我父亲也没能接受良好的教育，只能在矿井里从事最底层的工作。对于他和他的同龄人来说，那时候他们最大的愿望就是有一天能够爬到地面上工作，但这一愿望一直未能实现。1939年，父亲应征入伍，随后被送到法国，成了英国远征军的一员。后来远征军在法国惨败，父亲又被送往苏格兰接受训练，成了一名突击队员。就在那里，父亲遇到了我的母亲。同时，父亲也十分"幸运"地因患肺结核而退役，被送至疗养院休养。之所以说幸运，是因为后来苏格兰突击队突袭占领挪威的德军遭遇失败,许多人牺牲。父亲要是参与其中,恐怕也丢了性命。1942年,父亲复员返乡,同我的母亲莉莉·伍德——苏格兰南部加拉希尔斯镇一名木匠的女儿结了婚。

虽然没能获得上中学的机会,父亲还是在夜校学到了实用的煤矿勘测技能。1942年,由于劳动力出现短缺,拥有这一技能的父亲受到青睐,成了爱丁堡一家土木工程公司的办公室勤杂工。进入公司后,父亲立志成为一名土木工程师。于是他从头学起,经过10年的努力,最终实现了自己的这一梦想。其实攻读土木工程的课程非常不易,尤其是数学和物理两科。父亲曾就读的夜校,也就是现在的赫瑞-瓦特大学,最近给我寄来了他当年的考试成绩单,从成绩单上也可看出,父亲当年的确费了不少劲儿。取得资格后,父亲在苏格兰边区得到了一份排水工程师的工作,并买下了我母亲的祖母曾居住的小屋。据说早年间著名的苏格兰历史小说家沃尔特·司各特爵士曾经光顾过这间小屋。不过对我来说,爱丁堡只有煤尘、烟灰以及糟糕的天气。等到1955年夏天,我终于得以离开那儿,搬到了有树、有山、有溪流以及无尽暖阳的另一处乡村,这成了我的一次大逃亡。

按照一代要比一代强的传统家族观念,父亲在这时也开始为我规划人生。为此,他找到我的老师,并说服老师给我在课外"开小灶",为的是我能够通过爱丁堡一所有名的私立学校的奖学金考试。这所学校一年的学费比我父亲的收入都高。最终我拿到了奖学金,成为两个可以免费就读的学生中的一个。后来我考入了剑桥大学的数学系,再后来我就成了一名经济学教授,先在英国教书,然后去了普林斯顿。我的妹妹考入了苏格兰的一所大学,后来做了一名教师。在我们这一辈的十几个人中,只有我俩考上了大学。在我俩之前,我们家祖祖辈辈也没有一个大学生。我的两个孩子现在都生活在美国。我的女儿是芝加哥一家卓越的财务管理公司的合伙人,我的儿子则是纽约一家成功的对冲基金公司的合伙人。他们两个都在普林斯顿大学接受了优质而多样的教育，其受教育程度、获得的机会以及获得教育的质量，都是我这个学习经历单一的剑桥本科生不能比的。虽然我父亲很长寿，也见识和享受到了一些如今的高水准生活，但对他而言，他的孙辈生活质量之高，已全然超乎想象了。而他的曾孙辈生活的世界，无论是财富数量还是机会数量，更是那些生活在约克郡煤矿时代的人无法想象的。

我父亲从那个煤矿小村庄的"逃亡"，是这本书主要内容的一个例证。按照今天的标准，我父亲生于贫困之境，老于生活相对富足。我没有关于约克郡矿区的统计数据，但是在整个英格兰，1918年的时候，每1000个孩子当中，有超过100个是活不过5岁的，在我父亲出生的那个村子，孩子的死亡率更高。今天，在撒哈拉以南的非洲地区，儿童活过5岁的概率还是要高于1918年的英格兰。我父亲和爷爷在1918—1919年的大流感中幸存了下来，不过我爷爷还是在年轻时被矿井里的煤车撞死了。我的外公去世时也很年轻，死因是阑尾切除术后感染。我父亲虽然在年轻的时候就患过肺结核这种堪称夺命杀手的病，但还是活到了90岁。他的曾孙辈，我看则极有可能活到100岁。

同一个世纪前相比，如今人们的生活水平已得到极大提高。童年夭折的人大幅减少，人们寿命更长，得以有机会去体验这个时代的繁荣。在我的父亲出生一个世纪之后，每1000个英国儿童中5岁前死亡的人数已经降到了5个。即便在约克郡剩下的矿区中（我父亲出生地的煤矿于1991年关闭），这一数字略高，若同1918年相比，现在的死亡率也已经微不足道了。我父亲那一代的人认为没机会接受教育是天经地义的，即便到了我这一代，也只有不到1/10的英国孩子能够进入大学校门，但是今天，大多数人都能获得某种类型的高等教育。

我父亲脱离贫困并为子孙开启了未来这件事，其实并不稀奇，但也绝非普遍存在的。我父亲同村的人没几个能像他这样获得专业技术资格，我母亲的姐妹以及她们的配偶也未能如此。在苏格兰边区的铁路线停运之后，母亲的兄弟也无法再靠打各类零工来勉强度日，于是在20世纪60年代举家移民到了澳大利亚。我的孩子在财务上则非常成功和有保障，他们（和我们）是极度幸运的。很多受到良好教育并获得财务成功的人的子女很难做得跟他们一样好。对我的很多朋友来说，其子女的未来以及孙辈的教育是他们一直担忧的问题。

这是故事的另外一面。我父亲一家得以长寿并且获得了财务成功，可以说是他们这一人群的典型样本。但实际上并非所有人都能像我父亲那样积极地投入与付出，也并不是所有人都能像我父亲那样幸运。没人能比我父亲干活更卖力，可是没好运气也肯定不行。我父亲恰好幸运地没有在童年时夭折，幸运地因为战争而脱离矿井，幸运地没有参与伤亡惨重的突袭，幸运地没有因为肺结核死掉，幸运地在劳动力短缺的时候获得了一份工作。有的人摆脱了贫穷，有的人却落在了后面。运气垂青了一部分人，却远离了另外一部分人。机会常有，但是并非人人都有能力或有魄力去抓住它们。所以说，人类不断向前的故事，其实也是一个造就不平等的故事。这一点，在今日繁荣与平等已成对立之势的美国尤其明显。少部分人很好地抓住了机会，但多数人仍在奋力挣扎。把全世界作为一个整体，我们同样看到这样的规律：当一部分人从贫困、匮乏、疾病以及死亡中逃脱之时，另外一部分人则继续留在这些旋涡中。

本书所关注的就是人类发展与随之出现的不平等之间的复杂关联。发展导致了不平等，不平等却时常有益于发展，比如它会为后进者指明发展方向，或者刺激后进者迎头赶上。但不平等也时常会阻碍发展，因为既得利益者为了维护自身地位，会破坏追赶者的发展道路。这听起来是老生常谈了，但我却想从新的角度来审视这个问题。

一说到脱离贫困，人们自然会想到钱，想到如何可以有更多的钱，如何不用为钱不够花而发愁，以及如何不用担心突然发生的"万一"

毁掉你和你的家庭。钱当然是重中之重，但是，如何拥有更强健的体质，如何健康长寿以便能有更多的机会享受人生，却是同样重要甚至更为重要的事。父母常常担忧自己的儿女不能健康长大或者要直接面对这样的现实，有的母亲甚至为了保证有5个孩子能活到成年，要生育10次。这反映了贫困的可怕，这种贫困加剧了许多人对金钱匮乏的担忧。纵观历史或者当今世界，子女死亡、病痛的折磨以及难以忍受的贫困，常常会降临到同一个家庭。这样的事情周而复始。

有很多著述是谈论财富的，也有很多是谈论不平等的，还有很多讨论健康问题以及健康与财富的关联：健康水平的不平等是财富不平等的映射。我试图把以上诸方面统一起来进行探讨，并趁此机会以一个经济学家的身份闯入人口学家与历史学家的领地。由于我们的话题事关人类的福祉，以及生命如何更有价值，因此只谈其中的任一重要部分都难以确保详尽到位。关于人类的"大逃亡"，本身就是一个跨越学术边界的话题。

作为一个经济学家，我这一生欠了不少"学术债"，很多师长使我受益匪浅。其中，理查德·斯通对我的影响恐怕是最为深刻的。我从他那里学到了"衡量标准"的重要性——没有衡量标准，我们就无法得出任何结论，而正确地建立衡量标准，亦是无比重要的事项。阿马蒂亚·森则教会我思考什么让生命更有价值，以及应以整体的视角去思考人类的幸福，而不是仅仅考察其中的某些方面。对幸福的评价，就是本书的核心。

我的朋友、同事以及学生都异常慷慨地花费精力阅读了本书全部或者部分章节。他们丰富的思想和深刻的见解都是无价的。我尤其要感激那些不同意我观点的人，他们给予我批评建议，也不吝惜赞美和肯定。同时，我还要感谢托尼·阿特金森、亚当·迪顿、让·德雷兹、比尔·伊斯特利、杰夫·哈默、约翰·哈莫克、戴维·约翰斯顿、斯科特·考斯特沙克、伊莉亚娜·库泽科、戴维·林、布兰科·米拉诺维奇、佛朗哥·拉奇、托马斯·博格、莱昂德罗·普拉多斯·德拉斯埃斯科苏拉、萨姆·普雷斯顿、马克斯·罗瑟、萨姆·舒赫霍弗-沃尔、亚历山德罗·塔罗齐、尼古拉斯·范德瓦尔和雷夫·温纳。感谢普林斯顿大学出版社编辑塞思·迪奇克让我开始动笔写作此书,并在写作过程中给予我帮助和建议。

在过去30多年中,普林斯顿大学出版社为我提供了无与伦比的学术环境。美国国家老龄化研究所和国家经济研究局曾资助我在健康和福利方面的研究,那次研究的成果对本书影响深远。我与世界银行合作频繁。世界银行经常要面对各种紧急与实际的问题,它教会了我如何分辨哪些事情是至关重要的,哪些则无足轻重。近年来我一直担任盖洛普咨询公司的顾问,它开创了对全球范围内幸福状况的调查,其中一些调查数据会出现在本书的开头部分。我对以上所有人及机构表示感谢。

最后也最要感谢的是安妮·凯斯。在本书初稿完成后,她从头到尾审读了每一个字,之后又对某些部分审读数遍。全书无数处的改进都是她的功劳,没有她的不断鼓励和支持,就不会有这本书呈现在读者面前。

引 言

  今日人类的生活比历史上任何时期都要好。越来越多的人变得更加富有,生活在赤贫中的人则比以往都少。人类的寿命变得更长,做父母的也大多不必再承受子女早夭的痛苦。然而与此同时,世界上还是有成千上万的人在经受穷困或子女早逝的折磨。这个世界变得异常不平等。

  不平等经常是社会发展的一种后果。不是所有人都会在同一时期富裕起来,也不是所有人都能第一时间获得洁净的水、疫苗或预防心脏病的新药等救命之方。不平等反过来影响了社会发展。这种影响有时候是正面的,比如印度的孩子看到了教育的力量,他们会去上学接受教育。但要是既得利益者为了阻止后进者的追赶,抽掉了帮助后进者向上行进的梯子,那么这种影响就是负面的。新富们或许会利用他们的财富向政客施压,从而限制他们不需要的那一部分公共教育或者健康医疗支出。

  一段时期以来,人类生活实现了何种改进?这种改进的实现过程是怎样的,原因是什么?社会发展与不平等之间又是如何互相影响的?这些,是本书所关注的主要内容。

从《大逃亡》这部电影说起

《大逃亡》是一部以二战战俘为题材的著名电影。这部电影改编自南非人罗杰·布谢尔（电影中的角色叫罗杰·巴特利特，由理查德·阿滕伯勒扮演）的真实故事。二战中，罗杰·布谢尔曾服役于皇家空军，他所驾驶的飞机在德军后方被击落，本人被德军俘虏。被俘后，他两次试图逃跑，但均告失败。[1] 第三次逃跑时，他带领着250个战俘，试图从德军第三战俘营挖地道逃出去。这就是电影中的"大逃亡"计划。这部电影详细讲述了这次行动是如何策划的：在监狱守卫的眼皮底下，他们精巧地设计建造了三条隧道，并且用娴熟的技能和随机应变的本领乔装改扮、伪造证件，以实施逃跑计划。不幸的是，最终只有三个人顺利逃出，其他人又被抓了回去，布谢尔本人被希特勒下令直接处死。当然，这部电影的重点，并不在于这次大逃亡的结果，而在于强调，即便是极端困难的环境，也无法阻挡人们对自由的向往。

在这本书中，我所谈及的自由，是指人们有过上美好生活的自由，以及有做让生命更有价值的事情的自由。以穷苦、物质匮乏、体弱多病等为表现的自由缺失，曾长期是多数人的命运，即便如今，世界上仍有极高比例的人口缺少这种自由。本书将讲述人类从这种没有自由的牢笼中不断逃亡的故事，并详述他们是如何逃出去的，以及之后所发生的一切。这个逃亡的故事，既包括物质方面，也包含社会心理方面。这是一个人类如何变得更加富有、更加健康的故事。这是一个人类逃脱贫困的故事。

至于本书的副标题"健康、财富及不平等的起源"，则源于我对电影中那些未能逃脱的战俘的思考。原本所有的战俘都被困在战俘营里，但是后来一些人逃走了，一些人死在逃跑过程中，一些人被抓回去重新投入战俘营，还有一些人从来就没机会离开战俘营。这种现象反映了所有"大逃亡"事件的本质：不是所有的人都会逃亡成功。这是一个事实，尽管这一事实绝不会减少我们对逃亡本身的渴求和赞美。当思考逃亡的后果时，我们不能只考虑电影中的主角，我们也需要留意那些被留在第三战俘营以及其他战俘营的人。为什么要关心这些人？电影里显然也没有表现出这样的情怀，因为对于这部电影来说，这些人不是主角，而仅仅是故事中的陪衬而已。世界上没有一部叫作《大留守》的电影。

但是我们应该想到他们。毕竟，在德军战俘营里没能逃走的士兵，要比逃出去的多得多。另外，他们也有可能因为这次大逃亡计划而受到了更大的伤害，比如，遭受惩罚或者很多优待措施被取消。可以预料的是，在逃跑发生之后，监狱的守卫会更加森严，未来出逃将更加不易。这些出逃行为会鼓励监狱其他人出逃吗？显然，他们可能已经从成功出逃者身上学到了出逃的技能，并且知道了如何避免再犯同样的错误。不过，出逃的种种困难，以及出逃成功率的降低会不会打击他们出逃的念头？另外也有可能的是，对成功出逃者的嫉妒和对出逃成功率的悲观预期，让这些在狱犯人变得更加沮丧失望，让监狱生活变得更加痛苦。

同其他的优秀电影一样，我们对《大逃亡》这部影片还能做出其他的解读。在电影的结尾，逃亡的成功与愉悦都消失殆尽，因为多数逃跑者得到的自由都是暂时的——他们又被抓了回去。无须赘言，这场逃亡将永远持续下去，并要面对诸如气候变化、政治失误、疫情传染和战争等致命威胁。实际上，在前现代社会，这种生活改善的进程突然被某种致命威胁扼杀的例子不胜枚举。对于今天的成就，我们当然可以庆祝，也应当庆祝，但是，我们没有理由盲目乐观。

经济增长与不平等的起源

人类社会进步中的许多宏伟篇章,都给世界留下了不平等的隐患,即便那些通常被认为至善的事件也不例外。18—19世纪始于英国的工业革命,启动了经济增长的引擎,使得亿万人摆脱了物质匮乏的困境。但同样的工业革命,也被历史学家称为"大分流":英国以及稍后的西北欧和北美,与世界的其他地区分化开来,并制造出西方与其他地区之间巨大的鸿沟,至今仍未消弭。[2]在很大程度上,今日全球的不平等是由现代经济增长的成就造成的。

不要以为在工业革命之前,世界的其他地区就一直处于落后和极度贫困之中。在哥伦布航海的几十年前,中国就凭借足够的技术和财力,派遣一支由郑和率领的舰队前往印度洋探险。与哥伦布的小船相比,郑和的舰队简直就是航母群。[3]在此之前的宋朝,开封就是一个拥有百万人口的大都市,手工业作坊烟气喷涌导致整座城市烟尘弥漫,而800年之后,英国工业革命的发源地兰开夏郡的繁盛也不过如此。活字印刷术的发明使成千上万的书籍得以廉价出版,这样收入低微的人也读得起书。[4]不过,无论是在中国还是在其他地方,这样的时期都是不能持续的,更不用说将其作为一个持续繁荣的起点了。宋朝曾给予金朝大量财物,让其帮助消灭自己的敌人辽国——你想让一个危险的对象变成自己的同盟,就得给其大量的好处。但结果是,1127年,宋朝首都开封首先被金兵攻陷。[5]在亚洲,经济增长不断启动,又不断被扼杀。扼杀经济增长的,既有统治者的巧取豪夺,也有战争的破坏,或是两者兼而有之。[6]在最近的250年中,世界的某些地区才开始出现长期与持续的经济增长。但同一时期,世界其他地区却没有出现此种情况。这就导致了国与国之间不断出现差距,经济增长就此变成了全球收入不平等的引擎。

工业革命与大分流算是历史上较为良性的"逃亡"了。很多时候,一国的进步发展是以其他国家的牺牲为代价的。先于工业革命并催生了工业革命的是16世纪和17世纪的帝国时代,这一时代让英格兰和荷兰的多数人获益良多,同时这两个国家也成为整个过程中表现最优异的国家。至1750年,同德里、北京、巴伦西亚、佛罗伦萨等地区相比,伦敦与阿姆斯特丹的劳动者收入都实现了相对增长。英国工人甚至买得起一些奢侈品,比如糖和茶叶。[7]但是那些在亚洲、拉美以及加勒比海岸被征服与被掠夺的人不但当时就受到了伤害,而且在很大程度上被套上了经济与政治的制度枷锁,遭遇了持续数世纪的贫困与不公。[8]

今天的全球化与早先的全球化一样,一边促进繁荣,一边制造不公平。不久之前仍处于贫困之中的国家,诸如中国、印度以及韩国都抓住了全球化的机遇,经济迅速增长,而且增长速度大大超过当期的富裕国家。因而,它们已经脱离较贫困国家的行列,剩下的多是非洲国家,这造成了新的不平等。一些国家赶了上来,一些国家则被甩在了后面。全球化和新的发展方式使得富裕国家的财富持续增长,尽管这种增长不论是与快速发展的贫困国家相比还是与它们之前的增长相比速度都有所下降。然而,财富增长速度放慢的同时,在多数国家内部,人们的财富差距都在进一步扩大。一少部分幸运儿赚得巨额财富,他们的生活方式比过去那些万人之上的帝王都要奢华。不过,多数人体会到的是,物质繁荣的程度不如以前了。包括美国在内的部分国家,中等收入人群的富裕程度已经不能与他们的父辈相比。当然,与更早的祖辈相比,他们的富裕程度是成倍增长了,毕竟这种物质的巨大进步是的的确确存在的。但是,今日的很多人的确有充分的理由担心,未来,他们的孩子或者孙辈回顾今天这段岁月时,会将它视作一个久违的黄金年代,还是一个相对贫瘠的年代。

当不平等被认为是发展的副产物而无关紧要时,我们如果只看到社会发展的平均水平,或者更糟,只看到那些成功国家的社会发展,就犯了严重的错误。以前，工业革命就被视为仅发生在先进国家的事，而其他国家则被完全忽略，仿佛它们在工业革命时期什么也没发生，又仿佛那些地方自古就没有发生过什么事。这不但是对大多数人类群体的怠慢，也是对那些利益受损群体或者落后群体被动做出的贡献的忽视。我们不能仅仅把新世界对旧世界的影响作为一种描述"发现"新世界的方式。在各个国家的内部，发展进步的平均速度，如国民收入增长率，也不能显示出发展的成果是被广泛享有了，还是仅仅让一小撮最富有的人受益。前一种情况曾于二战后的 25 年在美国出现，但最近所发生的现象却属于后者。

我在本书中讲述了物质进步的故事，但这个故事既关乎发展，又关乎不平等。

除了钱，还有健康

同财富的增长一样，人类在健康方面取得的进步也非常值得称道。在过去的一个世纪中，富裕国家的人均预期寿命延长了 30 岁，并且还在以每 10 年延长 2~3 岁的速度发展。那些以前本活不过 5 岁的孩子，如今可以活到老年阶段，而那些本可能因心脏病中年辞世的人，如今可以看着孙辈安然长大并顺利进入大学。毫无疑问，在所有让生命更有意义的因素中，寿命的延长属于最主要的因素之一。

在健康领域，进步也同样孕育了不平等。在过去的 50 年中，对吸烟有害健康的认知挽救了千百万人的生命。由于受过教育，更富裕的专业人士会最先意识到这一问题，一条贫富人群之间的健康鸿沟也就由此产生。在 1900 年左右，细菌导致疾病还是一项新知识，专业人士和受教育人群最先将这项知识转化为实践以保护自己。在 20 世纪的黄金岁月里，我们了解了如何使用疫苗和抗生素来保护儿童，但如今每年仍有近 200 万儿童死于疫苗可预防的疾病。在巴西的圣保罗或者印度的德里，富人能在世界一流的现代化医疗设施中接受治疗，而在一两英里①之外，穷困的儿童却被营养不良或者一些容易预防的疾病折磨致死。健康的进步为何如此不平等？不同的情况常常有不同的解释。穷人更有吸烟倾向的原因与如此多儿童得不到疫苗的原因并不一样。我们会在后面进行具体分析。在此处，我们要说的重点是：正如物质进步造成了生活水平的差距，健康的进步也造成了健康的鸿沟。

如今，"健康不平等"已成为各类重大不平等中的一个重要方面。当新的发明或者新的知识出现时，某些人首先受益，而其他人则在一段时间后才能获益。这种不平等还在合理范畴内，毕竟如果为了防止健康不平等，就要去阻止吸烟有害这样的知识传播，是非常荒谬的。重要的是，为何穷人更可能染上吸烟的嗜好，而早夭的非洲儿童要是生在法国或者美国就能活过6岁，诸如此类的不平等为何一直存在？针对这一方面，我们是不是应该做点儿什么？

本书主要关注物质生活水平和健康这两个主题。这两方面并非美好生活的全部要素，但是这两个方面本身至关重要。在今日知识专业化的背景下，每一个学科都对人类的幸福有着自己的专业观点，把健康和物质生活水平两者结合起来讨论，可以让我们避开今日很常见的片面性错误。经济学者关注收入，公共健康学者关注死亡率和发病率，人口学者关注出生率、死亡率以及人口规模。这些都是有益于增进人类幸福的研究，然而这些本身都不是在谈幸福问题。这么说的确有点老生常谈，但这背后隐藏的问题却并非显而易见。

我所在的经济学领域认为，人们如果有更多的钱，就会过得更好。这个观点本身有其合理性。按照这个逻辑，如果一些人得到了更多的钱，而其他多数人即便得到很少的钱或者没有得到，至少他们也

---

① 1英里≈1.61千米。——编者注

没有受到损害，那么经济学家通常就认为，这个世界变好了。这个观点非常有号召力，并被称为帕累托标准：只要没有人受到伤害，那么更富有就是更好。但是这个观点如果应用到幸福问题上，并且如果幸福的定义过于狭窄的话，就会有问题。因为要获得幸福，生活中要变得更好的或者不应该变得更差的，绝不仅仅是物质生活水平。如果富人得到了政治优待，或者通过破坏公共健康体制及公共教育体制，使得穷人在政治、健康或者教育方面利益受损，那么即便穷人最终赚到了钱，他们的实际福利水平也没有变得更好。我们不能仅仅以物质水平这一项来评价一个社会或者其公正性。但是，经济学家却经常错误地将帕累托标准用于分析收入问题，而忽视了人类幸福的其他方面。

当然，仅仅关注健康问题或者人类幸福的任何单一方面，都是不全面的。提高健康服务水平，让亟须医疗救助的人获得救助，这是好事。但是，在我们将健康放在优先位置的时候，一定要考虑成本。我们也不能将寿命长短作为衡量社会进步的标准。国民寿命长的国家的人一般会生活得更好，但如果这个国家是一个专制独裁国家，那么寿命长未必是福。

判断幸福与否不能仅仅看平均情况，必须考虑不平等问题。同样，判断幸福水平的高低需要从整体出发，而不能只看到某个方面或者某些方面。如果有可能，我肯定会就与幸福有关的自由程度、教育水平、社会自治水平、人的尊严以及参与社会生活的能力等方面展开全面论述。不过，在本书中我即便仅仅从健康和收入两方面去考察幸福这个问题，也至少可以让我们摆脱单一论证的不足。

社会进步的动力何在？

如果我们的祖先有足够的想象力，他们肯定会喜欢我们如今拥有的东西,这一点毫无疑问。与此同时,我们也毫无理由认为,过去的父母会对子女夭折的现象熟视无睹。你如果不同意这个观点(对于此事,实际上有很多不同观点),可以去读读珍妮特·布朗的书。她在书中详细描述了查尔斯·达尔文在眼睁睁看着两个孩子死去时的痛苦。[9]逃离苦难是人之天性,但是这种欲求却经常无法实现。新的知识、新的发明、新的行为方式是社会进步的关键所在。有时,灵感常常源于那些孤独的、幻想着弄出点前所未有的东西的发明家,但是更多的时候,创新不过是其他东西的副产品。比如,识字能力的普及是因为新教徒必须读《圣经》。更为常见的是,社会经济环境会导致新的东西被创造出来以满足需求。帝国时代的繁盛使英国人的工资水平得以提高,高工资加上英国丰富的煤矿资源,为发明家和工厂主提供了发明创造的动力,而发明创造是工业革命的引擎。[10]英国的启蒙运动,以其对自我完善的不懈追求,为即将出现的发明创造提供了肥沃的智力土壤。[11]19世纪的霍乱刺激了细菌致病理论研究取得重大突破。而今天,得到各方面大力支持的艾滋病研究,解开了病毒的秘密并研制出了新的药物。尽管这些药物还不能治愈艾滋病,但它们已经大大延长了被感染者的寿命。当然,世界上还有很多问题是依靠灵感解决不了的,而强烈的需求和动机也未能激发出神奇的,或者哪怕是一般的解决方案。比如,疟疾已经使人类遭遇了成千上万年的痛苦,甚至可以说它贯穿了人类历史始终,但直到今天我们也没有彻底有效的预防或者治疗方案。需求或许是发明之母,但是没有什么能保证有需求就必然有发明。

不平等也在影响发明创造的进程。这种影响有时候是正面的,有时候则相反。不幸人群所遭受的痛苦,会推动人们去寻找可以填补贫富差距这条鸿沟的新方法。这是因为,既然有的人可以免于不幸,那么不幸本身就不应存在。口服补液疗法的发现就是一个佳例。20世纪70年代,口服补液疗法在孟加拉国的难民营中出现。因为这种廉价而又简易的方法，数百万遭受痢疾折磨的儿童得以避免脱水及其可能引发的死亡。不平等也会阻碍发明创造。新发明和创新的生产方式会对既得利益者造成严重冲击。经济学家认为，创新的时代会掀起创造性破坏的浪潮，新的生产方法会横扫旧的方法，从而毁灭那些依靠旧秩序生存的人和他们的生活。今日的全球化已经出现了此种情势。从国外进口更便宜的商品如同一种新的制造商品的方式，而那些在国内生产这些商品的人则大难临头。他们当中的一部分人拥有强势的政治地位，会因为利益受损或者因担心利益受损，而从法律上禁止新事物或者至少延缓它们的出现。中国的皇帝曾因为担心商人会威胁到他的权力而禁止了海上航行。结果，郑和下西洋就变成了一次绝唱，而未能成为崭新的开始。[12]无独有偶，奥地利的皇帝弗兰茨一世禁止铁路修建，其理由只是担忧铁路会输入革命，威胁王权。[13]

为何要重视不平等？

不平等会促进发展，亦可能阻碍发展。但是不平等本身是否也值得重视？哲学家兼经济学家阿马蒂亚·森曾说，即便是那些相信社会应存在某种形式的平等的人，也会对应实现何种平等各怀己见。[14]当然并不是所有人都会同意他的观点。部分经济学家和哲学家就争论称，收入的不平等是不合理的，除非是为了实现某些更重要的目标。比如，若是政府让所有公民的收入都变得一样，那么人们的工作积极性就会大幅降低，这样的结果是，最穷的一部分人可能会变得比那些存在收入不平等地区的穷人还穷。与对收入平等的重视不同，另外一些学者则强调机会平等。但实际上关于何为机会平等，依旧众说纷纭。还有人强调比例公平：每个人得到的，应该和他的付出成正比。[15]按照这种观点，通过富人与穷人之间的收入再分配来实现的收入平等就不合理。

在本书中，我会将讨论的重点放在以下方面：不平等导致了哪些问题？不平等到底是有益于发展还是有害于发展？我们所谈论的各种不平等中，哪些是至关重要的？让少数人先富起来，是否对社会有好处？如果没有好处，那让一部分人先富起来的规则和制度是否正确？富人会不会限制穷人对社会运行管理的影响力，以保证自己的利益？健康不平等是否和收入不平等有相似之处，或者二者是否存在某些差别？这些不平等真的总是不公正的吗，还是它们会带来一种更高层次的善？

本书的结构

本书旨在提供一种对世界范围内健康与财富问题的描述，它的重点当然是今日的世界，然而也会转向历史，去看看我们是如何走到今日的境况的。第一章是导言性质的整体描述。它将提供一幅反映世界概貌的简略图，从图中我们可以知道：哪些地方的人正过着幸福的生活，而哪些地方的人则没有那么幸福。它也将以详细的数据证明，这个世界在减少贫困和降低死亡率方面所取得的巨大进步。当然，这些数据也将说明这个世界不是一个"大同世界"，而是在生活条件、生存机会以及福利等诸多方面存在巨大差异。

第一部分的三章讨论健康问题。这三章将考察过去的历史如何决定了我们今天的健康状况。人类曾经以狩猎采集的生活方式度过了几十万年，这些岁月会帮助我们理解今日世界人类的健康状况。而从18世纪的工业革命开始，人口死亡率下降，其所开创的生活范式也对当代的健康进步产生了深远影响。7 000至1万年前农业的出现，让人类可以种出更多的粮食，但是也带来新的疾病，等级制国家体系取代人人均等分配的狩猎采集组织，新的不平等随之而来。在18世纪的英格兰，全球化带来的新药物、新疗法让很多人得以保住性命，然而这些人之所以能保住性命，多数是因为他们支付得起这些新治疗方法的昂贵费用。虽然这些新的医学手段最终普惠了每一个人，然而普通人的生存机会从此却不能与上层贵族相提并论。到19世纪末，细菌致病理论的发展以及被接受，为新的爆炸性的健康进步打下了基础，然而也制造了新的生存机会鸿沟。只不过这次，不平等是发生在富裕国家的人与贫穷国家的人之间。

我会阐述那些落后国家在降低儿童死亡率方面所做的努力。对于落后国家而言，在二战后出现的死亡率下降是一次进步，也是一次追赶，它有助于缩小与发达国家之间那条始自18世纪的生存机会鸿沟。这一努力取得了很多重大的成就，抗生素的使用、传染病预防、疫苗接种以及干净的水，挽救了无数儿童的性命。人的预期寿命有时可以一年提高好几岁（从表面上看这是不可能的）。不过，尽管富国与穷国之间人的预期寿命差距在缩小，但是差距仍然存在。可怕的倒退经常出现。而近几年艾滋病的蔓延，也使得非洲数个国家过去30年在降低死亡率方面取得的进步毁于一旦。即便没有这些灾难，还是有诸多未解决的问题横在眼前：很多国家仍然没有完善的体系提供常规的卫生保健，仍有很多孩子夭折，只是因为他们出生在了"错误"的国度。包括印度在内的世界很多地方，仍有一半的儿童还处在营养不良的状态。

富国与穷国间死亡率的差距并没有完全消弭，因为富裕国家的死亡率同样也在下降（这是好事）。不过，在富裕国家，死亡率下降的主因与穷国不同，它并非依靠儿童死亡率的下降，而是因为成年人寿命的延长。在关于健康内容的最后部分，我会主要关注以下几方面：富裕国家的死亡率是如何下降的；男性和女性的预期寿命差距是如何被缩小的，原因何在；吸烟在健康问题上扮演了何种至关重要的角色；为什么我们对心脏病的预防治疗比对癌症的治疗要成功得多。在这里，我们将看到18世纪发生在英国的一幕又重新上演：健康不平等随着健康的进步出现。

第二部分的两章主要关注人类的物质生活水平。我将从美国开始论述。虽然美国的确非常特殊，也经常走极端，但是，在收入不平等的程度等问题上，影响美国的因素也同样适用于其他的富裕国家。二战后，经济增长为美国带来了新的繁荣，但是，经济增长速度却一个年代比一个年代慢，直至出现经济大衰退。战后的经济增长减少了贫困人口数量，尤其是让非洲裔美国人和老年人受益，与此同时，收入差距并未出现明显扩大。到20世纪70年代初，美国可以说是现代主要经济体的典范。但此后，美国的故事却变成了另外一个模样：经济增长放缓，而不平等状况却因为顶尖富人群体的收入飙升而变得更严峻了。与之前一样，不平等也有其好的一面，这一次，是它使得教育、创新以及创意活动获得了从未有过的繁荣。然而美国的例子也证明了不平等黑暗的一面：富豪的主宰给民众福祉带来了政治和经济威胁。

我将以世界为整体来考察人类的生存状况。从1980年起，全世界的贫困区域大幅减少，这可能是人类有史以来最伟大的逃亡，也肯定是速度最快的一次。这一盛景的出现，主要是因为世界上人口最多的两个国家——中国和印度的优异表现。得益于经济增长，中、印两国已经改变了超过10亿人的生活。人类贫困减少这一结果或趋势，与20世纪60年代广为流传的悲观预测大相径庭。当时，人们以为人口爆炸将使世界陷入灾难，而现在的实际情况比当年悲观的预测要好得多。尽管如此，在这个世界上仍然有10亿左右的人生活在水深火热之中。一些人已经成功逃亡，还有一些人被抛在了后面。

第三部分只有一章，为本书的尾声。我将在这一部分结束我的探讨，并转而阐述我们应该如何有所为，以及如何有所不为。后者甚至比前者更重要。我坚信，那些已经成功逃亡的人，或者至少是依靠前辈的努力成功逃亡的人，必须帮助那些仍深陷困境的人。对于很多人而言，这种道德义务的实现要依靠外国援助，比如各国政府（大多数都有官方援助机构），比如世界银行或者世界卫生组织这样的国际机构，或者成千上万的非政府救助组织。依我之见，这些机构当然做过好事，与艾滋病以及天花等疾病的斗争就是极好的例证。然而我却越来越相信，多数外在的努力更多时候是有害的。如果这种外在的帮助是在阻碍这个国家自身的成长（我也相信的确会如此），我们就不能坚持以"我们必须做点什么"这样的理由去继续干预它。我们应该做的就是停下来。

后记是对本书主题的回归。它将提出这样一个问题：电影《大逃亡》的结局并不圆满，那么在真实世界里的大逃亡，会有一个不同的结局吗？

如何衡量发展与不平等？

在本书中，我会尽可能以数据和图表来支持我的观点。若没有完整的定义以及证据支撑，则所谓的进步就不能得到清晰讨论。事实上，政府若无收集数据的意识，那就算不得开明。国家对人口的统计已有数千年历史，《圣经》中，玛利亚必须随约瑟回到其出生地进行登记，就是一个著名的例证。在美国，政府规定每 10 年必须进行一次人口普查。倘若没有这种人口统计，那么平等的民主就不可能存在。不仅如此，在更早的 1639 年，马萨诸塞的殖民者就要求对人口的出生和死亡做精确的统计。可以想象，如果没有这样的关键数据，公共卫生政策也必然是盲目的，不能有的放矢。

对于穷国而言，目前它们所面临的一个重要问题就是无法掌握死亡人口的准确数据，更不用说掌握人口死亡的原因了。来自各种国际机构的数据倒是不少，然而人们却还没有完全明白，这些随意编造的数据对于政策制定或外援评估，都是不够可靠的。人们意识到急需做点什么，却对具体做什么没有足够的理解。没有数据的佐证和支撑，任何人的任何行动都不可以宣称是有成效的。我在后面将努力阐述我那些基于数据的证据，并说明其来源及可靠性。当然，我也会有数据支撑不足的时候，在这样的情况下，我会尽力使我的观点合理化。

在处理数据时，我们需要尽力弄清它们是怎么来的，它们所表达的意义为何，否则，我们就容易犯无中生有的错误，还可能遗漏一些紧急而明确的需求。我们需要警惕，不能被虚假的幻觉欺骗，而忽略那些真正可怕的东西；我们也需要谨慎，不要提出一些会从根本上产生误导的政策建议。

国民幸福与国民收入的关系

本书的大部分内容涉及人类的物质生活，而物质生活水平主要是通过收入，即人们消费与储蓄的那部分货币来衡量的。货币的价值会根据人们的购买成本进行调整，在调整之后，货币就变成一个可以衡量人们购买能力的合理指标。当然，很多观点认为，我们对收入的重视程度过高了。的确，美好的人生不只是拥有金钱。但是宣称钱不能让人过得更好，这种观点就未免过于偏激了，至少钱让人们的基本需求得到满足。

持"金钱与幸福无关"这种观点的人所依靠的证据是，曾经有关快乐的调查宣称，除了对于那些深陷贫困的人，钱很难或根本就不能让人感到快乐。如果这种说法是正确的，如果快乐是一种衡量幸福的指标，那么我的大多数观点的说服力就大打折扣了。所以，讨论钱和幸福到底有什么关系，就成了我展开论述的一个极好的出发点。在讨论这个问题时我引入了图解的方式，并把这种方式贯穿本书始终。

很多参与相关调查的人会被问，他们的日子过得怎么样，他们对自己的生活总体满意度如何，这样的调查经常与以"快乐"为衡量标准的调查混为一谈。这导致的结果是，调查里会出现不快乐的人却过着很好的生活，或者快乐的人却过着艰辛的生活。这样的调查犯了将生活满意度与快乐两个指标混淆的大错误。生活满意度是对生活各方面综合考虑之后做出的总体评价，而快乐则是一种情绪、一种状态，或者说是一种感觉，是人生体验的一部分。[16]

盖洛普咨询公司在全世界范围内开展调查，让人们评价自己的生活状况。这个评价体系共分11级，最低为0分，表示对你而言最差的生活，最高为10分，表示对你而言最好的生活。每位受访者必须回答觉得自己此时生活在哪一级别。我们可以用这个数据来分析不同国家民众对生活水平感受的差异，尤其是可以以此来考察，在这样的评估模式中，是否高收入国家的人会感觉自己过得更好。

图0-1是2007—2009年部分国家和地区调查所示的生活总体评价得分平均值与人均国民收入（更确切地说是人均国内生产总值）之间的关系。人均国民收入以剔除物价变动因素之后的美元来衡量（在第六章中，我将详述这些数字的来源以及为何需要对这些数字的价值有所保留）。在图中，圆点大小同国家或地区的人口多少成正比。其中，左边两个最大的圆点分别代表中国和印度，而右上方较大的圆点则代表美国。在图中，我还标注了其他一些特别值得留意的国家和地区。

从图中我们很容易发现，左下方生活在最穷的国家和地区的人们，通常对他们的生活总体水平非常不满意。他们不但收入低，也自认为总体生活状况很差。而在美国和其他一些国家及地区，人们不但拥有高收入，也认为自己的生活总体状况很好。在所有的国家和地区中，生活总体评价最差的是多哥。多哥是世界上最穷的国家之一，这里的人民也几乎没有任何自由。评价最好的国家是丹麦，这是一个富裕而自由的国度。在这些指标比较中，斯堪的纳维亚国家的平均值都高于美国，不过美国也处于平均值最高的区域之中。这种以收入为衡量标准的评估存在很多例外。东亚国家和地区与前社会主义国家对生活的总体评价都不高，其中尤以保加利亚最为典型。但是在同样收入较低的拉丁美洲国家，人们却对生活总体评价很高。这说明，收入并非人们评价生活状况时唯一的考量标准。

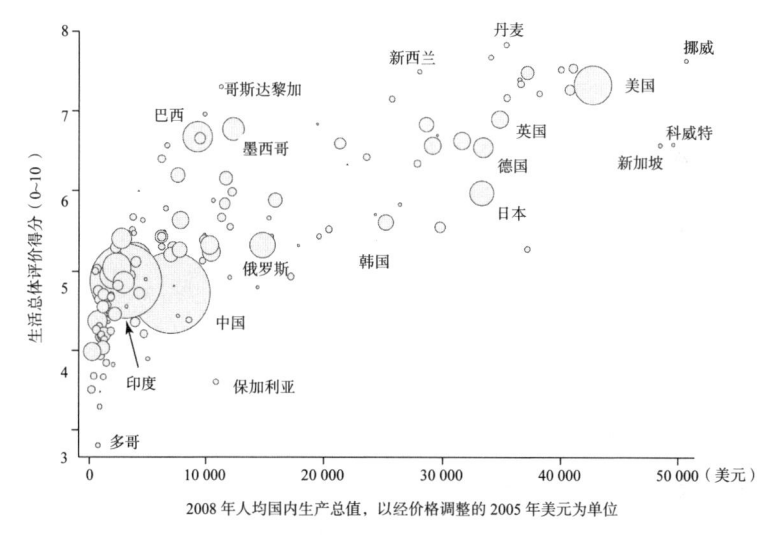

图 0-1　生活总体评价与人均国内生产总值

观察图中左下方贫穷国家和地区分布密集的区域，我们会发现，生活总体评价随着国民收入的增长而快速上升。但是，当我们跨过中国和印度这两个国家，从左往右看，随着收入的增长，生活总体评价分数的增长幅度没有那么大。巴西和墨西哥的分数大概是 7 分，这与右边的富裕国家和地区仅仅相差 1 分左右。可见，收入对生活的影响，在穷国要比在富裕国家大。的确，单看此图，很容易就会得出一个结论：一旦人均国内生产总值达到 10 000 美元，钱对提高人的生活水平就没有那么重要了。之前提到的很多人便持这样的观点。[17] 然而，这样的结论却是靠不住的。

　　钱的多少对于富裕国家人民的生活同样影响巨大。要把这一点解释清楚，我们只需要将图 0-1 稍做调整。我们在讨论钱的问题时，既可以以绝对数为标准，也可以以比例说话。偶尔，我的普林斯顿的同事们相互之间会聊一下薪水的问题，他们会说，谁的薪水涨了3%，谁的薪水涨了1%。实际上，系主任表达自己对员工满意与否，一般都是通过加薪的幅度来体现的，而不是加薪的具体数额。对于一个年薪 20 万美元的人来说，加薪 1% 的绝对数，比一个年薪 5 万美元的人加薪 2% 要高。但是，对于后者而言，他会认为自己在过去一年中的表现比前者更好（事实也是如此）。在此类计算中，百分比变成了一个基本单位，人们会忽略底数，而认为只要是 10% 的增长就是一样的。

　　对于图 0-1 中的数据，我们也可以这样处理。但由于国与国之间的差距过大，同以百分比作为衡量标准相比，以 4 倍的比率来处理这些人均收入数据更为合适。这里，我们选择以 250 美元作为基数，只有津巴布韦和刚果民主共和国［以下简称"刚果（金）"］的人均收入处于 250 美元以下。乌干达、坦桑尼亚以及肯尼亚的人均收入则在 1 000 美元，这正好是基数 250 美元的 4 倍。中国和印度的人均收入则又是坦桑尼亚和肯尼亚的 4 倍，也就是基数的 16 倍。墨西哥和巴西又是中国、印度的 4 倍，而世界上最富裕的国家又是墨西哥和巴西的 4 倍。与世界上最穷的国家相比，最富裕国家的人均收入是其 256 倍（在第六章中我还会解释，其实这些数字仅仅是个概数）。一言以蔽之，在图 0-2 中，我们放弃了以绝对数作为标准来评估人们的生活水平，而以 4 的倍数为单位，比较处在基数的 4 倍、16 倍、64 倍以及 256 倍位置的国家的生活水平。

　　图 0-2 中的数据与图 0-1 没有任何差别，但是人均收入的数据现在以 1 倍、4 倍、16 倍、64 倍和 256 倍来进行划分。我将这 5 个倍数

分别以 250 美元、1 000 美元、4 000 美元、16 000 美元、64 000 美元这 5 个具体的收入数字加以标注，于是可以看到图表的横坐标轴上这 5 个数字从左至右以 4 倍数排列。从左到右每两个数字之间的距离是相同的，代表相同的倍数差别，而不是图 0-1 那种绝对数的差距。这叫作对数标尺，我们之后会在多处用到。

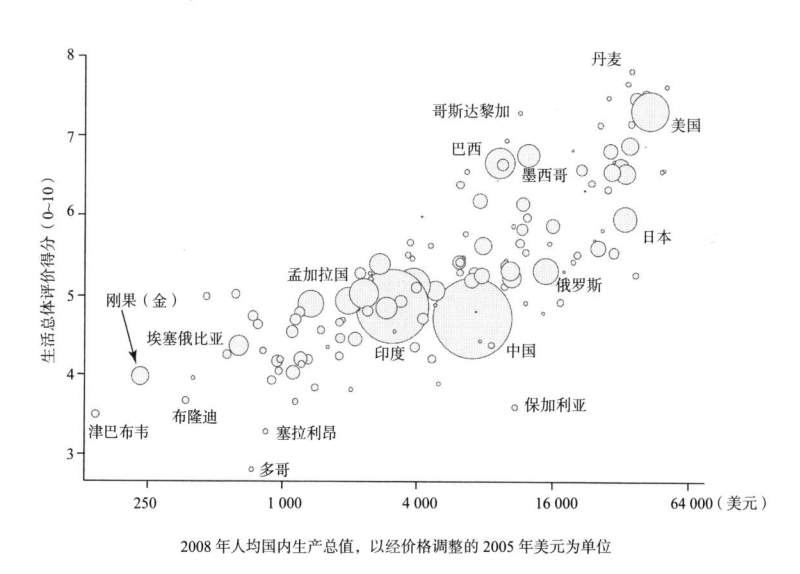

2008 年人均国内生产总值，以经价格调整的 2005 年美元为单位

图 0-2　对数标尺处理下的生活总体评价与人均国内生产总值

虽然只是横轴发生了变化，但这却让图 0-1 看起来和图 0-2 有天壤之别。原先富裕国家和地区之间的生活总体评价差异较小的趋势，在图 0-2 中荡然无存。现在，所有的国家和地区大体是沿着一条向上的斜线分布。这种现象告诉我们，在收入上同比例的差异，导致了在生活总体评价上同比例的绝对变化。平均而言，如果我们从一个国家或地区搬到一个人均收入 4 倍于它的国家或地区，我们的生活总体评价打分会高出 1 分左右。而且，这种现象既出现在富裕国家或地区中，也出现在贫困国家或地区中。为了避免误解，我们需要指出，这里也存在很多例外，很多国家和地区的生活总体评价得分与其人均收入并

引　言　019

未全然如我们预料的那样对应，不是所有富裕国家和地区的生活总体评价得分都高于贫穷国家和地区，中国和印度就是两个鲜明的例子。但是从整体上看，确实是每有4倍的收入差异，生活总体评价的得分就会有1分的差距。

到底是图0-1对，还是图0-2对？两者都对。这就如同一个年薪50 000美元的人的薪水涨了2%，增加的绝对数只有1 000美元，而一个年薪20万美元的人的薪水虽只涨了1%，增加的绝对数却是2 000美元。同理，虽然从刚果（金）到印度，从印度到美国，看起来人均收入都翻了4番，但是后者增长的绝对数却要大很多。

图0-1表明，同样的绝对数量收入增长，对于富裕国家和地区生活总体评价的影响要比对贫穷国家和地区的影响小很多。而图0-2则表明，同样倍数的收入增长，无论在贫穷还是富裕国家和地区，都会对生活总体评价产生相同程度的影响。

对生活的总体评价显示，除了收入，人生还有许多其他重要方面，这也导致了一种金钱不足论的观点。能认识到影响人类福祉的还有钱以外的其他方面，比如健康、教育或者参与社会的能力等，当然是一件好事；但如果因此说金钱不值得讨论，或者认为对比墨西哥富裕的国家和地区来讲，钱不能增加人们的生活满意度，就不准确了。而如果就此只认生活总体评价这一个标准，而忽视其他评价标准，就更不对了。生活总体评价这种衡量体系还远非完美。在生活总体评价调查中，人们经常不能确定里面的问题是什么意思，也不知道自己需要做出怎样的回答，而国家和地区之间的比较结果也会因为各个国家和地区受访者回答风格的差异而受到影响。比如，在很多地方，"没什么可抱怨的"或者"还不赖"这样的回答，大概是人们能给出的最好的反馈。然而在另外一些文化中，人们会更乐于表达自己的情感，也不掩饰自己生活上的成功。因此，图0-2也十分重要，它说明，关注金钱多寡对生活的影响，并非一种误导。更富裕的国家和地区有更高的生活总体评价,这一点,即便在那些最富有的国家和地区也不例外。

在第一章,我会讨论如何衡量幸福与生活满意度这一问题,但我更主要的目的是从更宽泛的角度来考察当今世界的人类福祉问题。我将聚焦于那些已经成功摆脱童年早逝和贫困的人,但也绝不停留于此,因为我还同样关注那些仍身处困境等待一场生存大逃亡的人。

第一章

人类福祉现状

　　人类历史上最伟大的逃亡，是挣脱贫困和死亡的逃亡。几千年来，人们即便有幸逃过了童年早逝的厄运，也要面对经年的贫困。得益于启蒙运动、工业革命以及细菌致病理论，人类的生活水平获得了大幅度提高，寿命延长了不止 1 倍，过上了前所未有的丰富多彩的生活。我父亲的寿命，是我祖父一辈的 2 倍。他作为一名土木工程师得到的实际收入，与以挖煤为业的祖父相比，也增长了不知多少倍。而我所受到的教育和以教授为业所得到的收入又大大超过了我父亲。现在，全世界儿童和成年人的死亡率都在下降，但是人类的大逃亡却并未结束，仍有 10 亿人遭受物质和教育匮乏之苦，他们的寿命与其先辈（或者我们的先辈）相比，也没有增加。人类的大逃亡为我们这一代人创造了一个不一样的世界，在这里，我们比我们的祖先生活得更加富足，身体更健康，长得更高大，受的教育更好。与此同时，大逃亡也制造了一个不那么乐观的世界：由于一大部分人被甩在了其他人的身后，与 300 年前相比，这个世界变得更加不平等了。

　　这本书要讲述的，就是人类大逃亡的故事。大逃亡为人类带来了诸多好处，但也需要为今日世界的不平等负责。本书同样会阐明，为了帮助那些仍然陷在困境中的人，我们应当做些什么，又不应当做什么。

我使用"福祉"这个词来指代所有对人类有益以及能够帮助人们提高生活水平的事物。它既包括物质的丰富,比如收入和财富;也包括身心的愉悦,即健康和快乐;还包括在民主和法律制度下得到受教育机会和参与公民社会的能力。这本书的主要章节将聚焦于这些福祉组成因素中的两个——健康和财富。在这一章的总体论述中,我也会谈到一些关于幸福的问题。

在本章,我会对今日的人类福祉做一个概论,同时也会回顾在过去的 30~50 年中,人类的福祉是如何变化的。在这里,我会用最少的笔墨来呈现一些基本的事实。而在之后的章节,我会比较细致地探究每个具体的话题,阐述其中的缘由以及我们前进的方向与方式。

健康与财富

显而易见,健康是讨论福祉问题的起点。人得先活着,才能去想如何过上美好的生活。身体不健康以及任何其他生存障碍,都会严重限制人们享受美好生活的能力。所以,我们就从人的生存谈起。

如今,一个美国小女孩的预期寿命是 80 岁以上。实际上,官方的这一预测数字还是相当保守的,因为它没有考虑到未来人口死亡率会继续下降这一事实。在过去的几十年,美国人口死亡率一直在降低,而这一步伐不可能突然停止。当然,要对人的寿命增长做出规划很难,但是,不是虚言,未来,一个美国白人中产家庭女孩活到 100 岁的概率有 50%。[1] 相对于她曾祖母的时代,这样的寿命变化是非常了不起的。她的曾祖母,如果生于 1910 年,则当时的预期寿命只有 54 岁。那一年,在美国出生的女孩有 20% 没活过 5 岁就夭折了;与此同时,每 5 000 人中,只有两人能活到 100 岁。如果她的祖母生于 1940 年,则当时的预期寿命是 66 岁。那时,每 1 000 个女孩中,有 38 个不到 1

岁就夭折了。

不过，与今日国与国之间的差距相比，美国不同历史时期之间的差距显得微不足道。如今，世界上有很多地方的健康状况比美国1910年的情况要差。在塞拉利昂、安哥拉、斯威士兰、刚果（金）、阿富汗等地，1/4的孩子活不过5岁，人们出生时的预期寿命只有40岁多一点。在那里，每个女人一般要生5~7个孩子，而其中多数母亲会在有生之年看到至少一个孩子死去。每有1 000个孩子降生，就有1位妈妈死亡。也就是说，那些将要生10个孩子的女性，其死亡风险高达1%。即便情况如此恶劣，与几十年前相比，这也有很大的进步了。在世界上条件最差的地方，即便其他方面没有任何改善的迹象，死亡率也已经下降了。不过在情况最糟糕的某些国家，比如斯威士兰，即便儿童能活过5岁，其到成年时期也得面对艾滋病的威胁。一般来说，成年人的死亡率是很低的，但是艾滋病大大提高了其死亡率。当然，艾滋病蔓延这种恐怖情况在热带国家和最贫困国家都不算普遍，在那里，很多国家的新生儿存活率和美国的一样高，甚至更高。这里面就有新加坡这样的热带国家。即便在印度和中国（2005年，这两个国家拥有世界上1/3以上的人口和近乎一半的最贫困人口），新生儿的预期寿命也分别达到了64岁和73岁。

在本章的稍后部分我会详细说明我所引用的数据来源，但是，现在就有必要强调的一个结论是，一个国家越穷，其健康数据就越糟糕。不过，具体而言，儿童部分的数据令人欣慰：1岁以下或5岁以下儿童的存活率提高了。但是成人部分的数据，包括产妇的死亡率，以及15岁人群的预期寿命，却令人忧虑。

健康并不仅仅意味着人能活着或者寿命很长，它更重要的含义是活得好。好的内涵是多维度的，与人活着还是死了这样的事实相比，健康状况是否良好非常难以明确衡量。但我们仍有很多实例，证明人的健康状况在随着时代进步而提高，同时也有证据表明，富国与穷国之间人的健康状况存在差异。与穷国相比，富裕国家的人承受的病痛和身体伤残更少。在富国，人口伤残率一直在下降，而人的IQ（智商）则随时代推移而逐步提高。在世界多数地方，人们的身高比以前增加了。但是那些在童年时代营养不良或者遭受病痛的人，却没有长到基因允许达到的高度。一个人长得比理论所预测的高度矮，一般都说明其童年不幸。童年时没能健康成长会损害脑部发育，从而也会影响其成年之后的发展。一般而言，欧美人要比非洲人高，也比中国人和印度人高。如今，成年后的孩子比他们的父母和祖父母都要高。全球健康与收入水平的提高，以及全球不平等，从人的身高差距上就可见一斑。

健康差距往往是物质生活水平差距和贫困与否的反映。无论与1910年还是与1945年相比，美国人都变得更加富有了。而那些人均预期寿命最低的国家，其民众的收入和美国人比起来低得令人难以置信。刚果（金）的人均国民收入大概是美国人均国民收入的0.75%。在刚果（金），超过一半的人口每日的生活费不足1美元。与此类似的国家还有塞拉利昂和斯威士兰。因为战乱等因素，世界上一些生存境况最糟糕的国家甚至还没有相关的数据统计。阿富汗就是其中之一。

美国人口普查局的调查数据显示，在美国，有14%的人口处于贫困线以下。但是，美国的贫困线是每日人均生活费约15美元，比那些贫困国家高很多。我们根本没法想象，一个美国人如何能靠1美元过一天（不过有数据显示，要是扣除了住房、医疗和教育费用，1.25美元也能让一个美国人过一天）。[2]但是，那些穷国的人每天赖以生存的费用便是1美元左右。

预期寿命和贫困的关系的确存在，但并不明确。2005年，印度和中国的人均预期寿命分别达到了64岁和73岁，但是在印度，有1/4的人口每日生活费用不足1美元。在中国的农村，1/7的人口也是如此。虽然中国的经济总量即将超过美国，但是论人均收入，中国仅是美国的约20%。也就是说，1个美国人的收入大体相当于5个中国人的收入之和。还有一些国家更贫穷，但是它们的人均预期寿命也很高。比如孟加拉国和尼泊尔，它们的人均预期寿命都是65岁左右。根据2005年的数据，越南的人均收入仅仅比这些国家稍好一点，但是其人均预期寿命却高达74岁。

部分富裕国家的人均预期寿命则与其收入水平毫不相称，美国就是一个典型例证。在最富有的国家当中，美国的人均预期寿命排名末位。另一个类型的例子是赤道几内亚。2005年，这个国家依靠卖石油人均收入大涨，但是其人均预期寿命却低于50岁。赤道几内亚曾经是西班牙在西非的一块殖民地，目前处于特奥多罗·奥比昂·恩圭马·姆巴索戈治下。若要评选谁是非洲最恶劣的独裁者，姆巴索戈当仁不让。他的家族攫取了这个国家依靠石油出口获得的大部分收入。

较高的人均预期寿命、良好的健康状况、人民免于贫困而又有民主法治，这些是一个理想国家应该具备的几个主要特质。具备了这些特质，人民就有可能过上美好的生活，就有条件去追求自己想追求的目标。不过，我们没有做过调查，所以其实并不能确切地了解，人们到底最在意什么；也不知道在健康与金钱之间，他们会做出怎样的权衡；甚至不知道我们所提到的这些，对他们而言到底是否重要。人通常有一种适应恶劣环境的能力，可以在那些死亡率和贫困度都很高的地方拥有快乐的心态，甚至过上幸福的生活。穷人在最困苦的条件下，也会觉得自己过得非常幸福，而富人看起来拥有一切，却可能对生活极度不满。

在这种情况下，我们还是会以人们过上好日子的概率来衡量他们的福祉，而不是以他们的自我感觉为准。一个穷人生活得开心，适应力强，这不能改变他贫困的事实。同样，一个亿万富豪觉得自己很不幸，或者贪得无厌不知满足，也不能改变他富有的事实。这种阿马蒂亚·森口中所谓对"能力"的关注，实际上是对人们摆脱贫困的一种检验。这种检验的标准是以客观环境所提供的可能性为依据的，而不取决于人们对个人境况的自我感受。[3] 当然，觉得自己的生活会变得更好，这本身是一件非常好的事情，知足开心总比愁眉苦脸要好。这样的感觉对过上好日子是有帮助的，了解到这一点很重要，即便在对福祉进行评价时我们不会优先考虑这种因素。我们的这种立场，和一些功利主义者的想法是有差别的，比如经济学家理查德·莱亚德[4]认为，对幸福的自我评估是唯一重要的事情。他认为，好的环境只有在能增进幸福的时候才是有益的，如果人们自己觉得快乐，那么坏的境况也未必就是坏的。有不少人持有这种论调，但我们从引言的图 0-1 和图 0-2 中已经能看到，在生活状况恶劣残酷、人均预期寿命低的国家，人们对自己的生活完全说不上满意。而在那些生活富裕、人均预期寿命长的国家，民众基本上都觉得自己过得很好。

全世界的人均预期寿命和收入状况

我们需要将世界视为一个整体来确定健康、财富和快乐各自的特点。这样做是为了找出总体特征，同时发现例外。很多例外是非常值得留意的。在发现总体特征这一方面，人口学家塞缪尔·普雷斯顿于 1975 年最先采用的研究方法是最有价值的方法之一。[5] 图 1-1 是普雷斯顿曲线的重绘版，相关数据都更新至 2010 年。这张图显示了全世界的人均预期寿命和人均国内生产总值之间的关系。

图中横轴是每个国家的人均国内生产总值，纵轴是男女总体的出生时预期寿命。每个国家都显示为一个圆点，圆点的大小与国家人口多寡成正比。图中较大的圆点分别是中国和印度，而右上部分相对较小但已经算比较大的圆点是美国。从左下升至右上的这条曲线展现的是预期寿命和国民收入之间的一般关系：在低收入国家，曲线急速上行；但到了生活富裕、人均寿命长的国家，这条曲线就变得平缓了。

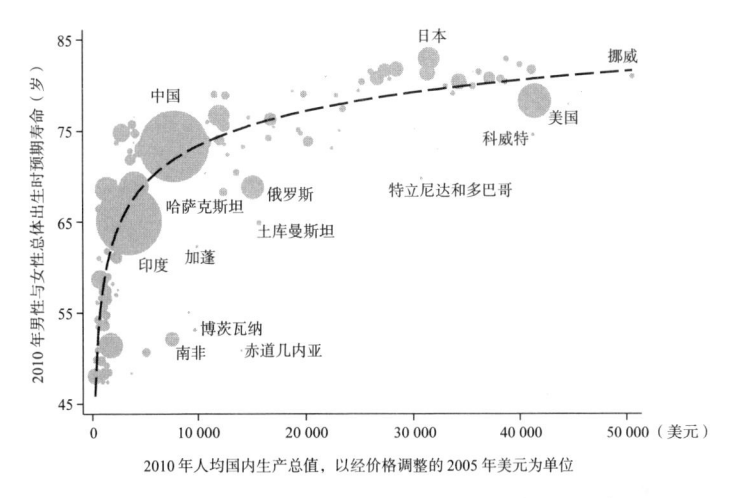

图 1-1 人均预期寿命与人均国内生产总值（2010 年）

人均国内生产总值是衡量某一个国家内部平均收入水平的指标，在这里，我们使用它来对不同国家之间的收入进行对比。这里使用的单位是以 2005 年为基准的国际元。这样至少原则上能够保证所有国家 1 元钱的价值是一样的，从而我们就可以在相同情形下进行比较，即 1 国际元在巴西或者坦桑尼亚能买到的东西和 1 国际元在美国能买到的东西是一样的。国内生产总值包含了众多个人和家庭未能直接获得的收入，比如政府税收、企业和银行的利润以及外国人的收入。一般来说，国内生产总值中只有一部分（尽管是很大的一部分）可用于家庭购买支出，剩下的部分则以直接（比如政府的教育支出）或者间接（长期投资）的方式让普通家庭受惠。国内生产总值与国民生产总值（GNP）意义不同。国民生产总值包含本国居民在国外创造的收入，国内生产总值则不包括；国民生产总值不包括外国人在本国创造的收入，但这一收入包含在国内生产总值内。国内生产总值和国民生产总值的这种区别，一般来说影响不大，但是对某些国家来说却非常重要。比如卢森堡，在这个国家工作赚钱的很多是比利时人、法国人或者德国人，这就使得卢森堡的国民生产总值大大低于国内生产总值。它和卡塔尔以及阿联酋这类石油储量丰富的国家一样，被我们排除在曲线图之外。2010年它们的人均国内生产总值都处于世界最高水平，要是绘制在曲线中，会在右侧的边界之外。相对而言，国民生产总值能更好地衡量国民收入，但是我们拥有的国内生产总值统计数据更为持续完整，因此，我在这里以及书中的很多处都选用了国内生产总值数据。

从图1-1中我们可以看到，中国所处的位置是整条曲线走势的"转折点"，这一点非常明显：从中国开始，原先走势陡峭的曲线变平缓了。实际上，这一转折点标志着"流行病学转变"的出现。对于这一点左侧的国家而言，传染病是死亡的重要原因，而死亡人口中，儿童众多：在最贫困的国家，一半左右的死亡人口是5岁以下的儿童。但是，在这个转折点之后，在富裕国家，儿童大量死亡的现象就变得非常罕见了，死亡人口中，老年人开始占绝大多数；除此之外，传染病也不再是人口死亡的主要原因，取而代之的是慢性病，尤其是心脏病（或者更宽泛地说，包括中风在内的心血管疾病）以及癌症。在贫穷国家，慢性疾病也正在迅速成为更普遍的死亡因素。不过，在富裕国家，除了少数老年人死于肺炎，只有极少人会死于传染病。这种流行病学转变被形象地归纳为"疾病从婴儿的肠道和胸腔转移到了老人的动脉里"。

倘若思考全世界的福祉分配问题，认识到预期寿命与人均收入具有正相关关系十分重要。身体健康和财富是人类福祉的两大重要组成部分，图1-1证明了它们一般同向而行（尽管不是必然的）。经受物质生活之苦的人们，比如撒哈拉以南非洲的大部分人，一般也正在承受健康之困：相对而言，他们的个人寿命更短，在有生之年，多数也要经历丧子之痛。而在曲线另一端的富裕国度中，人们则极少会经历子女死亡这样的悲剧，他们的生活水平非常高，而且寿命也要比最穷国家的人们长近1倍。当把健康和收入结合起来谈论这个世界的时候，我们就会发现，世界各国之间的福祉分化其实也是多重的。而人类真实的福祉差距，实际上也比我们只观察健康或者只观察收入所见的要严重得多。要认识这种真实的差距，一种粗略但通常行之有效（虽然毫无道德吸引力）的策略是把预期寿命和收入相乘，然后得出一个叫作终身收入的衡量指标。这当然是一个很糟糕的衡量方式（由于一年的生命价值是以人的收入估价，一个富人一年的生命价值大大高于一个穷人一年的生命价值），但是它的确更形象有力地展现了国家与国家之间的差距。例如，在刚果（金），一个人的收入大概只是一个美国人收入的 0.75%，而其预期寿命则不到美国人的 2/3，这样算下来，一个美国人的平均预期终身收入是一个刚果（金）人的 200 多倍。

当然，这张图不能证明更高的收入会促进健康状况的改善，也不能确认疾病的发生都是因贫困而起。同时，这张图也不否认钱在某些时候或者在某种意义上是极为重要的。关于收入的重要性，我会在后面展开更详细的论述。在很多方面，钱的重要性不言而喻，比如个人要改善健康状况，就需要有更好的营养，也就需要花钱；政府要提供洁净的水源，改善环境卫生，也需要钱。不过，在富裕国家，虽然科研耗费了很多金钱，但癌症或者心脏病的治疗效果都不明显——这多少能解释过了流行病学转变这个点之后，曲线变得平缓的原因。同时，人的预期寿命也是有上限的（很多人竟然对此表示怀疑），因此人的寿命长到日本或者美国这样的水平时，要想再延长就变得越来越难了。

有些观点经常宣称，在富裕国家，收入和预期寿命之间不存在相关性。[6] 为讨论这个问题，我们不妨再借鉴一下引言中提到的重新绘图的方式，把图 1-1 中的数据做对数标尺处理，可以发现，虽然图 1-2 中的所有数据都和图 1-1 中的一样，却给我们展现出了另外一番图景：图 1-2 中这条线的斜度大体上是一致的，仅仅在最右边上方稍稍有些变平缓（大致是被美国的数据拖累的）。这种情况说明，在最富裕的国家中，收入和预期寿命之间的关系确实不明显。但从整体来看，对于世界上的多数国家，人均预期寿命的增长还是和收入增长呈正相关的。这一点，和我们在引言中讨论生活满意度时所得出的结论类似。当然，由于富裕国家的人均收入更高，因此同一比例的收入增长，其绝对数额是不一样的。富国绝对收入的增长数额要比穷国的多很多。这就是图 1-1 所显示的，同样数额的收入增加，在富国中相应增加的预期寿命就比穷国少得多。但即使在富国之间比较，更高的收入还是对应着更高的预期寿命。当然，图 1-2 的确显示出，各国预期寿命与人均收入的排序远远说不上一致。

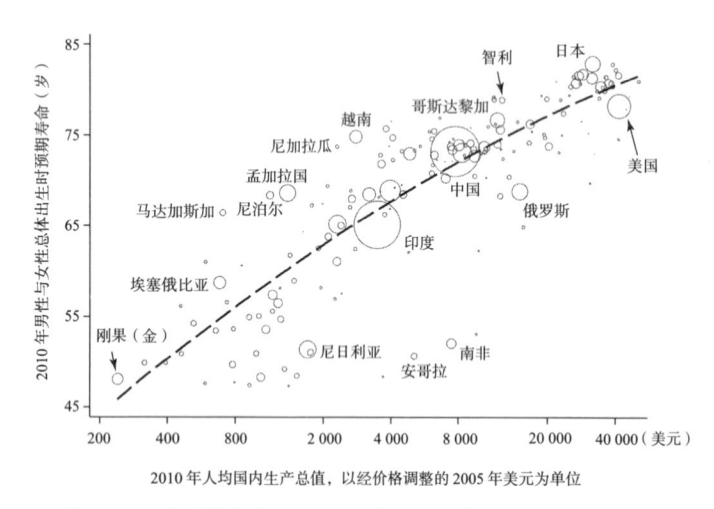

图 1-2　人均预期寿命与人均国内生产总值（2010 年，对数标尺）

那些远离曲线的国家，其背后的故事一点也不比曲线附近这些国家少。有些国家是因为战争影响，人均预期寿命与其人均收入极不相称。还有一些国家，包括博茨瓦纳、斯威士兰以及其他没有标注的国家，则正在遭受艾滋病的困扰。其中的一些国家，二战以后在人均预期寿命上所获得的进步，已经被艾滋病的传播全部或几乎全部抹平。因此，在图上，它们的位置也就处在下方，远离曲线。我前面已经提过赤道几内亚这个贫富差距极大的国家，它的情况是所有国家中最为恶劣的。贫富差距也让南非处在图表中极低的位置。在艾滋病到来之前，南非就长期位于曲线之下了。南非地域广袤，整体贫穷，但是其中的一小部分人却非常富裕，这种情况即便在结束种族隔离之后也长期存在。事实上，如果我们在图 1-1 中画一条连接尼日利亚和美国的线，然后从尼日利亚向美国移动 10%（这一比例即南非白人人口占比），就接近南非在图上的位置。

另外一个大国俄罗斯也表现不佳。在苏联解体之后，俄罗斯的人均预期寿命出现了急速下降。这有转型带来的混乱和破坏的原因，此外，过度饮酒也是一个重要原因，这一点对俄罗斯男性的影响尤为显著。俄罗斯的情况存在争议，因为在政治制度转型之前，俄罗斯男性的死亡率也在上升。[7] 但不论真相如何，如今，俄罗斯和其他前苏联成员国家都出现了健康水平和生活满意度下降的情况，这与其国民收入极不相称。此外，经济制度的变化，使得我们更难以衡量这些国家人民的收入状况，一些数字很可能被夸大了。虽然从某种意义上说，俄罗斯的转型是不可避免的，而且长期看是有益的，但是在短期内的确造成了人均收入和人均寿命的下滑。当然，与战后艾滋病的蔓延相比，俄罗斯的这些问题还不算严重，但是毋庸置疑，俄罗斯人民遭受了巨大的痛苦，福利水平也下降了。

美国人在健康方面的表现也与其收入水平不相称。同其他国家相比，美国在医疗保健上投入的资金占其国民收入的比例相当高，但是取得的成果，却成为收入和健康之间并无紧密关系的明证，更说明医疗支出和健康水平之间没有关联。智利和哥斯达黎加的人均预期寿命与美国相近，但是它们的国民人均收入只有美国的约 1/4，而其在医疗上的人均花费也只有美国的约 12%。在第二章和第五章中，我会进一步分析美国的健康状况和医疗支出问题。

其他国家的人均预期寿命表现则要大大好于其收入水平。关于这一点，图 1-2 比图 1-1 表现得更为清晰。尼泊尔、孟加拉国、越南、中国、哥斯达黎加、智利以及日本这些国家，其人均预期寿命在图中所处的位置,都比我们根据其收入水平所预想的要高。在以上这几个国家中,穷国在控制婴儿(1岁以下)死亡率和儿童(5岁以下)死亡率方面都做得相当好;而富裕国家,尤其是日本,中老年人的死亡率通常较低。在后面的章节,我会详细解释为什么会有这么多例外出现,但最主要的一点是:穷国可以做得比我们根据实际条件所预想的更好,而富国则可能做得非常糟糕。低收入人群也有可能获得良好的健康保障,而花很多钱也可能没有好的结果。在任何收入水平的国家,战争、流行病以及极端的不平等都会让健康问题恶化。当然,前两种情形在穷国还是比富国更常见一些。

渐进的改善被灾难中断

图 1-1 和图 1-2 为我们展示了 2010 年世界的人均预期寿命与收入的关系。不过,预期寿命和收入的关系曲线从来没有停止变动。图 1-3 展示了两条曲线,其中一条就是 2010 年的人均预期寿命与收入关系曲线,而另外一条是 1960 年的曲线。在图中,1960 年的国家都以浅色阴影表示,以便和 2010 年的有所区别。每个圆点的大小和各个国家的人口数量成正比,但是仅限于在同一年份内的相互比较。因此,要注意,同一个国家在两个不同年份圆点大小的变化不代表其人口规模的变化。

从图中可见,几乎所有深色阴影的圆点都在浅色阴影的上方和右侧。这就是说,1960 年以来,几乎所有国家的人民都变得更加富有和长寿了。一切都在改善,福祉指标中的健康水平和收入水平都在随着时间的推移而提高:这也许是二战之后人类在福祉方面所取得的最重要成就。经济学家兼史学家罗伯特·福格尔对 1700 年之后的历史进行了研究。[8] 他认为,正是从 1 700 年左右开始,人类逐步摆脱饥饿和早逝;而到了二战之后,这一过程进一步在全世界范围内扩展。虽然到现在不少国家仍深受饥饿与死亡的威胁，更多的国家还在为摆脱此种威胁而努力，但那些业已取得的成就仍然值得关注和庆贺，毕竟数以亿计的人口已经摆脱了疾病和物质匮乏的困扰。阿马蒂亚·森将人类所取得的进步称为自由的获得[9]，如此，则如图 1-3 所示，2010 年的世界比 1960 年的更加自由了。如果在这张图中继续加入 1930 年或者 1900 年的相关数据（这些年代的数据不够完整），我们会看到，人类自由程度的提升已经持续了很长一段时间。大约从 250 年前开始，人类自由程度提升的幅度加大，在最近的半个世纪，有越来越多的国家加入获取自由的行列。

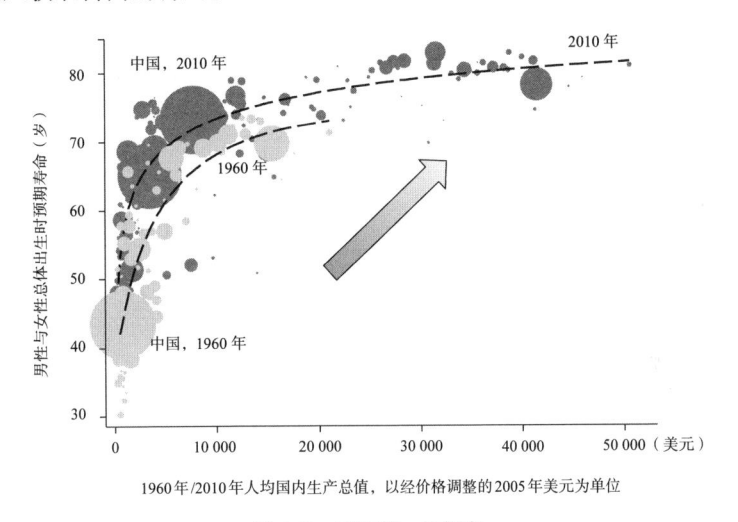

图 1-3　更富裕，更长寿

总体上看，人类在进步，但是中间也穿插着各种各样的灾难。艾滋病的蔓延是一场巨大的灾难。在撒哈拉以南的非洲国家，艾滋病导致了人口死亡率的上升以及人均预期寿命的急速下降。南非在图中的位置就很好地说明了这点。在图 1-1 和图 1-2 中，南非远在曲线之下。但如果回到 1960 年，即便那时候还没有艾滋病的影响，南非所处的位置也很低——这说明，南非的人均预期寿命下降，不是因为疾病的拖累。实际上，南非的问题在于黑人和白人之间存在的极端不平等。如果我们观察不同年代的曲线变化，就可以发现，随着种族隔离的结束，南非在图表上离曲线越来越近，而不同种族的健康水平差异也在缩小。至少在1990年之前，这种情况是的确存在的。但在此之后，因为艾滋病导致的死亡人数增加，南非再次远离曲线，落回到图1-1中的最初位置。

在过去几年中，抗艾滋病药物的使用使得非洲的死亡人数得到了控制。这场流行疾病提醒我们，人类任何的"大逃亡"都可能是暂时的，传染病的大流行并不只是发生在遥远的过去。中世纪有黑死病，19世纪有霍乱流行，如今则是艾滋病。无论是学术刊物还是大众媒体，都过分关注当下的威胁，而忽略了某些"新兴"的传染性疾病，尤其是像艾滋病这种由动物传染给人的疾病。实际上，我们身边存在大量的"动物传染性"疾病，而且其中一些是致命性极强的。虽然大多数这类疾病不可能发展成大瘟疫，但无论如何，死亡是谁也不想看到的。比如艾滋病，虽然传染性低而且不会导致暴毙，但确实对人类造成了极大的威胁，而这类疾病的流行，足以提醒我们在未来不能对类似的疾病掉以轻心。

若是抛开各种灾难所造成的发展中断，我们可以从图1-3中得出这样的结论：除了各个国家都变得更加富有和健康，预期寿命和收入曲线本身也在随着时代前进而上移。从图中我们可以看到，2010年的曲线位于1960年的曲线之上。不仅如此，实际上1960年的曲线也要高于1930年的，而1930年的也高于1900年的。普雷斯顿注意到了曲线的上移趋势，他认为，这种情况的出现除了因为收入在增长，还必定有某种系统性因素在起作用。如果人均收入是影响寿命的最重要因素，那么曲线就应该随着收入增加而上移，或者因收入下降而下移。但现实情况是，当曲线上移时，某些国家的收入却未必增加。因为从全世界来看，无论是穷国还是富国，即便收入没有发生变化，其人均预期寿命也在随着时间推移而延长。普雷斯顿将这种曲线的上移，归因于科学和医疗知识的进步，或者至少是因为现有科学和医学知识得到了更为实际的运用。他认为，曲线旁这些国家的变化应归因于生活水平的提升，而曲线本身的上移则得益于新知识的应用。[10] 幸福的增加到底应归功于收入增长还是知识增长？这是将贯穿本书始终的一个话题。我的观点是，与收入增长相比，知识扮演着更为关键的角色。虽然收入本身非常重要，是人类福祉的一部分，同时也对幸福组成的其他要素起到促进作用，但收入绝不是幸福的最终决定因素。

全球贫困与不平等

虽然全世界多数国家的物质生活水平都在不断提高，但是并不意味着经济增长就必然带来贫困消减。有可能一些最贫穷的国家根本没有出现任何的经济增长——不少非洲国家在20世纪80年代以及90年代早期就是如此；还有可能，虽然国家经济增长了，但是只有国内的先富者从中得到了好处。一些人常常用以上一种或两种情形作为论据，来证明他们所坚信的一个观点：全球化与经济增长只让富人得利。这有一定的道理，因为正如我们所看到的，国家与国家之间的确存在令人难以想象的物质水平差异，而一国之内的贫富差距也触目惊心。不过，现在的问题是，这种不平等是在随着经济增长而扩大吗？是每个人都从增长中受益了，还是先富的人群持续领跑，将那些缺乏运气的人进一步甩在了身后？

要回答这个问题，一种方法就是看一看原先贫困的国家是否取得了比富裕国家更快的经济增长。如果国与国之间的差距在缩小，那么穷国的增长肯定要比富国快。如果说是科技与知识的进步促进了经济的增长，那么在科技与知识可以得到便利传播的前提下，国家与国家之间的生活水平便应该越来越接近。

图 1-4 中这些看起来随机分布的小圆点分别代表不同的国家。纵轴表示人均国内生产总值年均增长率，横轴表示初始人均国内生产总值。其中，深色圆点表示各个国家人均国内生产总值在 1960—2010 年的增长情况，浅色点则表示 1970—2010 年的增长情况。从图中可见，这些圆点毫无规律可循，也就是说，穷国的增长速度比富国更快这个说法无法从这张图中得到证实，而穷国追赶上了富国，以及贫富不平等在缩小这样的结论，就更无从得出。当然，反过来说，这张图也不能说明富国的人均国内生产总值增长得比穷国更快。一言以蔽之，国与国之间的不平等并没有改变多少。从图中可以看到，绝大多数国家的增长率都是正数，圆点分布在零增长这条虚线的上方。在过去的半个世纪中，全世界出现了大范围的国内生产总值增长。在 2010 年，只有 4 个国家的人均收入低于 1960 年的水平，只有 14 个国家低于 1970 年的水平。当然我们不能忘记有几个表现最差的国家（比如陷

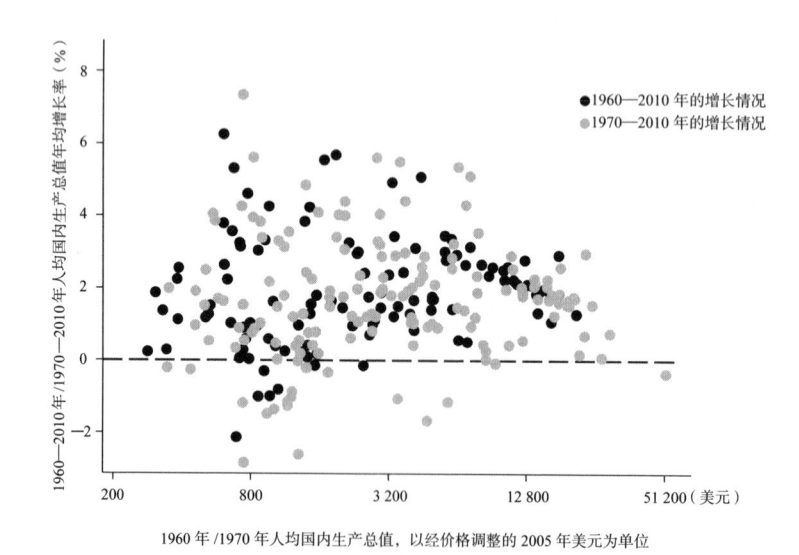

图 1-4　各国的经济增长

入战争的部分国度）没有被纳入统计中，这可能是因为它们没有相关数据，但也可能是因为它们是近几年刚诞生的新国。在图 1-4 中，表现最差的两个国家是刚果（金）和利比里亚，它们常年遭受战乱之苦。

对于同样的数据，还有一种不同且更为乐观的看法。图 1-5 是经济学家斯坦利·费希尔绘制的。这张图与图 1-4 相近，不同之处在于图中代表每个国家的圆点，因为与各国数据统计之初的人口规模成比例而变得有大有小。[11] 以这种方式进行观察，我们似乎可以很快得出一个负相关的结论，即穷国的人均国内生产总值增长得更快。但是我们已经知道这不是事实！之所以有这样的错觉，是因为图中几个代表大国的圆点太大。在过去的半个世纪中，印度和中国这两个世界上人口最多的国家的人均国内生产总值增长极快，这让超过 20 亿人口的平均收入离开了世界收入分配水平的底部，并向中间水平靠近。如果视一个国家的人均收入为其每个国民的真实收入，那么即便国与国之间的收入差距没有缩小，从图 1-5 也可以看出，全球人口的收入水平

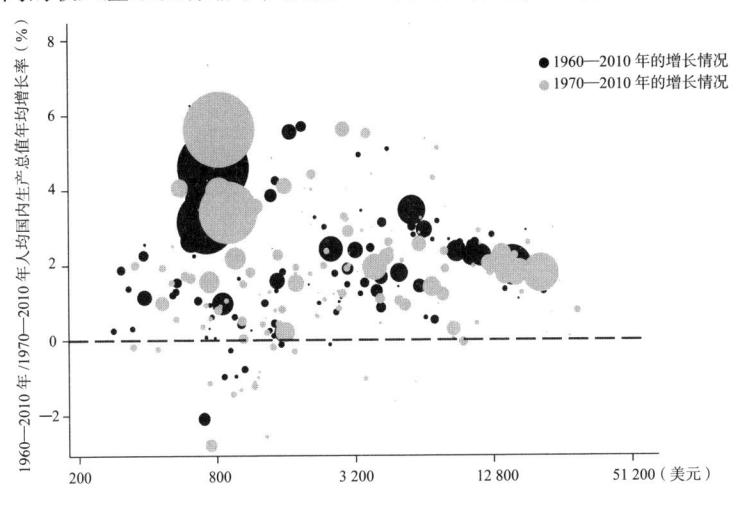

1960 年/1970 年人均国内生产总值，以经价格调整的 2005 年美元为单位

图 1-5　考虑到国家人口权重的经济增长

在向着一个中心靠拢。但现实是，每个国家的个人收入不可能都相等，世界上不但存在国与国之间的收入差距，在一国之内，收入差距也在不断扩大。这一点我们在第六章会详细讨论。一旦一国之内的贫富差距被纳入讨论，世界范围内人们的收入不平等是如何变化的这件事，无论有多么好的例子，都将变得更加难以说清。

当然，中国和印度经济的快速增长，不但使得成千上万的人摆脱了贫困，也使得世界变得更加公平。如果我们更重视的是人而不是国家，那么的确可以说，乐观的图1-5比悲观的图1-4更准确。

全球贫困状况的改变，也与印度和中国密切相关。世界银行会定期统计全世界每日收入不超过1美元的人口。图1-6就是根据2008年的统计数据绘制的。[12] 数据显示，尽管全世界穷国人口在1981—2008年间增加了约20亿，但是每日收入不足1美元的人口却减少了7.5亿。这意味着，全世界每日收入不足1美元的人口比例已经从40%以上降低到了14%。不过，尽管很多地区的贫困率都有所下降，世界贫困人口绝对数量在过去10年的下降却主要归功于中国的快速发展。实际上，在中国以外的地区，贫困人口的绝对数量是有所增长的（在第六

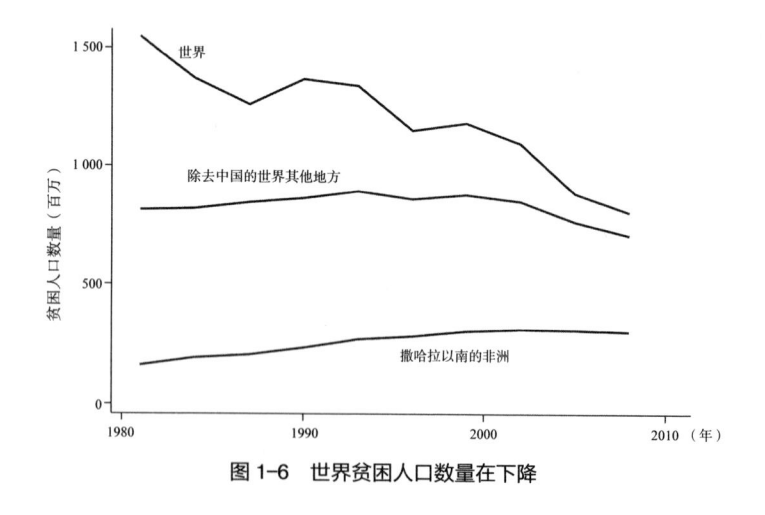

图1-6 世界贫困人口数量在下降

章我们会提到,印度统计的数据存在一定的误差,因此这个说法似乎低估了印度在降低贫困人口方面的成就)。根据世界银行的统计,撒哈拉以南的非洲国家每日生活费不足 1 美元的人口比例从 1993 年 49% 的峰值下降到了 2008 年的 37%。非洲的经济水平虽然较低,但是近年来人均国内生产总值增长迅速。总而言之,在全球范围内消除贫困方面,我们取得了总体性的进步。尽管不是所有的地方在所有的时间都有进步,但是持续 1/4 个世纪的经济增长的确大大减少了全球的贫困人口数。

人们如何评估自己的生活?

美好的生活需要的不仅仅是健康的身体和足够的金钱。要远离贫困,人类也需要拥有更好的教育以及更广泛地参与公民事务的能力。虽然我主要讨论的是健康和收入问题,但实际上在其他方面,我们在最近几十年也取得了很大进步。当然,要做的事情仍然有很多。如今,更多的孩子有机会进入学校,文盲人数比以前大大减少。尽管现在世界上仍然存在独裁统治,很多人参与公民事务的权利也仍然受到限制(有时这种限制甚至是极为严厉的),但人们总体上比半个世纪之前有了更多的政治自由。以环境所允许的程度看,多数国家人们的生活都已变得更加美好。[13] 这种生活也经常被专家或者学术评论者过分赞美,不过,人们并不一定以我们所提到的这些要素作为衡量生活幸福与否的指标。人们本身对生活的意见被忽略了。有时候,人们也经常认为某些东西对他们的生活更有价值,但是我们却从未将其考虑在内。因此,有必要了解人们对自己生活的感受。

探讨这一问题的一个方式是将人们对生活的自我感受作为评估其生活是否幸福的标准。引言中,图 0-1 和图 0-2 就是这样的范例。如今,经济学家、人口学家以及哲学家都开始看重这种对幸福的评估方式,很多统计官员也开始将其列为常规数据加以收集。[14] 这种评估经常被笼统地称为幸福感评估,其本身的确有不少特别之处,比如直接来自接受调查的人,更关注实际的结果,通常包括一些影响人的总体幸福感的因素,而这些因素可能是我们之前不知道的,或者是我们知道也无法评估的。

当然,很多经济学家和哲学家对自我陈述型评估的可靠性和有效性持保留态度,因为我们并不总能了解人们在回答问题时到底在想些什么,并且,不同的人或不同国家的人对同一个问题的理解也经常不尽相同。即便是直译,对一个问题的翻译也会产生不同的结果。比如美国人对"幸福"这个词的使用比较随意,而法国人却不是如此,东亚人则很少表达说他们过得很幸福。[15] 在美国,追求幸福是《独立宣言》所标榜的不可剥夺的权利,而在我的出生地——信奉加尔文主义的苏格兰乡村,有这样的追求会被认为性格过于懦弱。

适应性是另外一个值得关注的问题。生活在绝境中的人倾向于相信眼前的生活是他们能得到的最好的,所以会认为自己过得很幸福。而那些生活奢靡的人,已经适应了富足的生活,因此哪怕是少了些许奢侈用品,他们也会对自己的生活感到不满意。[16] 充实的生活往往也伴随着痛苦与失去,哲学家玛莎·努斯鲍姆曾经写过"幸福勇士"的故事。勇士们奔赴战场,能预料到的只有伤痛与可能的阵亡,但是他们却认为这样的生活美好而有价值。[17] 当然,对这些可能的情况持保留态度,并不是说我们应该忽视人们对自己生活的看法,而是要注意这些现象可能忽视了某些潜在的问题,我们不应对此全盘接受。

如果人们总是进行自我调节,满足现状,那么我们调查得到的反馈就不会有那么多的差异。世界上多数富裕国家,其富庶通常已持续多年,而穷国则困顿多年,若人们总能自我适应,那也应该早就适应了自己的处境。但是,本书引言已经告诉我们,这不是事实。

在关于生活总体评价的调查中,丹麦以 7.97 的高分(打分范围为 0~10 分）位居世界第一。在所有相关排名中，丹麦一直稳居第一。其他的北欧国家，芬兰为 7.67 分，挪威为 7.63 分，瑞典为 7.51 分。美国以 7.28 分排在这些国家之后。长期处在极权统治之下的多哥仅得到 2.81 分，而经历了长期内战的塞拉利昂是 3 分，另一个长期处在极权统治下的国家津巴布韦得到 3.17 分。布隆迪为 3.56 分，贝宁为 3.67 分，这个悲剧性名单再往上列就是阿富汗，得到 3.72 分。这种生活总体评价方式的确遭到了质疑，但是，当用这种衡量方式来评估国家的贫穷程度以及辨识国家的贫富时，其结果和以收入水平、健康水平或者政治自由度高低为衡量标准的结果是极为一致的。富有而民主的欧美等国是比撒哈拉以南非洲、亚洲以及拉美等地的穷国更适合人类居住的地方。我们就人们的生活总体评价进行调查所得到的结果，与我们考察人们的收入或者寿命所得到的结果一致。

如果能够获得过去半个世纪的生活总体评价调查数据，就可以从历史入手，通过对比去发现 1960 年至今人们对生活的自我感受的变化路径。之前我们考察收入与健康的关系时就采用了这样的方式。可惜盖洛普的世界调查开始于 2006 年，虽然之前也有一些来自某些国家的分散数据，但这些数据的可靠性无法确认，调查样本的选择标准也无从得知。所以到目前为止，我们无法确认过去半个世纪的经济发展是否提高了人们的生活满意度。

即便如此，富国居民对生活的整体评价要比穷国居民的高。这一事实容易使人们相信，经济增长对于人们生活满意度的提高是有好处的。回头再看对生活总体评价上的两极：一极的丹麦和美国，以及另一极的塞拉利昂、多哥、津巴布韦，恰好一边是富国，一边是穷国。富国实现了 250 年的发展，穷国却一直毫无变化，而这正是对生活的总体评价出现两极化的原因。我们之前提到，国与国之间的人均预期寿命存在巨大差异，而人均预期寿命在过去半个世纪中也随经济的发展而增长。如此，要是中国、德国、日本、美国这些国家在 2008 年的生活总体满意度比 1960 年的低，那就是不合理的。但是，就是这样一件看起来毫无争议的事情，却一直遭到质疑。

1974 年，最早采用自我报告方式调查人类幸福感的经济学家兼历史学家理查德·伊斯特林指出，根据调查，日本人并没有因为日本的经济发展而觉得自己过得更幸福。后来，伊斯特林又通过在美国等多个国家的调查，拓展了他的结论[18]，即经济增长从古至今都没有改善人类的命运。伊斯特林的经济增长无用论，在经济学界是相当罕见的。(不过，人类的健康和其他方面虽然未必与经济增长直接相关，但是的确随着经济增长而改善了，这一点他并没有质疑。)但是，许多人口学家、宗教领袖以及其他否认物质是幸福之基础的人士，都对伊斯特林的这一观点表示了赞同。不过，那些处在极端贫困中的人可能不会这么想。经济学家贝齐·史蒂文森和贾斯廷·沃尔弗斯对这种观点进行了质疑，他们宣称，合理的参照数据表明，国家的经济增长提高了人们的生活满意度。这种关系，同经济增长差异导致了富国与穷国之间的生活满意度差异是类似的。[19]

比起穷国与富国之间的生活满意度差异，经济增长对同一个国家内人们生活满意度的影响更难被观察到。国与国之间的生活满意度差异，源于数世纪的经济增长差距，而对一个国家来说，即便是持续 50 年的经济增长，也未必能大幅提高人们的生活满意度。如果一个国家的经济能在半个世纪之内以年均 2% 的速度（图 1-4 中的平均增长速度）持续增长，那么最终其人均收入会比最初时增加 2.7 倍。这是一个很大的增长，大概相当于今日印度和泰国之间的差距。但实际上，由于各国人民的生活总体满意度和收入并不是完全对应的关系，在出现经济增长的同时，人们的生活满意度增长幅度较小、难以察觉甚至出现倒退，就并不稀奇。如图 0-1 所示，在 2008 年，中国的人均国内生产总值已经是印度的 2 倍，然而其国民对生活的总体满意度却低于印度。

正如在有的国家，人的健康水平并非一定与其收入成正比，人们对生活的满意度也并不是经常和收入水平完全对应。我们已经知道，斯堪的纳维亚国家是幸福指数超级明星，也是非常富裕的国家，它们在生活总体评价上的得分与其收入水平是大致匹配的。但是，拉美国家的生活满意度得分却常常超过其收入水平；而在亚洲，包括中国、日本以及韩国等国家，人们的生活满意度却常常表现得与他们的收入水平不相称。我们并不清楚这种地区差异因何而起：是因为它们在幸福的某些客观方面的确存在差异，因为国民的性情有别，还是因为不同国家国民回答问题的方式不同？我们发现，在俄罗斯、其他前苏联成员国家以及东欧的前社会主义国家，其民众的生活满意度处在一个极低的水平，这些国家的老人对自己的生活尤其不满意。[20] 在这些国家，年青一代拥有了先辈无法企及的各种新机遇，他们有机会旅行、留学或者在全球的舞台上展现才华。而同时，他们的祖父辈却眼见着自己所熟悉的、赋予他们人生意义的那个世界崩塌了。不仅如此，一些人还要承受养老金和医疗保障不足的痛苦。

情感的愉悦

尽管在阶梯式问卷调查中，"幸福"一词从未被提及，生活总体评价还是经常被理解为对"人是否幸福"的调查。事实上，生活总体评价是想要了解人们对自己生活的看法，它询问人们生活的不同方面，而得到的调查结果说明人们对这些方面的心理感受不尽相同。当你觉得自己的生活还可以接受的时候，也依然会有不开心、忧虑或者紧张的感觉。事实上，悲伤、痛苦与压抑几乎是人们要获得美好生活的必修课程。参加陆军新兵训练营、攻读经济学或医学学位，或者眼见父母逝去，这些是人一生中都可能经历的苦闷。青年人约会失败，似乎也是其情感走向成熟的一个必经过程。过去起起伏伏的情感经历，都为人生当下的幸福奠定了基础。当然，开心总比觉得难受要好，即便是紧张、担忧以及愤怒等不快的情感体验，也可能在未来给我们以幸福的回报。不过处在这些情绪当中的时候，我们都会觉得自己不够幸福。

既然可以就生活总体评价进行调查，自然也可以就人的情感体验进行调查。盖洛普在调查人们对生活的总体评价时，还试图了解人们在接受调查前一天的情绪和感受——担忧、紧张、悲伤、抑郁、快乐、愤怒、痛苦等，结果发现，人们对这些问题的回答与其对生活总体评价的回答，简直有天壤之别。

图 1-7 是全球幸福分布图。图中，横轴指标是人均收入，纵轴指标是感到幸福的人口占总人口的百分比。这张图和生活总体评价图差别很大，其中最为明显的是，这张图显示出人是否幸福和收入水平并无必然关联。虽然在几个最穷的国家，比如布基纳法索、布隆迪、马达加斯加以及多哥等，它们的国民确实觉得不幸福，但是除了这些最穷的国家，很难看出富国和穷国之间人们的幸福程度有规律性的差

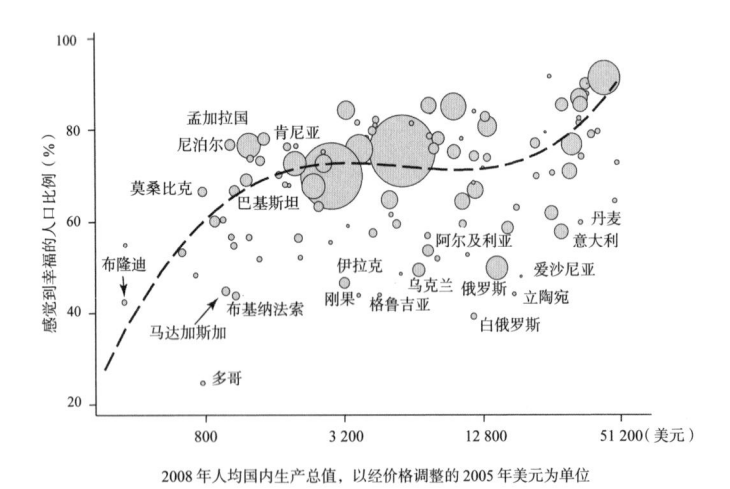

2008 年人均国内生产总值，以经价格调整的 2005 年美元为单位

图 1-7　全球幸福分布图

别。丹麦人对自己的生活满意度很高,但是却并没觉得很幸福。意大利人也是如此。与丹麦人或意大利人相比,多数孟加拉国人、肯尼亚人、尼泊尔人以及巴基斯坦人都觉得自己生活得很幸福。

美国的数据也证实了人均收入和是否幸福没有太大关系。贫困会让人处于悲惨的境地,然而当收入超过了一定的水平(每年约 70 000 美元),虽然人们对生活的总体评价提高,却不会觉得更幸福。[21] 钱只能让人在一定程度上觉得幸福,没有钱而心里感到幸福也会让生活变得更美好。但是,是否幸福却不能作为衡量人类整体福祉的有效标准,因为在世界上很多地方,即便人们身处贫困或者健康状况不佳,也有可能心情愉悦。衡量人类整体福祉,生活总体评价是一个更好的方法。刚才提到的丹麦和意大利就是能证明这一点的两个极好例子。

美国人的幸福度仅次于爱尔兰和新西兰,居世界第三位。快乐对于美国人来说,简直就是一种公民责任。俄罗斯和其他前苏联成员国家则是世界上最不幸福的国家。当然,世界上绝大多数的人都生活得比较开心,调查显示,全球近 3/4 的人口认为自己生活得很幸福。

其他一些关于人类情感体验的调查,则展现了另外的景象。2008 年,全世界 19% 的人表示自己在接受调查前的大部分日子里经历了愤怒,30% 的人感受到了压力,30% 的人感到忧虑,23% 的人认为自己过得很痛苦。相对而言,穷国的人们过得更痛苦,尽管幸福与收入水平的关系相当复杂。虽然国与国之间存在差异,但总体上,人们的喜怒哀乐和收入水平高低并不是正相关关系。比如,3/4 的菲律宾人表示感到有压力,紧随其后的是黎巴嫩人、叙利亚人以及美国人,有 44% 的美国人表示在接受调查前的大部分时间感到有压力。这说明,收入高并不能减少这类负面情绪。

对生活总体评价与幸福度(或其他方面)的调查,给我们呈现了两幅不同的图景。那么,这两者哪一个正确?可惜这不是一个好问题,因为这种思维期望用单一的方法对人们的幸福程度做出评测,这是不切实际的，不是一种考察幸福的正确方法。快乐是一种好的情绪，忧虑和愤怒是不好的情绪，认为自己的生活在改善也是正面的，但这些感受不同的事情，它们和人的收入以及身心状况等方面密切相关。在对幸福进行评估的时候，我们找不到一种神奇的万能方法。即便每个人的身上都有一个像腕表一样的测量仪，把人的每一次快乐心情记录下来，我们也无法用这些数据来评估我们的生活过得是否幸福。人类的幸福有多个维度，它们彼此关联但又绝不相同。在对全世界人的幸福进行测评时，我们必须认识到这一点，并且要利用好这一点。

历史学家基思·托马斯曾著书讨论英国人在追求个人成就上的观念变化。他指出，对财富的追求在18世纪是英国人寻求幸福的合法路径。[22] 亚当·斯密则在《国富论》中明确提出，对财富的追求不但是一项值得尊敬的个人活动，也同样使得整个社会受益。斯密"看不见的手"这一比喻，也已经成为我们理解的资本主义运行方式的一部分。当然，正如托马斯提到的，对于个人是否能从财富中受益，斯密其实持怀疑态度。事实上，在《道德情操论》这本书中，斯密指出，尽管财富"让人类工业兴起并发展"，但是财富能带来幸福这种说法却带有欺骗性。他同样怀疑不平等的真实存在。他说，富人通过雇用其他人而"满足自己无聊又贪得无厌的欲望"，却带来了"生活必需品"大致平等的分配。至于富人，他们的财富"可以遮挡夏天的阵雨，但是挡不住冬天的风暴，而且，常常使他们同以前一样，甚至有时比以前更多地感到担心、恐惧和忧伤，面临疾病、危险和死亡"。[23]

斯密写这些内容之时，正是"大分流"开始的时代。当时，富人和穷人一样面临着感染传染病的风险，贵族的预期寿命也并没有比穷人更长。即使在今天，穷人虽在生活满意度上大大低于富人，但是在情感体验上与富人依然没有什么差别。富人还是脱离不了紧张、害怕、悲伤这些情绪，也不可能每天都过得开心。可是，在这250年间，世界变了。没有合理的证据说明，"生活必需品"在今天的世界得到了平均分配——其实在斯密的时代也同样如此。与此同时，如今，财富已经提供了强有力的保护，使人得以远离疾病与死亡的危险。尤其是在过去的60年中，人类整体上变得更加富裕了，对这个世界也有了更深入的认知，而财富与认知所产生的保护力量，惠及了这个世界上越来越广泛的人口。

自二战以来，世界上几乎所有地方人口的收入和健康水平都提高了。现在，没有一个国家的婴儿或者儿童死亡率高于1950年。[24]经济发展使大量人口摆脱了极度贫困，这一点在中印两国最为明显。当然，这中间也有多次逆流。艾滋病的蔓延、苏联解体以及屡屡发生的战争、杀戮和灾荒提醒我们，疾病、战争以及恶政的幽灵并不仅仅飘荡在过去。拥有不切实际的想法绝对是草率的，正如我们在《大逃亡》这部电影中所见到的，大逃亡未必能带来永久的自由，它通常只是暂时让我们远离周遭的丑恶、黑暗以及混乱。

第一部分

生存与死亡

第二章

从史前至 1945 年

今日人类的健康状况，几乎比历史上任何一个时期都要好。人类的寿命更长，长得更高，身体更强壮，儿童的发病率与死亡率也都在下降。健康水平的提高，让生活变得更加美好，让我们可以更好地利用时间，更有效率地工作，赚更多钱，也让我们有更多时间去学习新知，和家人、朋友一起度过更多更美好的时光。健康水平不像温度高低那样可以用数字简单描述。有的人或许视力很好，但体质虚弱；有的人可能活得很长，却要忍受周期性抑郁或偏头痛的折磨。任何由健康因素所带来的限制性影响，取决于人的工作性质或者想要从事的工作类型。比如我的投球水平极烂，但这只是在中学棒球场上偶尔让我丢脸，作为一名教授，这就不成为问题。健康是一个多维度问题，不能仅仅把它看成一个可以简单计算的数字。当然，一个非常重要的健康问题倒是很容易考察，那就是人是活着还是死了这个简单的事实。对于个人而言，知道自己的生死并没有太大的用处，毕竟，如果医生给你做个检查，然后说"嗯，你还活着呢"，你肯定不满意。但是，当我们要考察一个群体的健康状况时，知道他们的生死状况就有重大意义。这一点，无论是对整个人类还是某些特定群体，譬如男性或者女性，白人或者黑人，儿童或者老人，都是如此。

一个人们所熟知的衡量生命状况的方法，是去看一个新生儿的预期寿命。这就是我们所说的出生时预期寿命（经常简称预期寿命）。假设生命是有意义的，活得越久就越好，那么一般而言（尽管不是必然），活得长的人就是健康状况更好的人。在第一章中我们已经了解到，人类的预期寿命在世界各地有所不同，富裕国家的人预期寿命更长，而随着时间的推移，人类的预期寿命总体上一直在增长。在这一章中，我们将会深入探讨人类预期寿命增加的原因与过程，以及是如何实现今天的成就的。这本书不是一部健康史，也不是预期寿命史[1]，但是，回顾过去可以让我们了解更多，而只有试着去了解这一切，我们才有可能拥有更美好的未来。

我将从美国过去一个世纪的人口死亡率和预期寿命说起，来考察我们今天的现实状况，同时引入一些将会用到的概念。之后我将把视线拉回到远古，去看一下最早期人类的生活状况。最后，我会迅速将讨论内容推进至1945年。二战结束是一个非常好的终止讨论的时间节点，因为在二战之后，相关数据显示的情况都变得更好了，而人类健康故事的主线也发生了变化。

生存与死亡的基本概念：以美国为例

1900年，美国人的预期寿命是47.3岁，到2006年，这一数字提高到了77.9岁。图2-1按性别分别显示了美国人均预期寿命的变化情况。由这张图可见，美国女性的预期寿命普遍高于男性，这一现象基本贯穿20世纪始终。在近一个世纪里，男性、女性的寿命都出现了明显增长，其中，男性寿命增加了28.8岁，女性寿命则增加了31.9岁。在20世纪上半叶，人均预期寿命增长的速度要明显快于下半叶，但是增长的趋势则一直延续。在过去的25年中，男性的预期寿命每5年会增加1岁，而女性的预期寿命则是每10年增加1岁。从这张图中我们所得到的第一个结论是：人类的健康状况取得了极大进步，变得越来越好。这也是本书在大部分时间里论述的主题之一。仅仅一个世纪多一点的时间，人的预期寿命就增加了30岁，这样非凡的成就可谓是一次伟大的逃亡。除了这一主要特征，我们还关注到图中的一些次要信息：男性与女性之间，除了在预期寿命方面有所差别，寿命增长的速度也不尽相同，这背后的原因是什么？20世纪前50年的美国人均预期寿命的增长特征，与二战后有明显不同，这又是为什么？

图 2-1　美国男性与女性的预期寿命

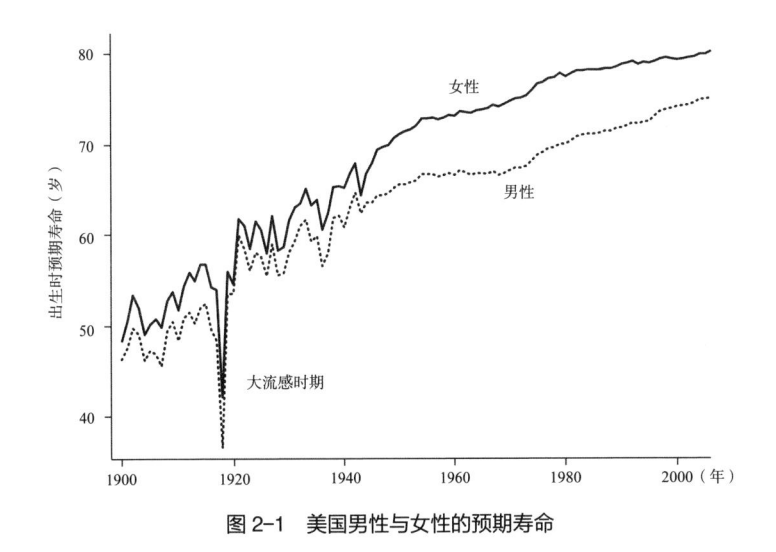

图2-1给人的一个直观印象是，在一战后的大流感时期，美国人均预期寿命出现了一次巨幅下降。同1917年相比，1918年的人均预期寿命下降了11.8岁。而到了1919年，预期寿命又从谷底反弹了15.6岁。在大流感结束之后，人均预期寿命的增长趋势迅速恢复。当时，全世界有超过5 000万人死于大流感，其中美国人超过50万。当然，当时预期寿命的定义方法实际上夸大了大流感对新生儿存活率的影响。如今我们知道，这场流感其实只持续了一年，因此，只要婴儿能够活过第一年，他们就不会再遭受流感的威胁。然而，1918年，当

人口学家计算预期寿命的时候，他们假设这场流感会长期持续。而到了1919年，他们就忘记了流感这回事。这种评估生命机会的方式，看起来多少有些怪异，但是，实际上我们的确很难找到更好的评估方法。

当一个新生儿出现在面前，需要我们去计算他能活多久时，我们需要知道他未来将会面对哪些死亡威胁，而这是我们无法知晓的事情。人口学家解决这个问题的方法是，把婴儿出生时面临的死亡风险当作未来的风险。他们假设人们在未来的每个阶段所面临的死亡风险和出生时的风险一样，并以此计算出人的预期寿命。在1918—1919年的大流感中，人生每一阶段的死亡风险都突然被增大到了1918年的水平，因此，在计算这一年的出生时预期寿命时，学者所做的假设就是，这个新生儿在未来的每一年都要面对与1918年同样水平的死亡风险。如果流感永久持续，或者至少在这个孩子的一生中持续，那么，以上的预期寿命推算就有一定的道理。但是如果流感只持续一两年，那大幅降低预期寿命就把这个孩子一生中的实际风险过分夸大了。当然有更好的计算寿命的方法，那就是等在这个时期出生的所有孩子都死去再进行统计。不过这显然是不可能的，因为这需要近一个世纪才会有结果。还有一种方法就是依靠预测。但是预测也有其困难之处，比如在1917年的时候，谁也不知道来年会有一场大流感。

标准的预期寿命计算，既不是等着所有人都死了再做统计，也不是做预测，而是使用时期指标。所谓时期指标，是将一个时期内的死亡风险假设为永远不变，然后基于此来计算预期寿命。这种计算方法上的问题，不仅仅出现在过去的大流感时期，在今天我们考察预期寿命时，也需要面对。我们观察图2-1，分析其中的数据，很难不认为预期寿命会继续增加而死亡风险会继续下降。这意味着我们今日的预期寿命值，可能低估了这些新生儿的寿命。今日一个女孩的预期寿命是80岁出头，然而，如果我们的健康水平继续改进，那么这个女孩能活到 100 岁便是一种合理的预期。

图 2-1 显示，1950 年前的预期寿命变动幅度明显比 1950 年后的要大许多。大流感仅仅是造成这种大幅度变动的原因之一。还有其他小规模的疾病也会引起预期寿命的变动，但是没有哪一种病可以与这场大流感相提并论。在今天，传染病已经不太引起人们的注意，然而在 1900 年的美国，它却时刻威胁人类的生命。当时，人类死亡的前三类原因分别是流感、肺结核以及痢疾。肺结核在 1923 年以前是造成人类死亡的三大原因之一，到了 1953 年，它仍然是引起死亡的十大疾病之一。肺炎、腹泻以及麻疹等传染病，夺去了许多儿童的生命。在 20 世纪初期，传染病引发的儿童死亡威胁远比今日的要厉害得多。如今，死亡人口多数变成了老年人，夺走他们性命的是心脏病和癌症等慢性疾病，而不再是传染病。死亡人口特征的这一变化，就是我们在第一章比较富国和穷国时提到的流行病学转变。随着时间的推移，这一转变在今日的富裕国家中已然出现。

"死亡的老龄化"，是指死亡人口从儿童向老年人的转移，使得预期寿命对每年死亡人数的波动不那么敏感。而传染病的减少，使得每年死亡人数的波动跟此前相比也不那么显著。儿童存活率的提高，比老年人存活率的提高更能影响预期寿命的计算。一个新生儿若能从某些致死的疾病中获救，就有机会再活很多年；而一个 70 岁的老人，即便从濒临死亡的状态被救回来，也不能再活很久。这也是近几年预期寿命增长速度在减缓的原因。如今，婴儿的死亡率已经很难再降低，有降低空间的只有老年人的死亡率，而老年人的死亡率下降，对于预期寿命的影响非常小。

与老年人的死亡率相比，预期寿命对婴儿死亡率更加敏感，但这并不是说，挽救一个孩子的性命，就比挽救一个成年人的性命更为重要或更有价值。这是基于多重因素所做出的道德判断。一方面，救活一个儿童意味着为他赢得了更多的潜在生存时间；但另外一方面，一个新生儿生命的终结,也不会像成年人那样,使得许多的规划、利益、关系(包括友谊)等被迫终止。经济学家维克托·富克斯曾经建议,一个人生命的价值或可以根据来参加他葬礼的人数做判断,这或许不是一个很严肃的方法,但这种方法的确能完全剔除掉年龄的影响权重。但是这些问题,靠机械地选择一个健康指标,如预期寿命,很难解决。预期寿命是一个有效的指标,它抓住了人类健康中重要的一个部分。当然,如果我们选择预期寿命作为衡量人类幸福的一个指标,并将其作为一个社会目标,那我们实际上是接受了一种将年轻人的死亡率看得更重的道德判断。这样的判断,需要仔细考量,而绝对不能不假思索就予以采用。

  预期寿命这一指标有时候具有明显的误导性。图 2-1 显示,在 20 世纪上半叶,预期寿命的增速远高于下半叶。这种情况出现的原因主要在于,1900 年时婴儿与儿童的死亡率非常高,而年轻人的死亡率下降对预期寿命的影响非常大。到 20 世纪末,中老年人的死亡率下降特征则更为明显。如果我们将预期寿命视为人口健康状况的标准,甚至将其看成衡量社会进步与否的较好指标,那我们很容易就会以为,美国在 1950 年前的表现比在 1950 年后的要好。这当然是一个可以探讨的结论,但要知道,集中于预期寿命的讨论,意味着我们已经把年轻人的死亡率放在了老年人的死亡率之前考虑。这一点必须先讨论清楚,而不能将其视为理所当然。同样的问题,也出现在对穷国与富国的死亡率下降对比上。穷国的死亡率下降原因主要集中在儿童身上,而富国的死亡率下降原因则主要集中在老年人身上。如果我们使用预期寿命作为衡量指标,就可以得出这样的结论:在人民的健康和幸福水平方面,穷国正在追赶富国。然而,如果从健康状况来看,甚至从总体的人口死亡率来看,"迎头赶上"这种说法并非事实。这不过是一种基于"预期寿命是健康水平和社会进步的最好指标"的假设。在第四章中,我们会深入讨论这一问题。

图 2-1 显示，在美国的不同性别预期寿命对比中，女性预期寿命总是高于男性，然而在不同的历史时期，这种差距的大小却并不一致。在 20 世纪初期，男女之间的寿命差距是 2~3 岁，之后间歇性地增加，一直持续到 20 世纪 70 年代末，此后男女寿命的差距渐渐缩小，到 21 世纪初期缩小至 5 岁左右。性别之间的这种差异，到目前仍远未得到充分的解释。与男性相比，女性在整个世界范围以及整个人生阶段内的死亡风险都相对较低。甚至在出生之前，男性的死亡率也要高于女性。唯一的例外是女性要面对生育死亡的风险。在过去的 20 世纪，美国的生育死亡率出现了下降，这也是女性的预期寿命高于男性的原因之一。

造成男女寿命差异的一个更为重要的原因是他们在吸烟方面的差别。吸烟会引发心脏类疾病和肺癌，这两种病的区别是，前者发病相对较快，而后者从接触吸烟到死亡大概需要 30 年时间。在 20 世纪 50 年代和 60 年代，因为在年轻时就开始吸烟，男性的预期寿命增长缓慢。与女性相比，男性开始吸烟的时间一般较早。在很长的时间里，女性吸烟是为社会所不容许的，现在看起来这种对女性的不公平，反而为女性的健康做出了贡献。不过，与女性相比，男性戒烟的时间也更早。在图中折线的尾端，女性的预期寿命增速出现下降，而早在二三十年之前，男性预期寿命的增速就出现放缓迹象了。近年来，美国女性吸烟人口的比例也在急剧下降，与之相应，女性的肺癌发病率也出现了下降。这种情况在多年之前就在男性身上出现了。对世界上的富裕国家而言，从 20 世纪下半叶开始，吸烟就成为决定死亡率和预期寿命的最重要因素。

男女之间的死亡率差距，并非出现在美国人群中的唯一不平等。2006 年，非裔美国男性的出生时预期寿命比白人男性的要短 6 岁。女性也有类似的差别，只不过差别稍微小一点，是 4.1 岁。同男女差异一样，这些差别也随着时间变化而变化。美国疾病控制与预防中心估计，在20世纪初期，白人与非白人之间的预期寿命差距大于15岁。这里说的非白人，包括但不限于非裔美国人。

美国黑人与白人之间的预期寿命差距，与他们在整个世纪大多数时候所面对的不平等，譬如收入不平等、财富不平等、教育不平等，甚至投票与选举权的不平等相呼应。如此多方面的持续不平等，意味着黑人与白人在整体福利方面的差距要比在任何单一方面的差距更加突出。任何对美国黑人与白人差距的研究，都必须考察这样的一幅全景，而不能只看健康或者财富上的差别。医疗服务提供的不平等是造成不同种族之间死亡率不同的重要原因，却并不能完全解释这一不公平现象。死亡率差距的缩小和预期寿命差距的缩小，是整个世纪中种族不平等减弱的组成部分。与此同时，一个方面的差距缩小，往往会带来另外一个方面的差距缩小。当然，简单的理由并不足以解释众多的差异。比如2006年，西班牙裔美国人的预期寿命就比其他的白人长2.5岁。大逃亡发生在美国各个种族的人身上，但是不同的群体起点不同，其逃亡的速度也不相同。不平等的特征随着时间的推移而不断改变。

尽管美国在医疗上的花费是任何其他国家的两倍，美国人却不是世界上最长寿的。直到20世纪50年代，英国人和美国人的预期寿命都十分接近。但在随后的20年中，英国人超过了美国人，这种现象一直持续到80年代。但是在20世纪90年代和21世纪初，英国再次超过了美国。1991年，这种差距还不到0.5岁，但到了2006年，两者之间的差距就扩大到了1.5岁。美国与瑞典的差距更大，瑞典的人均预期寿命比美国的长了3岁多。虽然在过去的几年中，瑞典人的预期寿命优势在不断扩大，但在有据可查的时期，瑞典人的寿命一直比美国人的长。在第四章中，我会继续讨论富国之间预期寿命的差距以及差距出现的原因。同美国的不同群体之间存在差异一样，不同国家之间也存在差别。不过同穷国与富国之间的差距相比，这种差距就显得不那么明显了。

为了更深入地理解预期寿命，我们需要更进一步，考察不同年龄段人口的死亡率。图 2-2 显示的是在选定国家和时间段内，死亡率随着年龄变化的情况。图中包括了瑞典 1751 年的数据（瑞典的数据统计时间之早超过任何其他国家）、美国 1933 年和 2000 年的数据，以及荷兰 2000 年的数据。[2]（瑞典 2000 年的数据和荷兰的十分相近，但年轻人和高龄阶段的数值略微低一点。）这些曲线显示了从刚出生到 80 岁之间的人口死亡率。由于 80 岁以上的人口死亡率会稀释数据而造成曲线的不可靠，所以不在图中体现。

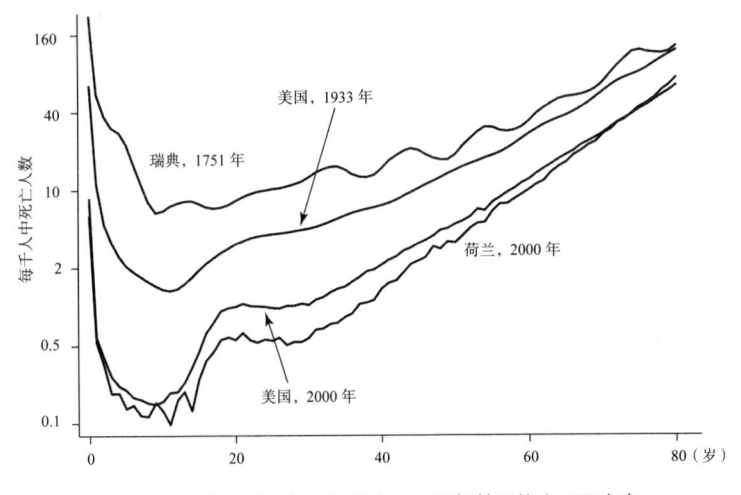

图 2-2　在选定国家与时间段内，不同年龄段的人口死亡率

人口死亡率表示的是每千人中的死亡人口数。举个例子，最上面的这条线，即瑞典在 1751 年的人口数据显示，当时每 1 000 个新生儿中，超过 160 人没有活过 1 岁。而到了 30 岁这个阶段，每 1 000 个人中只有 10 个人没有活到 31 岁。本图的纵轴再次使用了对数标尺，从 0.5 到 2，然后从 10 到 40，每一个间隔都是以 4 的倍数增加。由图可见，最低的人口死亡率出现在 2000 年荷兰 10 岁左右的人群，其死亡

率低于 1751 年瑞典新生儿死亡率的 1‰，同时只有 1933 年时美国 10 岁人口死亡率的 1/10。

死亡率曲线的走势特征是，低年龄段人口死亡率较高，然后在少年早期迅速下降到一个低点，之后再随着年龄的增长而稳步上升。这样的形态会让人想到耐克的钩形商标。死亡风险出现在生命的最早期，然后又在老年阶段重现。我曾走访过一家妇产医院，它洗手间里的一则提示把这一点描述得极为生动。这则提示意在提醒大家要认真彻底地洗手，因为"人生最初的几天是非常关键的"。在这则提示的下方，有人紧接着胡乱添涂了这么一句："但没有人生最后的那几天关键啊。"这个笑话主要揶揄的是医护人员对"关键"这个词的用法，但是，它的确很清楚地强调了一个事实：在生命的开始和结束时期，人的死亡风险是最高的。

在不同的时期，年轻人和老年人的死亡风险一直在变化。在 1751 年的瑞典，现代以来人口死亡率大幅下降的事情尚未发生，因此，当时新生儿的死亡风险要比一个 80 岁老人的高。今天，1 岁之前的人口死亡率已经低于 1% 了，而 80 岁老人的死亡率则比这个数字要高出 6 倍还多。在 18 世纪及之前的数千年中，很多人在儿童时期就夭折了，在 1751 年的瑞典，大约有 1/3 的儿童活不过 5 岁。而在今天的瑞典和其他富裕国家，几乎所有人都是年纪大了才会遇到死亡问题。事实上，如今瑞典的婴儿死亡率已经降低到了 3‰。

年轻人与老年人之间死亡率的变化，意味着在一个有很多儿童死亡的国家，几乎没有人能活到预期寿命所宣称的那个年龄。我们经常认为，某个指标的平均值是有代表性的或者典型的，但是平均寿命的一个重要特点就是它本身就不准确。在 18 世纪晚期的瑞典，人均预期寿命低至 35 岁左右。这有可能让人以为真的没人能活到老年，真的没有孩子能见上他们的爷爷奶奶。这是错误的，不是事实。如果一个人足够幸运，可以克服童年时期的种种危险，那么其活到老年的机会是很大的。当然，过去的条件不能与今日的相提并论，但是也足以保证一个人可以活到其孙辈出生。举一个极端的例子，比如一个国家有一半的孩子在出生后就死了，而另外一半都活到了 50 岁。这样，这个国家人口的出生时预期寿命就是 25 岁，但是没有人在 25 岁早逝。此外，在这些人活过 1 岁的时候，其预期寿命就变成了 49 岁，这就比出生时预期寿命长了 24 岁。另外一个不那么极端的例子出现在 19 世纪中叶的英国：当时英国人在 15 岁时的预期寿命（有时这被称作成人时预期寿命）比出生时预期寿命要高。关于这一点，稍后我还会再谈。但总体来说，记住死亡率的钩形走势，对于理解生存机会随着时间推移而出现的变化以及富国和穷国之间的差距等问题，至关重要。

图 2-2 中的钩形曲线显示，随着时代的进步，死亡率也在稳步地下降。近期的曲线，总是在过去时代的曲线下方。我们无法掌握美国或者荷兰在 18 世纪时的相关数据，不过可以假设它们的情况和瑞典的基本类似。在 1933 年和 2000 年，人们所面临的死亡风险出现了大幅下降。与之前的年代相比，人口死亡率出现大幅下降这一特征在低年龄段的表现最为明显。但是，也不能忘记，老年阶段的人口死亡率也出现了下降，尤其是在 1933—2000 年这段时间。对比荷兰与美国在 2000 年的数据，再一次证明同其他富裕国家相比，美国的表现确实糟糕。在这一年，美国从出生到 73 岁之间的人口死亡率都高于荷兰。美国和荷兰的这种差距并非特例，在美国与其他富裕国家之间，这样的差别也同样存在。而对于活得足够长的人来说，美国的死亡率就显得出奇低。这或许是因为美国的医疗体系会无所不用其极地来挽救人的性命，即便对那些只有几年可活的人，也绝不例外。

图中底部的两条曲线，显示在 2000 年的美国和荷兰，20 岁是一个死亡的短暂高峰。在 15~34 岁，人死亡的原因通常并非疾病——尽管这一时期艾滋病出现短暂的蔓延势态而抗艾药物也尚未出现。导致这一年龄段人群死亡的主要因素通常是事故、凶杀和自杀。同早期的曲线相比可以看出，年轻人，尤其是年轻男性遭遇这些状况的概率比 70 年前更加突出，而在 18 世纪的瑞典，这些情况根本不可能出现。

这些数据出自何处？我们是怎么知道以前的死亡率的？在经济合作与发展组织中的富有国家，出生和死亡都由政府统一登记。孩子出生时有出生证明，而当人死亡之后，医生或者医院也会出具死亡证明，上面会清楚注明包括年龄、性别、死因等在内的具体内容。这就是所谓的"生命登记系统"，包括了出生和死亡两大内容。为了保证出生与死亡记录的可靠性，生命登记系统必须完整，这就是说，每一个人的出生和死亡都必须登记在册。为了计算死亡率，我们还需要知道人口的年龄、性别以及种族，这样才可以去研究死去的这部分人的相关情况。这些方面的统计数据来自定期的人口普查。一般而言，多数国家每 10 年左右进行一次人口普查（不知什么原因，几乎所有的普查都是在以 0 或者 1 结尾的年份进行）。

瑞典是最早建立完整生命登记制度的国家之一。正因为如此，我们才会获得瑞典早在 18 世纪的死亡率统计数据。伦敦自 17 世纪开始编制死亡率报表，而欧洲教堂的记事簿则更为久远。马萨诸塞的清教徒认为，人口登记是政府而非教堂的职责，因而在马萨诸塞，1639 年就有了生命登记制度。尽管到了 1933 年全美才建立起完整的生命登记制度，但这仍算是政府能力的一项重要体现。没有人口出生与死亡的综合统计，整个社会对公民的基本状况就会处于全然无知的状态，而政府所要行使的各类我们看来理所当然的职能，也就无法实施。18 世纪的瑞典人和马萨诸塞的清教徒富有远见卓识，他们为好政府的建立做出了开拓性的贡献。

图 2-1 中，1933 年之前的美国人均预期寿命数据来自当时有生命登记制度的几个州。而世界上还有很多国家缺乏建立生命登记制度或

者开展人口普查的能力，对于这样的国家，人口学家采用某些技巧或者估算方法来填补相关的空白。在很多国家，婴儿和儿童的死亡仍是普遍现象，而对这里的母亲进行调查，通常就可以了解到孩子的出生数和存活数。美国国际开发署支持了大量有价值的人口学调查和健康状况调查，这些调查为许多没有生命登记制度或者登记制度有名无实的贫困国家收集了大量信息。（父母不为自己的孩子做出生登记，以及孩子或成年人死亡时，依照地方习俗被土葬或者火葬，这些都使得相关信息没有被录入国家数据库。）

成年人的死亡信息统计也存在着国与国之间的巨大差距。在很多国家，即便最好的估算也跟凭空猜测相差无几。在这样的情形下，要得到如图 2-2 这样完整的死亡率曲线是不可能的。因为受儿童死亡率影响极大，预期寿命相对来说更好猜测，然而对于那些成人死亡率异常或者多变的国家（例如受艾滋病影响的国家），对预期寿命的估算也需要极为谨慎。正是由于种种可测或不可测的原因，将世界上最穷国家的健康状况变化与富国的健康状况变化分开讨论，就变得非常有必要。而这些正是我在第三章和第四章中将会讨论的内容。

史前时期的生存与死亡

今天的人口死亡率特征是如何形成的？20 世纪人类的预期寿命大幅延长的原因是什么？过去的人们如何生活？人们的生活质量因何而改善？如今世界上仍然有大量人口面临着早逝的威胁，逝去的历史能够为他们的健康改进提供怎样的经验？

人类在存在于地球的近 95% 的时间里，以狩猎和采集为生。这种生活持续了几十万年。如今，世界上只有为数不多的几个以狩猎采集为生的部落，他们几乎都生活在沙漠或者极地等边际环境中。要说他们的这种生活方式和我们的健康有关，这可能显得有点奇怪，然而事实的确如此。正是这种长期的狩猎采集生活，塑造了我们人类本身。人类朝着狩猎采集者的方向不断进化，身体和头脑也为了适应这种生活而不断调整。而之后人类又变成农民或者市民，过上一种现代生活，这个过程只有几千年的时间而已。如果能够认识到，我们的身体是为了适应哪些情况而自我改变，就有可能更好地理解今日人类的健康状况。

我们不可能完全了解在几十万年前我们的祖先以何为生、为何而死，但是，大量的考古记录给了我们不少信息。通过研究骨骼残骸（古病理学研究），我们可以了解到古人的营养状况、疾病状况以及死亡原因等大量信息，也可以从残骸中估算出人的死亡年龄，这样我们也就大概了解了他们的预期寿命。在过去的200年中，人类学家一直在对现存的狩猎部落进行观察研究。不过，一些最好的证据，包括医学证据都来自对当今人类群体的观察（因为他们与现代社会的接触，结果需要做适当的调整）。通过将现代人的相关数据与旧式部落的各项研究成果结合，我们可以获得非常可观的有用数据。[3]

饮食与运动是非常好的讨论起点。以狩猎与采集为生的人们进行了大量的快走以及追踪猎物等活动，他们一天要行走10~15英里。他们的饮食以水果与蔬菜为主，因为获得这些东西比狩猎要简单得多。野生的植物与今天的栽培植物不同，它们都富含大量的纤维，也就是说，古代人吃的大都是粗粮。虽然有些极其幸运的部落生活的地方有大量的动物存在，但肉类仍然十分珍贵且难以获得。与今天被驯化的动物相比，野生动物的肉脂肪含量更低。古人所食用的植物和肉种类繁多，甚至比今日很多农业社区的食物种类还多，因此很少有缺乏微量元素的问题，更不会有缺乏微量元素而导致的贫血等疾病。当时，工作是一项协作活动，家人和朋友集体出动，人们需要合作才能成功地获取食物。所有这些，听起来好像是每年体检时医生跟我们说的：多运动，少吃肉，多吃水果和蔬菜，多吃粗粮，不要经常一个人趴在电脑前，要多和朋友出去参加活动。

尽管狩猎采集者不知道现代保健的概念，但是至少从某种程度上讲，他们的生活方式帮助他们维护了自身健康。当时的生育率——平均每个女性会生育 4 个左右的孩子——依照如今世界上最穷国家的标准看是很低的，并且生育间隔长，而且都是长时间母乳喂养。婴儿经常被杀或许也是导致低生育率的原因之一，而母乳喂养也导致了生育率下降——因为母乳喂养会降低怀孕的概率。同时，母乳喂养也使得女性和男性一样，身体得到了大量的运动。人类排泄物对食物或者水的污染（文明的说法应该是疾病的粪口传播路径），是将疾病从一个人传染至其他人的重要途径，最终可能会引起千百万人的死亡。但在人口密度小的地方，粪口传播疾病的危险性就小得多，与此同时，很多狩猎采集部落也不会久居一地，这样就不会有大量粪便累积而导致不可控的风险。即便如此，在当时，还是有 20% 的儿童活不过 1 岁。按照现在的水平，这个比例当然有点高，但是和现在富裕（但当时贫穷）的国家 18—19 世纪的情况相比，也没有差多少，甚至情况还更好一些，更不用说 20 世纪及 21 世纪的很多贫穷国家了。

狩猎采集者的组织方式是由他们的生存地点以及当地的环境所决定的。按我们的设想，一支狩猎采集的队伍应该包含 30~50 个人，成员大多是亲戚，而队伍比较小也便于人们能深入地了解其他人。然后，这支团队可能也会与其他人数更多的团队相互联系，形成一个百人组织甚至有时候是千人组织。在一个组织内部，所有的资源都是平等共享的，没有领导、国王，也没有首长或者传教士等，没有人会比其他人分得更多，也不会有人指挥其他人去做事。按照一种说法，在一个组织中，任何企图把自己置于其他人之上的人都会遭到嘲讽，如果他坚持如此，就会被杀掉。[4] 平等分配之所以如此重要，是因为多数的群体都不会或者没有办法储存食物。如果一个狩猎者和他的朋友们成功猎获了一头猛犸象（或者一只1吨重的蜥蜴，或者一只400磅①的禽类），他们会一直吃到再也吃不下去为止。他们无法保存吃剩的食物，以备无猎物可食之需。解决这个问题的一个好方法就是和整个群体共享这头猛犸象，然后在其他人捕获到大型猎物的时候，也就可以分得一份。在几十万年的人类进化过程中，善于分享的个人和群体过得比不会分享的好。这样的进化过程最终把人类造就成一个以分享为信念的物种。我们今天对公平的深切关注，当公平的规范被破坏时我们所生出的愤慨，或许都是源于史前无法储存食物。不过，有证据显示，在史前某些地方，少量的存储也是可以实现的，比如在地球北部，社会就会显得非常不公平。

狩猎采集的社会群体是没有统治者的平等团体，但是我们也不要以为这就是天堂，是人类堕落之前的伊甸园。在当时，不同的部落之间常常以武力相见，有时甚至要发展到战争的地步。大量的男性在战争中死去。因为没有首领，这样的群体或组织就没有有效的规则和秩序，如此一来，男人殴打女人或者双方意见不合引起纷争等类型的内部暴力就处于无人监管的状态，而这也是导致成人高死亡率的原因之一。狩猎采集者可以免于患上一些传染病，但是其他类型的一些疾病，比如疟疾，却几乎贯穿了整个人类史。规模小的群体也不会持续遭受传染性疾病的影响，因为对于天花、肺结核以及麻疹等传染病，人一旦从中康复就获得了免疫能力；但是他们却要经受人畜共患疾病的困扰。人畜共患疾病的来源，多是野生动物、粪便以及各类寄生虫。根据环境的不同，狩猎采集者的预期寿命为20~30岁。按照今天的标准，这是非常短的。但如果从西方的历史看，或者从今日穷国前几年的情况看，这个寿命也不算太短。

人们拥有的食物的丰富程度依地点与时间的不同而不同，也正因

---

① 1磅≈0.45千克。——编者注

如此，不同群体之间就存在着不平等。而随着时间的推移，不同群体的财富多寡以及寿命长短都会发生变化。一些骨骼证据表明，人类历史上曾存在食物丰富的时期：一些地方曾普遍存在体形巨大而且容易猎获的动物，比如在美国西部有水牛，在澳大利亚有大型的走禽。这些地域的这一时期，狩猎采集部落被人类学者马歇尔·萨林斯统称为原始的富裕社会。[5] 大型的野生动物为人类提供了丰富而平衡的饮食。与如今人工饲养的那些缺乏运动的现代禽畜相比，这些动物的脂肪含量要低90%。此外，这些大型动物可以毫不费力地被杀死。如此，生活在这些部落的人们不但物质生活水平很高，而且还有丰富的休闲娱乐活动。但这种社会并非伊甸园，如果非要说这是伊甸园，那么，在大型易猎的动物被消灭绝迹之后，伊甸园也随之消失了。此后的人们在食物上被迫转向，植物、种子以及如啮齿类动物这样体形更小、更难捕获的动物成为人的主要食物。发生在史前时期的这一退步，降低了人类的生活水准，儿童比此前吃到的食物更少，而同时期的骨骼证据也显示，同幸运的前辈相比，这个时期人们的身材变得矮小了。

史前时期人们的生活状况，包括营养水平、休闲娱乐以及死亡率，对于本书的主旨非常重要。我们不能想当然地认为，人类生活的舒适程度是在随着时间推移而稳步提高的，也不能认为，人类的进步是一种处处皆如此的普遍状态。通过回顾狩猎采集者的历史我们发现，随着食物变得短缺以及工作的强度越来越大、工作时间越来越长，人类的生活不但没有变得更好，反而更差了。这种恶化的情况发生在人类从觅食转向农耕的过程之中。现在，我们习惯性地认为生活比以前更好了（这里，我们只指那些生活在富裕国家的幸运居民），但活得更长更好这种情况，却只是近年来才出现的，而且，到如今也仍然有很多人未能享受到这种生活。人类学者马克·内森·科恩（他的《健康与文明的崛起》一书是本书的重要灵感源泉）就曾通过自己的观察而总结说："人类19世纪与20世纪公认的成就持续时间其实比我们通常认为的要短,且更容易被摧毁。"[6]

从过去的历史我们也发现,不平等并非普遍存在于人类社会。大多数时间的人类历史中并没有不平等现象,至少对于一个生活在一起、互相熟知的部落中的人来说是如此。事实上,不平等是文明赐予人类的"礼物"。科恩说:"创造潜在文明的过程,也造就了全体公民福祉的不平等。"[7]人类在史前所取得的进步同近年的进步一样,都没有被平等地享有。一个更好的世界——如果有了农业之后的世界的确是一个更好的世界的话——就是一个更不平等的世界。

农业的出现及发展被称为新石器时代的革命。从它的出现到现在,大约只有1万年的时间,这同此前人类狩猎采集的时间相比则比较短暂。通常我们会认为,"革命"意味着一种具有积极意义的转变,工业革命和细菌致病理论的发现便是这样的事件。但是,农业是使得人类的财富与健康进一步提升,还是其本身是一种倒退,对于这一点却没有明确的结论。在全新时代的开始阶段,动植物数量增加,气温升高,这使得动物以及适宜生长的植物经受了巨大的考验,人类所赖以生存的古老生活方式已经不能再继续。和之前的广谱革命一样,人类食物从大型动物到小型动物,再到植物以及植物种子的转变,即从狩猎采集到农耕种植的转变,或许更应该理解为是针对觅食困难所做出的适应性调整。关于这一点,经济学家埃斯特·博塞鲁普在多年之前就有论述。[8]农业或许是遭遇食物困境之后人类的最佳选择,放弃觅食,成为农民,过艰辛的生活,这总比继续依靠越来越难觅且质量越来越差的野生植物种子生活要好得多。不过,也不能就此认为农业就是漫长的人类生活逐渐改善过程中的必需部分。古人猎捕动物,采集果实,用少量的时间就能获得野味,且享受到狩猎的乐趣,他们不可能心甘情愿地投向辛劳的农业生产。历史学家伊恩·莫里斯总结了萨林斯的观点,提出这样的问题:"如果收获的是劳苦、不平等以及战乱,那为什么农业能够替代狩猎采集?"[9]

农业的固定特征使得食物的储存得以实现，食物既可以依靠粮仓囤放，也可以以家庭驯养动物的形式生产。财产所有权的出现、牧师与统治者的分工、城市与乡村的发展以及群体内部不平等的变化，使得农业获得了更高的生产效率。但是，大型定居点的出现以及动物的驯化，也带来了肺结核、天花、麻疹以及破伤风等新型传染病。新石器革命似乎对人类预期寿命的延长毫无贡献，相反可能还缩短了人类寿命：在低年龄段死亡的孩子数量仍然庞大，而死因主要是营养不良、细菌传播，以及新出现的疾病。此外，卫生条件难以改善，粪口传播也难以在大型稳定的社区得到控制。农业生活社区的不可移动性也限制了食物的多样性，改良作物的营养价值也多数不能与野生植物的营养价值相提并论。存储的粮食则有可能出现变质问题，从而成为其他疾病的源头。不同社区之间的贸易交换可以弥补本地食物种类的单调性，但是这也带来了新的疾病风险。"新"的疾病从原先不相往来的区域传播而来，让没有获得免疫力的本地居民受到感染。这些疾病可能会造成重大伤亡，而事实也的确如此。在传播最严重的时候，整个社区甚至整个文明都可能因为某种疾病而灭亡。[10]

没有证据表明在农业社会建立数千年之后，人类的预期寿命有所延长。在儿童死亡率提高的同时，成人死亡率下降的可能性是存在的。这是因为在儿童死亡率非常高的情况下，幸存下来的都是适应能力变得极强的人。在农业出现、人类定居之后，女性的生育率比之前有所提高，虽然夭折的孩子也因此增多，但进入农业社会之后，世界人口数量的确增加了。在社会繁荣时期，或者生产力因为创新而提高的时候，人均收入与预期寿命并没有大幅增长，生育率和人口总量则因为土地承载力的增强而出现了较大增长。在经济萧条，或者出现饥荒、瘟疫等灾难的情况下，或者人口数量超出食物供给能力时，人口数量就会下降。这种马尔萨斯式的均衡持续了数千年。事实上，人类觅食时代结束之时所面临的个人生活水平下降问题，在农业定居时期仍长期存在着。尽管中间有例外情况，但总体上这种状态一直持续，直到最近的 250 年才有所变化。

当谈论进步的时候，我们常常习惯性地想到收入的增长、寿命的延长，而很容易忽略单纯的人口数量增长其实也能促进人类幸福的增长。依照收益递减理论，世界上人口越多，每个人的收益就越少。这没有错，不过按此逻辑，则世界上只有一个人的时候，人均幸福水平是最高的，但这不是我们想要的好的社会。哲学家就此已经争论许多年了，其中，哲学家兼经济学家约翰·布鲁姆认为，一旦人的生活水平超过了某个使得生命存在价值的基本生存点，那享有这种生活的人越多，说明这个世界越美好。[11] 世界总是支持更多人的全面幸福。如果真是如此，那假设对大多数人来说生活是美好的（尽管这肯定有很多的限制条件），那么从农业社会出现到 18 世纪的马尔萨斯时代，尽管未能实现全球性的生活水平提高和死亡率下降，也依然应该被视作一个进步的历史阶段。

启蒙时代的生存与死亡

接下来我们将快速前进几千年，看一下死亡率开始明显下降的时代。英国的历史人口学家安东尼·魏格礼和他的同事以教堂的记事簿为依据，重新梳理了英国人均预期寿命的变化历史。教堂记事簿记录了人们的出生、婚姻以及死亡信息。[12] 魏格礼的研究只采用了这些教堂数据中的一个样本，这存在不少问题，比如：人们会从一个教区搬到另外的教区，出生不久即死亡的新生儿往往不会被统计在记事簿上，父母们也常常将死去孩子的姓名用到新生孩子身上。这类教堂记录并不像生命登记制度那样完善，不过，这已经是目前所见的 1750 年以前所有国家中最完善的数据记录了。图 2–3 的折线显示的是从 16 世纪中期至 19 世纪中期英国人的预期寿命变化情况。图中折线明显变化的时期，往往和大的疫情有关，比如天花、黑死病以及汗热病（可能是流感，也可能是其他已经灭绝的病毒所引起的一种疾病）。但总体来看，这300年间的预期寿命变化并无明显规律。

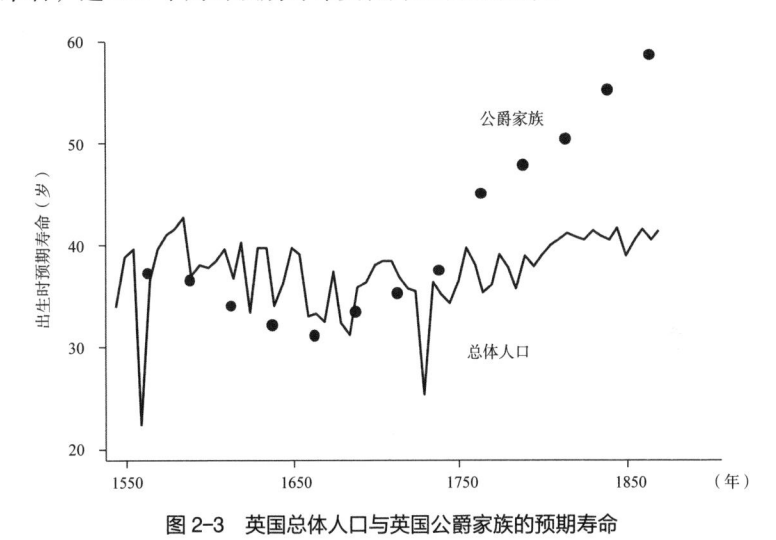

图 2-3　英国总体人口与英国公爵家族的预期寿命

资料来源：After Bernard Harris, 2004, "Public health, nutrition, and the decline of mortality: The McKeown thesis revisited," *Social History of Medicine* 17(3): 379–407.

图中圆点表示在同样的 300 年间，英国贵族每 10 年的预期寿命。这些数据来自英国贵族对人口出生与死亡的详细记录，由历史人口学家 T. H. 霍林斯沃思在 1960 年收集而得。[13] 将贵族的数据同平民的数据相叠加，是社会历史学者伯纳德·哈里斯想出的方法，是他第一次画出了这样一张精彩的信息丰富的图。[14] 从 1550 年到大约 1750 年，英国公爵及其家人的预期寿命与英国总体人口的预期寿命相差无几，部分时候还会低于总体人口的预期寿命。这是相当令人吃惊的发现。通常，更富有以及地位更高的人要比穷人和地位低下者更为健康，这是一个被称作健康"梯度"的现象，而自古罗马以来就有很多证据证明了这一点。但如今，我们得到的第一个结论就是，健康"梯度"并不是普遍适用的，在英国，至少有两个世纪，这个规律是失效的。

毫无疑问，英国贵族吃到的食物肯定要比普通人吃到的多。在16世纪的汉普顿宫，亨利八世的侍臣每天要摄入4 500~5 000卡路里的热量；亨利八世本人则过于肥胖，没有扶助连路都走不了。亨利并不是个例，在欧洲其他国家，人们摄入的热量更多。[15] 但是，贵族们所食用的更多食物，并未使他们逃脱细菌和病毒所造成的瘟疫和天花，也未能为他们创造更好的卫生条件，使他们的孩子免于一死。与贵族阶层的这一对比显示出，在1550—1750年的英国，人的寿命更多是受限于疾病，而非营养不良。当然，疾病与营养不良常常互相影响：当患上疾病，食物消化就会变得更加困难。但是没有明显的证据表明，贵族阶层持续的高营养水平使他们及他们的子女躲过传染性疾病的侵袭。

1750年之后，贵族阶层的预期寿命开始与总体人口的预期寿命拉开距离，到了1850年，两者已经有了近20岁的差距。大约在1770年以后，英国人口的总体预期寿命也有了向上提升的迹象。单看此图，这种提升与1550年之后数据的上下变动几乎相同，但是，在如今看来，这种向上趋势意义重大，因为在1850年之后，整体人口的预期寿命出现了持续的增长，并且这种增长一直延续至今。英格兰和威尔士人口出生时的预期寿命，1850年是40岁，1900年增加到了45岁，1950年则接近70岁了。18世纪下半叶，贵族们不但为自身开启了向上的健康"梯度"，也为接下来预期寿命的总体提升开了一个好头。

我们不能确切地知道贵族阶层与总体人口在预期寿命上拉开差距的原因，但是有不少合理猜想。一个猜想就是当时英国开始了历史上的启蒙时代。历史学家罗伊·波特将这一时期的特征做了分析，他概括道：人们不再问"我如何才能得到拯救"，因为在过去的一个世纪中，人们一直在问这个问题，但得到的却是伤害，甚至包括一场内战。如今人们问的是"我如何才能幸福"[16]，人们不再以遵从教会为美德，也不再"依据自己在社会中的位置而行使责任"[17]，相反，人们开始追求个人的成就。运用理性，对皇室或者教会这些为社会所公认的权威发起挑战，就是追求幸福的一种表现；而在物质和健康方面找到改善自身状况的方式，也是追求快乐的方法之一。伊曼努尔·康德对启蒙运动的定义是："敢于知！要有勇气运用你自己的理智！"在启蒙时代，人们不仅敢于否定公认的教条思想，更愿意以新的技术和方式来进行实践。人们开始运用自己理性的表现之一，就是在使用药物和与疾病进行斗争时，敢于试用新的治疗方法。在全球化的最早阶段，多数新发明创造都来自美国以外的地区。这些新药物和新的治疗方法通常价格昂贵，难以获得，因此，最初几乎没有人用得起。

人痘接种是当时最重要的发明创造之一。[18] 在 18 世纪的欧洲，天花是导致死亡的主要原因之一。在大城市中，天花近乎永久性存在，几乎每个孩子小时候都会得天花，凡能战胜天花的，此后都会获得免疫力。生活在小镇和乡村的孩子则多年来一直远离这种传染病，一旦天花流行起来，没有免疫力的人就会被传染，大批儿童和成人都可能因此丧生。在 1750 年的瑞典，死亡人口中有 15% 是由天花所致。在 1740 年，伦敦每出生 1 000 个人，就有 140 人死于天花，其中绝大多数是孩子。

人痘接种与牛痘疫苗不同，后者是一名英国医生爱德华·詹纳在 1799 年研制的，此后，这种疫苗迅速得到广泛应用，并因大幅降低了死亡率而获得认可。人痘接种则是一种古老的技术，1 000 多年前就在中国和印度得到运用，在非洲也得到长期试用。在欧洲，医生将受种者手臂的皮肤划破，从天花病人身上的脓包中提取相关物质，拭在受种者的皮肤划痕里。而在非洲和亚洲，则是将天花病人身上的干痂塞入受种者的鼻子里。接种使得受种者患上轻微的天花，但是也就此获得了免疫力。根据美国国立卫生研究院医学史部门的研究，只有 1%~2% 的受种者会死亡，而自己患上天花的人有 30% 的死亡率。[19] 人痘接种这种技术一直充满争议，一些接种过的人还可能将天花传染给别人，甚至可能引发一场新的传染病大流行。今天，没有人再敢采用这种方法了。

人痘接种引入英国，要归功于玛丽·沃特利·孟塔古夫人。孟塔古夫人是当时土耳其驻英国大使的妻子，她知道人痘接种在土耳其被广泛接受，但是在英国上层社会，这一技术却一直未得到应用。直到1721年，英国皇室才开始接种人痘。当然，在此之前，一些死囚犯和被遗弃的孤儿已经被当成小白鼠，做了接种试验，并证明接种不会带来任何不良反应。此后，人痘接种就在贵族之间广泛传播。历史学者彼得·拉泽尔在他的著作中翔实记录了在此后的70多年中，接种逐渐深入人心的过程。最初，接种是一种费用昂贵的预防手段，并且接种者需要被隔离数周，但最终，接种变成了一项惠及普通百姓的群众运动。地方政府甚至会主动出钱给街上的乞丐接种，因为给他们接种的费用比埋掉他们的尸体的费用还要低。到了1800年，伦敦市内由天花导致的死亡率就下降了一半。

在美国，接种技术是通过运送奴隶的船只传入的。到1760年，波士顿人就全部接受了人痘接种，而乔治·华盛顿则给大陆军的士兵全部接种了人痘。在17世纪第一个10年末期，波士顿的天花大流行导致超过10%的当地人死亡。1721年，人痘接种在波士顿首次得到应用。到了1750年之后，死于天花的人就非常少了。

医学史学家希拉·瑞恩·约翰逊认为，除了人痘接种，18世纪晚期，其他卫生与医学的创新也相继出现[20]：金鸡纳树皮（奎宁）首次从秘鲁引入英国，用于治疗疟疾；"圣木"愈疮木从加勒比引入，用于治疗梅毒（被认为比水银更有效但价格也更高）；吐根从巴西引入，用以治疗痢疾；专业的男助产士最早出现在法国，引入英国后也为富人所接受。这个时期也是公共卫生运动首次出现的时期（比如，反对饮酒的运动）。也是在这一时期，最初的药店开始出现，而城市改造也开始兴起。我的家乡，苏格兰的爱丁堡于1765年开始兴建新城。而爱丁堡的旧城并未被毁掉，只是其中心位置那个污染严重的湖被抽干了，一座崭新的、宽敞的、健康的新城从那里向北而建。沃尔特·司各特爵士于 1771 年出生在旧城区，他的 7 个兄弟姐妹中有 6 个在婴儿时期死去，他自己也患上了小儿麻痹症（脊髓灰质炎）。但司各特家里怎么也不能算是穷困的，他的母亲是一名医学教授的女儿，而父亲则是一名律师。

我们很难对医学创新之于死亡率的影响做出量化，可能对减少死亡最有效的天花接种，到今天也仍然充满争议。创新带来了许多可喜的成果，同时也对尝试与犯错持有开放的态度，它们是先进科学知识的结晶。英国贵族和王室自 17 世纪末起健康水平的提升，都是拜这些创新所赐。因为这些创新价格昂贵，且未被广泛接受，所以它们最初只限于富裕人群和充分知情的人群，也正因为如此，它们导致了健康方面新的不平等。但是这些不平等也预示着总体的健康进步即将到来，因为相关的知识会被更广泛地传播，治疗药物和治疗方法也会越来越便宜。此外，可以覆盖全部人群的新的相关创新也应运而生，比如 1799 年之后出现了天花牛痘疫苗，城市卫生运动随后也逐步兴起。新知识首先导致健康的不平等，继而又推进总体福祉的提高。这样的例子我们在后面还会看到许多，其中就包括 19 世纪细菌致病理论的传播，以及在 20 世纪 60 年代之后，人们对吸烟有害健康的逐渐了解和接受。

1800—1945 年：营养、预期寿命增长以及卫生学

如果说在 18 世纪，人类预期寿命的增长缓慢且不平均，那么在 19 世纪末和 20 世纪初，人类预期寿命则出现了普遍的显著增长。图 2-4 显示了英格兰和威尔士、意大利以及葡萄牙人均预期寿命的增长情况。在图中，英国的数据横跨时间最长，其次是意大利，数据自 1875 年

开始，最后是葡萄牙，数据自 1940 年开始。斯堪的纳维亚国家、法国、比利时以及荷兰等国的相关数据也可以追溯到很早以前，但是它们的情况和英国较为相似，所以我们没有采用它们的数据。接下来我们会看到，数据收集较早较全面的国家，在降低死亡率方面处于领先地位。

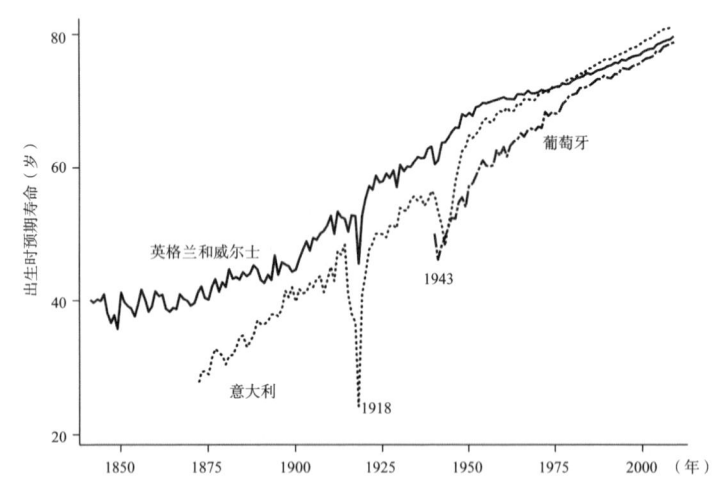

图 2-4　1850 年以后人均预期寿命：英格兰和威尔士，意大利，葡萄牙

我在此的论述将以英国为主，不过这张图其实也显示了创新扩散的重要作用，这一点我们在后面将多次提到。英国在 1850 年之后，人均预期寿命开始增长，其他国家，比如意大利和葡萄牙则起步略晚。在最初阶段，国与国之间的人均预期寿命差距相当大，1875 年，意大利与英国的人均预期寿命相差 10 岁；而在 1940 年，葡萄牙与英国的差距也有 10 岁之多。但随着时间的推移，这种差距逐渐缩小，到了 20 世纪末，意大利的预期寿命实际上超过了英国，而葡萄牙也与之相去不远。我们知道，在 18 世纪，英格兰贵族与普通民众之间出现了预期寿命差距，不论英格兰发生了什么，也不论此后不久北欧、西北欧、美国和加拿大这些国家与地区发生了什么，它们与南欧、东欧

国家以及世界其他地区之间同样出现了这种差距。不过，随着时代变迁，社会进步在更多的地区出现，虽然这过程是不均衡、不平等、不完整的，但是最终社会进步还是惠及了整个世界，而国与国之间人均预期寿命的差距也实现了缩小。总而言之，一个更好世界的出现，也制造出了一个有差别的世界，在一部分人取得大逃亡的同时，不平等也随之出现。

那么，英国到底发生了什么？是什么原因使得英国人的预期寿命在 150 年的时间里实现了翻倍，从 40 岁变成了接近 80 岁？考虑到在过去那么长的时间里，人均预期寿命都变化不大甚至出现下滑，那么这 100 多年的变化就是戏剧性的、快速而又令人赞叹的。这样的成就，不只是人的寿命变长这么简单，更重要的是，与以前相比，每一个年轻的成年人都有了更多的时间去学习技能，展现激情，开拓人生，人的潜能被大大拓展，而潜在的生活幸福度也大大提高了。当然，这些成就到今天也没有被透彻地理解，直到 20 世纪，才出现了少量的相关研究，这不能不让人感到吃惊。

我们要就此展开讨论，预期寿命是一个很好的起点。当然，这里要采用的是 15 岁时的预期寿命，而不是出生时的预期寿命。15 岁时的预期寿命，是指人在 15 岁的时候，预期还能够再生活的时间。15 岁时预期寿命的计算方式和出生时预期寿命的计算方式并无不同，只不过计算的起点不是 0 岁，而是 15 岁。图 2-5 是英国人出生时预期寿命与 15 岁时预期寿命折线图。（图中出生时预期寿命折线同图 2-4，因为我将军人的预期寿命也包括了进来，所以在此图中 1918 年时的预期寿命下滑幅度很大。）从此图我们可以看到，1850 年，人们在 15 岁时的预期寿命是还能再活 45 年，到了 1950 年，人们则预计还能再活 57 年。

图 2-5 最为显著的一个特点是，在大约 1900 年以前，英国人口的成人时预期寿命要比出生时预期寿命长，即尽管已经活到 15 岁，预期还能活的时间却比出生时的预期还要长。出现这种情形，主要是因

为当时的婴儿以及儿童死亡率较高,而一旦能活过童年,人的预期寿命就会出现大幅蹿升。到 20 世纪结束的时候,童年夭折的概率至少在富国已经降到极低,这样,出生时预期寿命就和成人时预期寿命拉开了差距。理论上,如果一个人在 15 岁之前没有死去的话,那么其出生时预期寿命应该和其 15 岁时预期寿命正好相差 15 岁,而图中显示,在 20 世纪末期,这两个数值的差距几乎正好是 15 岁。在其他一些我们掌握数据的国家,类似的现象也有发生,但是各国情况有所不同:在斯堪的纳维亚国家,人口出生时预期寿命比 15 岁时预期寿命长近 10 岁;而在比利时、法国和意大利,人口出生时预期寿命比 15 岁时预期寿命长 10~20 岁。

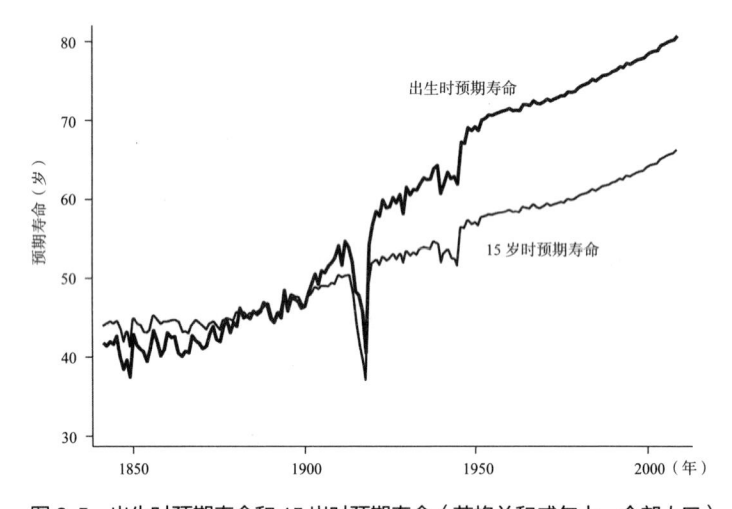

图 2-5 出生时预期寿命和 15 岁时预期寿命(英格兰和威尔士,全部人口)

1850—1950 年间人均预期寿命的延长,最主要是通过降低儿童死亡率来实现的。导致成人死亡率下降的因素,或者促使成人和儿童死亡率降低的共同因素,都非常重要,但是相比之下,导致儿童死亡率下降的因素更为关键。

儿童死亡率的下降和新药物的出现,比如抗生素、磺胺类药物、治疗结核的链霉素之类并没有太大关系。之所以这样说，一是因为在这些药物出现以前，儿童死亡率就已经出现下降的趋势；另外则是因为，这些新药的出现，并没有导致相关患者的死亡率大幅下降。社会医学的创始人——英国人托马斯·麦基翁曾经用一系列图表证实，在有效治疗方式出现之前，一系列疾病的死亡率就已经在下降了，而在这些治疗方式出现之后，疾病的死亡率几乎是以与之前相同的速率在下降。[21] 麦基翁本人也是一名医师，他认为药物其实并不是很有效（他甚至说，医生的地位越高，能起到的作用可能越小）[22]，人类健康改善的根源在于经济和社会的进步，尤其是营养水平的改善和生活条件的优化。麦基翁是医师队伍里第一个认为自身职业对公众健康意义不大的人，他本人也因此转而更多地关注社会病症，比如贫困与物质匮乏对健康的影响。他认为这些才是人类健康不佳的根本原因。麦基翁认为，生活物质条件逐步改善，比如更好的饮食和更好的居住条件，比任何卫生保健甚至医疗措施都更重要。如今，麦基翁观点与时俱进，仍然具有重要意义。而认为健康是由医学发现和医学治疗所决定的一派，和认为健康是由人所生活的社会条件所决定的一派，至今也没有停止争论。

显然，营养水平的提高是儿童死亡率下降的一个重要因素。在18世纪和19世纪早期，英国人所摄入的卡路里远远低于其所需，儿童的生长潜力因此不能得到完全开发，成人所摄入的热量也无法保证他们身体机能的健康，更无法满足他们从事有报酬的体力劳动所需。人们长得瘦弱矮小，也许和以前一样矮。在整个历史中，一旦出现营养短缺，人类就会以避免长得过壮过高来自己调节适应它。长得矮小，是童年时代饮食摄入不足的一种结果，同时，矮小的身材也意味着消耗更少的热量就可以维持生存。与长得高大的人相比，身材矮小者更能适应食物短缺的生活。一个身高6英尺①、体重200磅的人想要在

---

① 1英尺≈0.3米。——编者注

18世纪活下去,类似于一个不穿太空服的人想要生活在月球。总体来看,整个国家的民众没有足够的饮食使他们可以长到我们今天的身材。18世纪身材矮小的工人被深深地困在一个营养不足的陷阱中。他们的身体条件太差,所以赚不到钱,而如果他们不工作,就没有钱吃饭。

农业变革出现之后,这个营养不足的陷阱开始崩塌。人均收入开始增加,而这或许也是人类历史上第一次出现的营养水平稳步改进的可能。更高的营养水平,让人们可以长得更高更壮,从而生产力也得以提升。这就开始了一种健康改进与收入增长的协同效应,两者相得益彰。当儿童身体成长所必需的营养不再缺乏时,其脑部就能发育完全,因此,这些身材高大、生活优越的人就可能变得更加聪明。这就进一步促进了经济增长,更促进了良性循环。高大强壮的人寿命更长,营养状况良好的儿童死亡率低,同时也更能抵抗疾病侵袭。这就是诺贝尔经济学奖得主罗伯特·福格尔和他的合作者经过多年努力得出的一种解释。[23]

人类的营养水平毫无疑问已经获得了改善,而人类的身体也长得更为高大、强壮、健康。但是,饮食改善并不能完全解释儿童死亡率的下降,仅仅关注这一点,就低估了疾病控制的重要性。不仅如此,这样的视角也夸大了市场经济的作用,而低估了疾病控制背后的集体协作和政治努力。理查德·伊斯特林就以令人信服的论据指出,试图将健康水平的进步同经济增长联系起来是错误的。[24]在西北欧国家,儿童死亡率的下降时间惊人一致,这根本无法用经济增长来解释,因为这些国家经济增长的起步时间非常不一样。在20世纪,心脏病防治水平在不同经济状况的国家也都出现了几乎相同程度的改善。如果认为饮食本身非常重要,那为什么在1750年以前,那些吃得更多更好的英国贵族,寿命却和普通民众的差不多呢?人口学家马西姆·利维-巴茨在几个欧洲国家也发现了类似的情形:修道院里饮食条件更好的僧侣,寿命和其他人没有差别。[25]饮食或可以使人们远离某些类型的疾病，但绝对不是一种可以治愈一切的疗法。有可能饮食更能帮助人类抵抗细菌性疾病，但是对于病毒性疾病则无能为力。当然，关于这一点，到目前还没有定论。

儿童死亡率下降以及随之而来的人均预期寿命延长，主要应归功于公共卫生措施对疾病的防控。这起初主要体现在卫生条件和供水质量的改善上，继而是科学知识被实践应用。并且，通过集中科学化的措施，细菌致病理论也得到了广泛的了解和运用。针对一系列疾病的例行疫苗接种得到推广，而大众也逐渐养成个人卫生与公共卫生的良好习惯。公共卫生条件的改善，需要公共机构采取切实行动，而要做到这一点，就需要人们的政治参与并达成共识。尽管人均实际收入的增长的确使得高成本的卫生改进项目更容易推行，但单靠市场的力量，健康改善无法实现。在个人层面，疾病的减少，尤其是儿童时期腹泻类与呼吸类传染病的减少，改善了人类的营养状况，使得人的身高、体能以及工作能力都得到提升。食物的摄入量非常重要，但更重要的是净营养水平。净营养的概念是指在与病魔做斗争消耗掉一部分营养后，人体所剩余的营养量。腹泻自然会导致营养流失，与发烧和传染病做斗争也会产生营养消耗。在细菌致病理论被广泛认知后，卫生状况得以改善，而这也是1850年后西北欧和英国的人均预期寿命延长的最主要原因。到了20世纪早期，这种情况也在南欧和东欧出现。二战以后，全世界其他地方的人均预期寿命也延长了。这一方面的内容，我会在下一章中继续讨论。[26]

英国工业革命使得千千万万人口从乡村涌入曼彻斯特等城市。人们进入了以工业生产为主的新环境中，但是对人口密集所带来的健康威胁及其应对方法，却缺乏认知甚至一无所知。在乡村，即便没有对人类废弃物进行统一的规划处理，人还是可以保持身体健康的，但是这样的情况却不可能在城市发生。在新的城市中，人、马、奶牛、猪以及人的饮食同时处在一个狭小的区域内。工厂排出的有害废物，以及制革和屠宰等产生的公害也威胁着人的健康。饮用水常常被人类和其他生物的排泄物污染,处在工业革命时期的曼彻斯特,公共厕所的数量还不如古罗马时期的多。[27]当饮用水水源地也被当成排泄物的处理之地时,自新石器时代以来的粪口传播链就被工业的力量放大了数倍。如此一来,城市的人均预期寿命就大大地短于农村(这种情况在今天的贫穷国家仍在上演)。实际上,人们是转向了健康条件恶劣的城市,这就解释了为什么在19世纪初期,总人口的预期寿命直到1850年前,都没有出现明显的延长。这些肮脏与危险的城市,这些"黑暗、邪恶的工厂",最终使得身处污浊环境而精神沮丧的人们以实际的健康状况做出了反应,于是,地方机构和公共卫生官员们开始认真考虑公共卫生问题。

卫生运动在最初没有得到新科学的指导。事实上,当时它所依据的是一种叫作"污秽理论"或者"瘴气理论"的疾病理论。这种理论认为,只要闻起来臭的东西,就对健康不利。这是错误的,而且同14世纪意大利治疗黑死病所采用的那些多半无效的方法一样,这种新理论的效果也非常差。严格来看,其实有不少例子能证明这种理论有效,因为如果污染排放物能够得到安全处理,城市供水也没有发出臭气,那么人们得病的概率确实会下降。但是这种理论对于卫生问题过分重视,却对饮水供应问题关注不足。依照这种理论,伦敦的卫生机构将各户居民家中地下室里臭气熏天的小水坑抽干了,然后将废水排放进了泰晤士河,从而将霍乱弧菌带入了供水的循环系统中。在若干年后的1854年,伦敦暴发了霍乱,原因就在于伦敦两个自来水厂中的一个从污水排放口的下游取水供给市民饮用。就这样,霍乱弧菌循环着从一批受害者身上传到了另一批人身上。另外一家主要的供水公司,在这之前不久将取水口搬到了水质更纯净的泰晤士河上游。当时一名叫约翰·斯诺的医师绘制了霍乱死亡分布图,从而将霍乱的传播和前一家违规的供水公司联系在了一起,并得出霍乱是通过受污染的水进行传播这一结论。[28] 这是公共卫生历史上最早的"自然实验"之一,在我看来,这也是历史上最重要的实验之一。不过,斯诺后来又发现这一实验结果其实是不够确定的,比如,可能一家自来水公司服务的是有钱的客户,而有钱的客户可以从其他方面得到健康保护。这使该实验必须竭力排除其他导致这种结果的解释。[29]

斯诺的新发现,加上德国人罗伯特·科赫和法国人路易·巴斯德后来的持续努力,使得细菌致病理论得以建立起来。在这个过程中,他们也遇到了瘴气理论拥护者的种种阻挠。一个争论的焦点是,为什么有的人暴露于疾病之下却一直没有得病?这一现象严重挑战了研究得出的因果关系和人们的认知。[30]科赫在1883年分离出了霍乱弧菌,他指出,要想证明微生物的确是某种疾病的病因,有四个条件需要得到满足,其中之一是,如果微生物在一个健康人体内寄生,则此人就应该患病。不过,1892年,著名的怀疑论者,同时也是瘴气论者的马克斯·冯·佩腾科弗(当时74岁)发现了这个理论的缺陷。他把科赫从埃及带回来的一瓶霍乱弧菌当众喝了下去,然而却只有轻微的不良反应。到底他为什么能够安然无恙,原因并不清楚。当时,为了避免胃酸杀死霍乱弧菌,他还特意喝了碱性的苏打水。很多病原体只有在合适的条件下才会引发疾病,冯·佩腾科弗就持这样一种论调。他认为微生物必须先在土壤中腐烂,然后化为瘴气,最后通过空气传播而导致疾病。但这个理论,在1892年的汉堡霍乱大流行中被证明是完完全全错误的。同样是以易北河为水源,汉堡霍乱严重,但汉堡旁边的阿尔托纳,因为采取了水源过滤措施,并没有出现霍乱疫情。冯·佩腾科弗口吞细菌的惊世之举,发生在这场瘟疫之后,看起来像是佩腾科弗的最后反抗。冯·佩腾科弗于1901年因精神抑郁而自杀身亡。[31]

细菌致病理论的发现、传播以及应用,是英国和世界其他各地儿童死亡率下降的关键原因。既然孩子的生命得到拯救,那整个人类的幸福就有可能获得新的空间。霍乱可通过污水传播,细菌会引发疾病,这些基本的知识后来都变得尽人皆知。然而，这并不意味着依此而定的政策措施就会得到立即或很快的执行：一则是我们已经看到，不是所有人都相信这些知识；二则，即便人们真的相信了，要落实相关知识和措施仍然有重重阻碍。知识或许是免费的，但要把知识变成现实，却要花大量的金钱。建设安全的饮水供应系统要比维修污水处理厂便宜，但也费用不菲。更何况，建设还需要工程知识以及监控措施，以确保水源不受污染。污水需要得到妥善处理，使之不能进一步污染饮用水系统；但是，对个人和企业予以监督则困难重重且经常遭遇抵制。要解决这个问题，需要强有力的政府和有执行力的官员。即便在英国和美国，粪便对水的污染问题，直到20世纪也还没有得到妥善解决。将细菌致病理论转变成安全的水和干净的环境，需要时间，需要金钱，也需要有能力的政府。在一个世纪之前，这不是说做就能做到的，即便到了今天，世界上的很多地方也依然如此。

政治抗争一向非常重要。历史学家西蒙·斯赖特就指出，在工业革命时期的城市中，淡水资源虽然到处都是，却被工厂霸占，城市居民无法饮用。[32]就像以前经常发生的那样，新的福利成果没有被平等地享有，承担赋税的工厂主不愿意花自己的钱为工人们提供干净的水。斯赖特说，在工人有了选举权之后，其政治联盟和流离失所的土地所有者们终于起身抗争，要求建设净水公共设施。而一旦政治平衡被打破，工厂主就见机行事了，城市之间也展开了看谁比谁更卫生的宣传比赛。（我任教的普林斯顿大学，在当时也是如此。它宣称自己140英尺的海拔使它比其他疟疾横行的沼泽地区更适合年轻人居住。）当健康问题需要通过集体行动来解决时，不管是市政工程、卫生保障还是教育方面的问题，政治抗争都开始在其中扮演起重要角色。在争取水资源的事件中，我们看到，当工人阶级得不到投票权时，他们就没有获得干净的水的资格，而前一项的不公正被消灭之后，后一项的不平等也就被消灭了。

观念的传播和实践执行需要时间，因为人们需要为此改变自己的生活方式。在今天的富裕世界，几乎每个人都会在学校学到关于细菌的知识，以及如何通过洗手、消毒、合理地处置食物和废弃物来避免细菌感染。但在19世纪末期，这些我们现在习以为常的东西，并不为大众所知，经过了许多年之后，这些新的认识才得以广泛传播，引发个人与集体行为的全面改变。[33]人口学者塞缪尔·普雷斯顿与迈克尔·海恩斯指出，在19世纪与20世纪之交，纽约不同的族群之间，婴儿及儿童死亡率存在着巨大差异。例如，犹太人的宗教仪式对健康有益，而说法语的加拿大人却没有相关的健康保护举措。[34]不过，在细菌致病理论被认识之前，医生子女的死亡率和普通人子女的死亡率并无不同，而在这一理论被认识之后，医生子女的死亡率就开始下降了。在美国，当时的酒店不给客人更换床单枕套。在埃利斯岛，医生要对移民群体进行眼部检查。他们用一种纽扣钩形状的工具来检查人们是否患有沙眼这种传染性疾病，但是他们却不对工具进行消毒。这种检查其实不是在阻止传染病进入，而是在传播这种疾病。[35]现代的例子来自印度。在印度有一种传统的接生员，其职责主要是帮助产妇解决难产等问题。一个美国医生曾亲眼看见，一位接生员的接生技巧之成熟足以使她在美国发家致富；然而这位技术高超的接生员，在从一个产妇转换到下一个产妇的过程中，却从来不洗手。[36]

像细菌致病理论这样的科学进步，并不是单独的发现，相反，它们都是相关发现的聚合，同时，新的发现都建立在先前科学进步的基础上。没有显微镜，细菌是不可能被发现的。但是，透过安东尼·范·列文虎克在17世纪发明的显微镜，我们只能看到高度变形的图像。变形和色差的存在使得早期的显微镜几乎是个无用品。到19世纪20年代，约瑟夫·杰克逊·李斯特发明了消色差显微镜，通过多个镜片的组合，解决了图像变形和色差的问题。细菌致病理论则使得大量的致病微生物被发现，这其中就包括炭疽杆菌、结核杆菌以及科赫在德国实验室里发现的霍乱弧菌。科赫是微生物学的奠基者之一，他的学生们继续前行，又发现了引发伤寒、白喉、破伤风以及腺鼠疫等多种疾病的微生物。紧接着，路易·巴斯德在法国发现了微生物是如何让牛奶变质的，并发明了巴氏牛奶杀菌法。巴斯德还发现减毒后的传染性微生物可以用来制作多种疫苗。(他还发明了马麦酱，要是没有这种东西，现代英国人几乎没办法生活。第六章我们会再具体讨论这项发明。)细菌致病理论还使得约瑟夫·杰克逊·李斯特的儿子约瑟夫·李斯特发现了手术中杀菌的方法。如果没有这种方法和麻醉剂，现代意义上的手术就不可能出现。斯诺、科赫以及巴斯德的贡献，不但使得细菌致病理论得以创建，同时也向我们展示了理论是如何付诸实践从而达到维护公益目的的。

科学进步是提升人类幸福的关键因素之一，细菌致病理论只是其中的一个例子。但是，细菌致病理论逐渐被接受的过程也显示出，没有公众的认可和社会的变革，新的发现和新的技术就无法发挥效力。我们也不能以为科学进步是天赐之物，可以凭空获得。工业革命及其引发的城市化后果，导致很多原本在乡村中不存在的疾病出现了，引发了人们对科学进步的需求，同时也为科学研究创造了条件。工业发展导致的粪口传播，使霍乱受害者的排泄物传播到下一批人的身体中，引发了新的霍乱；不过这也为某些学者发现细菌的人际传播路径提供了机会。当然，这个过程并非不可避免。需要治疗并不见得就一定会有人提供治疗。但是，需求、恐惧，甚至在某些情况下包括贪婪，都对人类的发现与发明有巨大的推动作用。科学随其所在社会和经济环境的发展而发展，而这些环境也需要依赖科学知识的发展而发展。很多在细菌理论中起关键作用的微生物，并非处于原始状态，等待我们去发现。细菌的繁殖方式、进化手段以及毒性强弱会随着被感染者的变化而变化。工业革命改变了千千万万人的生活条件，改变了微生物以及微生物致病的方式，与此同时，也为细菌理论的发展创造了条件。

第三章

消灭传染病

能出生在富裕国家的人毕竟是少数,多数民众并没有这样的运气。在1945年以前,很多穷国尚未能展开对传染性疾病的有效防控。但穷国面临的问题是,它们不应简单复制富国的道路,而应该加快步伐缩小差距。1850年时,细菌致病理论尚未建立,但100年之后它变成了一种常识。取得这样的进步,发达国家花了一个世纪的时间,而后进国家要取得同样的进步就不能还用这么长的时间。它们必须发展得更快。在这方面,印度是一个很好的榜样。今天,尽管印度的人均收入还只是英国1860年时的水平,但印度人的预期寿命已经长于苏格兰人1945年时的预期寿命。过去几十年,贫穷国家的婴儿死亡率下降极快,虽然各国之间的下降幅度并不均衡,但这仍使得成百上千万的儿童得以幸存,而这也导致了人口大爆炸的出现。1950年,全球还只有25亿人口,到2011年,全球人口达到了70亿(目前人口大爆炸现象已近尾声)。二战之后,贫穷国家与富裕国家的人均预期寿命逐步接近。自1850年起富裕国家与穷国所出现的预期寿命差距,终于在1950年之后出现了缩小的趋势。不过,由于新的疾病出现,这一差距后来又出现了新一轮的扩大迹象。在20世纪90年代,几个艾滋病情况最为严重的国家就出现了寿命倒退,以至它们战后所取得的寿命进步被抵消了。

现在，很多国家仍然存在儿童大量死亡的现象。在全球30多个国家里，5岁前儿童的死亡率仍然高于10%。但是，这些孩子并非死于艾滋病抑或其他无法治愈的疑难杂症，杀死他们的凶手仍然是那些在17—18世纪肆虐欧洲的病种：肠道或呼吸道传染病，或者疟疾。很早之前，我们就已经掌握了这些疾病的治疗方法，但可惜的是，那些死去的孩子出生在还没有能力防控这类疾病的国家。如果他们出生在英国、加拿大、法国或者日本这样的国家，肯定不会如此轻易地死去。

这种不平等的现象为何存在至今？为什么出生在埃塞俄比亚、马里或者尼泊尔这样的国家就会有如此大的生命风险，而出生在冰岛、日本或者新加坡这样的国度就会非常安全？在印度，虽然人口死亡率早就大幅下降，但是仍有大量的儿童营养不良；孩子们长得瘦弱矮小，完全与年龄不符，他们的父母也身处世界上最矮小的人群行列，其身高甚至还不及18世纪英格兰那些发育不良的成年人。贫困本是新石器革命导致的一个后果，但印度已经是当今世界上发展速度最快的国家之一，为什么还有如此多的人口深受贫困之苦？

二战之后，在联合国所定义的世界不发达地区，仍有为数众多的婴儿和儿童死去。20世纪50年代初期，超过100个国家有1/5以上的孩子没有活过1岁。这些国家包括所有撒哈拉以南的非洲国家以及众多南亚和东南亚国家。1960年，世界银行估计全世界有41个国家的儿童5岁前死亡率高于1/5，部分国家甚至接近2/5。在20世纪50年代和60年代，世界多数地区的人口死亡率都还停留在英国一两百年前的水平。但是，改变正在酝酿。

二战后不久，人均预期寿命增长最快速的时期到来了。人口学家戴维森·格沃特金指出，1950年左右，在牙买加、马来西亚、毛里求斯以及斯里兰卡这样的国家，每年的人均预期寿命增长都会超过1岁，而且这种增速保持了十几年。[1] 毛里求斯的人均预期寿命从

1942—1946 年的 33 岁增加到了 1951—1953 年的 51.1 岁；在 1946 年之后的 7 年中，斯里兰卡的人均预期寿命增加了 14 岁。当然，这样的大幅增长是不可能持续的，因为它根本上还是由于婴儿与儿童死亡率的一次性大规模下降。儿童死亡率的下降，部分归功于青霉素的应用，也与磺胺类药物的使用有关，但是最主要的原因恐怕还在于"病媒控制"的实现。通过化学等手段，可以消灭带病害虫，从而达到病媒控制的效果。比如蚊子，尤其是携带疟原虫的按蚊，就是通过这种方式被灭杀的。不过，随着蚊子产生抗药性，更高效的灭蚊药 DDT 也因为对环境有影响而被禁用（这主要是因为之前富裕国家在农业上滥用 DDT），疟疾防控所取得的成绩遭到逆转。尽管如此，病媒控制对疟疾防治仍然功不可没，而在其他方面的后续进步，诸如免疫运动的开展，则不仅足以弥补其他方法失效的损失，还取得了更大的成就。

联合国儿童基金会是联合国专门负责儿童健康与幸福成长的机构，由于在儿童救助方面的贡献，该基金会于 1965 年被授予诺贝尔和平奖。在二战结束后不久，联合国儿童基金会就开始为欧洲的儿童接种肺结核疫苗，并在 20 世纪 50 年代将范围扩大至全球，进行肺结核、雅司病、麻风病、疟疾以及沙眼等疾病的防治。除此之外，该基金会还资助了多个清洁饮用水和卫生项目。1974 年，世界卫生组织开始推行扩大免疫计划，这项计划主要是推广白喉、百日咳、破伤风疫苗（百白破三联疫苗），以及麻疹、脊髓灰质炎和肺结核疫苗。2000 年，全球疫苗免疫联盟成立，这个联盟的主要目的就是要重振 1974 年的扩大免疫计划。近几年免疫运动的推进出现进展减缓的迹象，这或许是因为方便接受免疫与愿意接受免疫的人群都已基本被覆盖。死亡率得以保持下降趋势的另一重要因素是口服补液疗法的出现。1973 年，在孟加拉国和印度的难民营中暴发了一场霍乱，一种简便的将盐和葡萄糖加入水中然后口服的疗法却治好了脱水与腹泻，挽救了无数儿童的生命。虽然这种治疗方式很廉价，但著名医学期刊《柳叶刀》

称赞它"或许是 20 世纪最为重要的医学进步"[2]。急切的需求与科学上的大胆试验相结合，时常会带来治疗方式上的创新，这一点在口服补液疗法的发现上体现得淋漓尽致。

即便在政府能力有限的国家，以上这些医学与技术上的进步也得到了推广应用。比如，国外来的专家或者在国外专家指导下的相关人士都可以参与到对蚊虫的消除中，世界卫生组织也可以利用当地的业余人员，通过短期的半军事化手段对当地群众进行疫苗预防接种。疫苗一般都价格低廉，联合国儿童基金会或者世界卫生组织也都可以以极低的价格拿到疫苗。他们推行的这类通常被称作"垂直卫生项目"的健康普及运动，已经成功地拯救了数百万人的生命。还有其他一些项目也属于垂直类项目，比如消灭天花的全民运动已经在世界范围内取得了成功，又如世界银行、卡特中心、世界卫生组织以及默克公司曾联合发起的消灭盘尾丝虫病卫生运动以及尚在进行中的脊髓灰质炎消灭运动。

健康水平的进步不仅仅是医疗进步与公共卫生进步的结果，教育水平和收入水平的提升等也对健康的改善大有帮助。自二战结束以来，全球经济一直保持高速增长，很多国家的教育水平也随之得以改善，女性获得了更多受教育机会。我曾经对印度拉贾斯坦邦做过调查，在那里，接受调查的成年女性几乎都没有读写能力，但是，当我们考察当地女孩的上学人数时发现，在 1986—1996 年，印度农村女孩的入学率从 43% 上升到了 62%。尽管有时候学校的教学质量很差，但即便是很差的教育培养出来的母亲也要比那些从未受过教育的母亲更有安全意识，更值得信赖。来自印度和其他国家的大量数据证明，母亲受教育越多，孩子的生存能力和人生成就就会越多。此外，受过教育的女性倾向于减少生育数量，这样就可以有更多时间和资源去照顾每个出生的孩子。低生育率对女性本身也有好处，它降低了怀孕与生育的危险，同时也使得女性有更多机会去享受人生。

在低收入国家，教育水平的提升几乎是人口总体健康水平提升的最重要原因。

经济增长使得家庭收入增加，也为更好地养育子女创造了条件。经济增长也使地方政府和中央政府的收入增长，这样就为供水系统、卫生系统以及害虫根除等方面的改进创造了条件。截至 2001 年，在印度多数地区，超过 60% 的人开始可以喝到自来水；而在 20 年前，能喝到自来水的人微乎其微。这不是说自来水就一定安全，但是喝自来水总比喝其他来源的水更安全。

塞缪尔·普雷斯顿是世界上对人口死亡率观察最为精确的人口学家，他在 1975 年提出，20 世纪 30—60 年代的人均预期寿命增长中只有不到 1/4 是生活水平提高的结果，人口寿命增长的更主要原因，在于新的生活方式、新药物的应用以及预防接种和病媒控制的推广。[3] 普雷斯顿的这一结论主要是针对他所收集数据的一些国家，这些国家有不少在 1945 年就已经不在贫穷国家之列了。类似于第一章中图 1–3 那样的图表是普雷斯顿结论的主要来源。他进行了两个方面的计算：一是如果人均预期寿命与收入关系的曲线保持固定，而各个国家的人均预期寿命随着经济增长沿着曲线移动，那预期寿命将会出现怎样的增长（收入对健康水平改善的贡献）；二是预期寿命的增加有多少是来自曲线本身的向上移动（在生活水平没有改善的条件下，其他因素对健康改善的贡献）。

近期的很多学者认为，创新与经济增长对健康改善的作用基本持平，但是正如普雷斯顿所强调的，没有理由认为这两者的作用在任何时候都是一样的。那些挽救生命的重大创新，诸如抗生素、病媒控制、疫苗接种等，它们的问世既不可预见也非均衡有序。当一种医疗手段失效之后，谁也无法保证下一种就会马上出现。创新与经济增长，哪个因素对改善健康的作用更重大是长期以来一直争论不休的话题：一边是经济增长，另一边是治疗方式的创新；一边是市场，另一边是公共卫生措施。与此同时，教育又在其中扮演着提升双方效率的角色。如果贫困国家中存在的疾病是由贫困所致，贫困消除了，这些疾病就能自行消失，那么，直接的健康干预所起到的作用就可能没有经济增长来得重要。按照这种解释，经济增长可能带来双重福音：一方面直接提高物质生活水平，另一方面增进健康。如果到今天，普雷斯顿的这一研究仍然有效（这个问题我将稍后进行探讨），那么单一的经济增长就不足以解释一切，要实现健康的提升就必须进行一系列健康干预。我们可以注意一下普雷斯顿的结论与第二章的结论之间的相似性。在第二章，我们发现，欧洲与北美国家在1850—1950年间死亡率的下降，主要是因为发现了防控疾病的新手段，而经济增长的作用固然非常重要，却处于从属地位。

且不论这两者之间到底谁的作用更大，人口死亡率在下降是一个毫无争议的事实。联合国的报告指出，世界上欠发达地区的人均预期寿命从1950—1955年的42岁增加到了1965—1970年的53岁。2005—2010年，这些地区的人均预期寿命又增加了13岁，达到了66岁。发达地区的人均预期寿命也在增加，但是要缓慢很多。图3-1显示的就是世界不同地区的人均预期寿命增长情况。其中，最上面一条线显示的是北欧的人均预期寿命增长情况。在这里，北欧包括海峡群岛、丹麦、爱沙尼亚、芬兰、冰岛、爱尔兰、拉脱维亚、立陶宛、挪威、瑞典以及英国。在图中，这些国家的人均预期寿命从最初的69岁增加到了21世纪初的79岁。这一方面的情况我将在下一章进行详细讨论。再看其他地区，比如东亚（含日本）、拉美和加勒比地区、东南亚、南亚以及撒哈拉以南的非洲，它们的人均预期寿命都有超过10岁的增长。这样的结果就是，如今这些地区和北欧之间的人均预期寿命差距缩小了。撒哈拉以南的非洲地区的人均预期寿命增长最少，但是它和北欧国家之间的差距也在缩小。图3-1显示，两者之间的差距从20世纪50年代的31.9岁缩小到了2005—2010年的26.5岁。

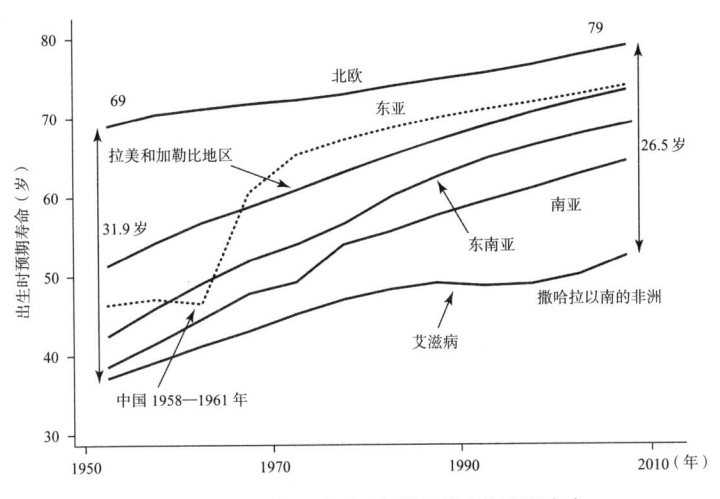

图 3-1　1950 年以来世界各地区的人均预期寿命

非洲和南亚的小部分地区（包括阿富汗）在人均预期寿命的增长上还有很大空间。在艾滋病蔓延之前，撒哈拉以南非洲地区的人口寿命增长就比其他地方的慢，而艾滋病的出现则直接让该地区寿命增长出现停滞，在图 3-1 中这一点清晰可见。近年来抗艾疗法的出现和人们的行为变化使得情况有所改观，根据联合国的预测，非洲的人均预期寿命已重新进入增长阶段。不过，艾滋病感染情况最为严重的几个国家的确出现了寿命倒退到二战之前的情况。像博茨瓦纳这样的国家，良好的政府治理以及经济的成功曾使其人均预期寿命从 48 岁增加到 64 岁，然而在 2000—2005 年，由于艾滋病肆虐，该国的人均预期寿命下降到了 49 岁。津巴布韦的情况更糟糕，这个有着非洲最差政府和最差经济的国家，在 2005—2010 年的人均预期寿命比 1950—1955 年的还要低。根据世界卫生组织的统计，截至 2011 年年底，艾滋病在全世界已经造成了 3 400 万人口死亡。这一现实告诉我们，疾病大流行显然不是一个已经过去的问题，在 1918—1919 年的流感大蔓延之后，疾病大流行的情况依然在出现，而且不排除未来会有新的大规模疫情。

没有人知道艾滋病疫情是怎么出现的，但这并不奇怪，就像中国1958—1961年间出现的粮食灾荒，原因也没有人能够说清楚，而其影响则可以在图3-1中看得很清楚。我们之后很快会谈到中国，实际上，中国模式有时候会很有效，因为它可以有力推进执行某些公共卫生政策，而如果是在西方民主体制下，这些政策措施可能会遇到极大的阻力。中国和印度的情形经常被拿来比较：中国并非实行西方式民主体制，但是政策执行非常有效；而印度实行的是西方式民主体制，却经常无法有效地执行各项政策措施。不过，印度在英国统治时期经常出现饥荒，独立之后就再也没有出现过。

尽管艾滋病和中国的大饥荒导致了人口寿命的倒退，但图3-1证明，同半个世纪前相比，世界上大多数地区的人还是获得了更好的生存机会。那么，今天的情况具体有哪些改善，还有哪些方面可以改进？要回答这个问题，我们应该看一下世界各地人的死亡原因——经济发展水平不同，人的死亡原因也各异，同时考虑在现有条件下，如何避免那些本可以避免的死亡。媒体经常披露各种耸人听闻的故事，称某些人是死于不可治愈的疑难杂症，如果真是如此，那我们需要的就是新的有效的治疗方法和药物。相反，如果人还是死于某些古老的疾病，那我们就应该问，为何在已经有治疗方式的情况下，还会出现这样的问题。实际上，虽然我们肯定需要新的、更好的治疗手段，但真实的情况是，如今世界上仍然有很多的儿童死于那些我们早已能防控的疾病。

表3-1是世界卫生组织统计的全球人口死亡率水平数据，其中不少数据都是估测的，因此细节可能不可靠，但是这张表所显示的全景还是足够可靠的。表中，第二列是世界整体的人口死亡率情况，第三列和第四列分别是低收入国家和高收入国家的相关情况。按收入进行划分的依据来自世界银行。以收入为标准，世界银行将世界上的国家分成了低收入、中低收入、中高收入、高收入四类。在这张表里，我

只选取了低收入和高收入两个类别，这样做主要是为了突出世界最穷国和最富国之间的死亡率差距。低收入国家共有 35 个，其中 27 个来自非洲，其他 8 个分别是阿富汗、孟加拉国、柬埔寨、海地、缅甸、尼泊尔、朝鲜和塔吉克斯坦。印度已经不在低收入国家之列。高收入国家有 70 个，主要来自欧洲、北美洲以及大洋洲，还有日本、一些石油产出国以及为数不少的岛屿国家。

表 3-1 2008 年全世界人口死亡率以及最穷国和最富国的人口死亡率

	全球	低收入国家	高收入国家
各原因导致死亡人数占比（%）			
0~4 岁	14.6（9）	35.0（15）	0.9（6）
60 岁及以上	55.5（11）	27.0（6）	83.8（21）
癌症	13.3	5.1	26.5
心血管疾病	30.5	15.8	36.5
死亡人数（单位：百万）			
呼吸道感染	3.53	1.07	0.35
围产儿死亡	1.78	0.73	0.02
腹泻	2.60	0.80	0.04
艾滋病	2.46	0.76	0.02
肺结核	1.34	0.40	0.01
疟疾	0.82	0.48	0.00
儿童疾病	0.45	0.12	0.00
营养不良	0.42	0.17	0.02
产妇死亡	0.36	0.16	0.00
全部死亡人数	56.89	9.07	9.29
人口总数	6 737	826	1 077

资料来源：世界卫生组织全球卫生观察数据库，2013 年 2 月 3 日。

注：心血管疾病包括中风。呼吸道感染主要是下呼吸道感染（下呼吸道是指声带以下的感染，包括肺炎、支气管炎和流感，它们也会影响上呼吸道）。围产儿死亡是指婴儿在出生时或出生后立即死亡，包括与早产和出生体重过低有关的死亡、在出生时死亡以及出生后立即因感染死亡。儿童疾病有百日咳、白喉、脊髓灰质炎、麻疹和破伤风。因营养缺乏而死亡的人中，大约 2/3 是由于缺乏蛋白质或能量，1/3 是由于贫血。

表 3-1 的最上面部分显示的是儿童与老年人的死亡比例，此外，这里还显示了两种最主要的非传染性疾病——癌症和心血管疾病导致死亡的比例。心血管疾病的比例数据，包含心脏疾病和血管疾病两大方面，也就是说既包括心脏病也包括中风。下面的数据是对死亡人数的简单统计，统计项目主要是那些在低收入国家导致人口死亡的各类疾病。

表中括号里的数字，表示每个年龄段人群占总人口的比例。表的底部则显示了每个地区的总人口数量。需要注意的是，占世界总人口比例最大的群体主要生活在中等收入国家，而这在本表中是没有体现的。在表的第一部分还有一个关键的事实需要注意，那就是数据表明，低收入国家儿童人口的比例远远高于高收入国家的儿童人口比例。贫穷国家的生育率更高，当人口增长时，就意味着年轻人更多，而整体的人口年龄也就会更年轻。在不少富裕国家，战后婴儿潮时期出生的群体已经进入老年，这使得表中 60 岁以上的人口比例增加。在低收入国家，0~4 岁人口的数量是 60 岁以上人口的 2 倍多；在高收入国家，老年人口数量则是儿童数量的 3 倍多。所以，即便这两类国家在健康方面承受着同等风险，它们的人口结构也决定了穷国儿童的死亡人数会更多，而在富国，老年人死亡的人数会更多。

从全世界整体来看，婴儿与儿童死亡人数占总体死亡人数的比例大约是 15%，60 岁及以上人口的死亡人数占比则超过 50%。不过，富国和穷国各自的情况则完全不同。在贫穷国家，死亡人口中超过 1/3 是 5 岁以下的孩子，老年人只有不到 1/3。而在富裕国家，死亡人口中超过 80% 都是 60 岁及以上的老年人，儿童死亡人口占比则极低。因为在富裕国家，绝大多数孩子都会健康长大成人，正常变老，自然死亡。出现这种差别，富裕国家老年人比例本身较高是一个原因，但这并不能解释全部差异。比如，穷国儿童人口的死亡率也比富国的高。流行病学转变是造成这种差别的重要原因。流行病学转变是指，随着一个国家的进步，其国民的死亡年龄也会随之延后。而人口的死亡年龄在从儿童期逐渐转向老年阶段的同时，其死亡的原因也随之从以传染性疾病为主转向了以慢性病为主。高收入国家死于癌症、中风、心脏病等慢性病的人口比例是低收入国家的3倍。换言之，老年人主要死于慢性病，而儿童主要死于传染病。

现如今，贫穷国家人口的最主要致命疾病，仍然是曾经在富裕国家肆虐的传染病，包括下呼吸道感染、痢疾、肺结核，以及世界卫生组织所称的"儿童疾病"：百日咳、白喉、脊髓灰质炎、麻疹、破伤风。这几类疾病每年仍会造成近800万人死亡。其他导致穷国人口死亡的因素还包括疟疾、艾滋病（目前仍未有理想的治疗方法）、围产儿死亡、产妇难产死亡、营养不良导致的死亡（主要是缺乏食物而导致的蛋白质和能量摄入不足）和贫血（铁元素摄入不足，素食主义者经常出现此种情况）。富裕国家的情况则大不相同，除了每年有35万老年人会死于肺炎，几乎没有人因以上这些疾病而死。由于医疗卫生条件改善，富国儿童死于痢疾、肺炎以及肺结核等病的风险已大大降低。对于富国而言，疟疾一直到二战之后还是一些国家的麻烦，但如今这类风险已经消失；但是在穷国，疟疾却依然是夺走儿童生命的最主要原因。抗逆转录病毒药物的使用以及性行为方式的改变，减少了艾滋病的致死率。全面的儿童免疫接种也使得儿童疾病基本被消灭。对产妇产前与产后的精心护理，使得围产儿和产妇的死亡率都降到了极低的水平。在富裕国家，几乎没有人会因为食物短缺而死，贫血也很容易被发觉，缺乏微量元素诸如铁之类的情况，也基本上不会大面积出现。

说到这里，问题来了。一个在穷国死去的孩子，如果生在富国可能就不会死去，出现这样的情况，原因到底是什么？在富裕国家，相关的医疗知识可谓唾手可得，并且拯救了数以百万计人口的生命；但为什么在贫穷国家，这些医疗知识却没有得到广泛的传播运用？对于这些问题，最显而易见的一个答案是"贫穷"。实际上，我在表3-1

中采取"低收入国家"和"高收入国家"这样的分类方式，就说明了收入是极为重要的因素。在历史的语境中，我们将疟疾、呼吸道疾病、肺结核以及营养不良等视为"贫困病"，而将癌症、心脏病和中风视为"富贵病"。在前一章，通过对18世纪与19世纪的追溯，我们也发现收入的的确确扮演了重要角色，有钱人一般能够获得身体所必需的食物，而经济发展也会为病媒控制、卫生条件与饮水条件的改善以及医院和诊所的发展创造条件。但是，即便如此，贫困是一切问题的决定因素这种说法仍然是极不妥当的，如果过多地关注贫穷与收入的关系，甚至还会产生误导，使我们忘记什么才是最需要去做的，以及谁应该去做。

在这里，中国和印度再次成为值得研究的国家。按照世界银行的划分，中印两国已经不再是低收入国家，而分别是中高收入国家和中低收入国家。在20世纪50年代，中印两国处于世界上最贫穷的国家之列，但是，这些年它们的经济取得了飞速发展。全世界有超过1/3的人口生活在这两个国家，因此，认真去了解这两个国家发生的变化非常重要。图3-2显示的就是在过去的55年，中印两个国家的经济增

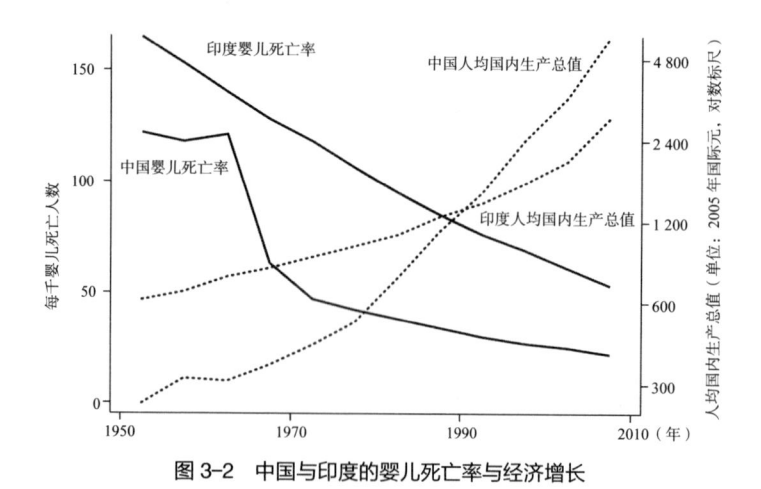

图3-2 中国与印度的婴儿死亡率与经济增长

长与婴儿死亡率之间的关系。图中右侧的纵轴表示的是人均国内生产总值，以对数标尺表示。从图中可见，中印两国的经济在过去的几十年间取得了持续增长，其中中国的表现尤为突出。相比而言，印度在图中的前40年一直增长缓慢，直到1990年之后，经济增长才开始加速，尤其是在图中的最后几年，表现最为突出。中印两国的经济增长都得益于经济改革措施。在1970年之后，中国政府提高了农产品的价格，农民的种粮积极性得到激励；印度在1990年之后取消了很多英国殖民时期的沉疴旧制。

随着中国和印度逐渐摆脱贫困，两国的婴儿死亡率也开始下降。同样的情况也出现在0~4岁儿童死亡率指标上，因此在图中我没有对这一指标特别加以展示。在中国，20世纪60年代的大饥荒导致人口死亡率的下降一度停滞。在当时，全国有1/3的新生儿死亡（因为此图显示的是5年平均值，所以饥荒的影响在图中表现不明显）。但是这一事件之后，中国的婴儿死亡率就开始出现急速下降，并一直持续到1970年左右。在1970年之后，婴儿死亡率仍然在下降，但速度变得缓慢很多。如果认为婴儿死亡是贫困的结果，那么，随着经济的增长，儿童的死亡率就应该有相应幅度的下降，但是中国的例子并没有体现出这一点。这并不值得大惊小怪。当中国政府决定以经济建设为中心之后，资源就从其他地方集中到创造财富这个目标上。公共卫生和健康医疗上的资源投入也在被转移的范围之内，甚至那些原本从事蚊虫防控的人也因此转而成为农民，投入了经济建设的大潮。但在此之前，中国在公共卫生方面确实投入了巨力。一位英国医生把他1950—1960年间在中国的工作经历写成了书，书的名字就叫作《要扫除一切害人虫》(Away with All Pests)。[4]但是在推行经济改革之后，政府对公共卫生事业的关注就减弱了。当然这不是说改革不好，毕竟改革带来的经济增长使得亿万人民摆脱了贫困，生活水平大幅提高。这种事实说明，经济增长并不会带来健康水平的自动改善。从结果上看，中国实际上是在用一个方面的发展和另外一个方面的发展进行交换。

和中国相比，印度的表现总是慢一拍，也更不起眼。印度的经济增长比中国的经济增长慢，而改革之后的表现也不够惊艳。此前，印度人均收入要高于中国人均收入，但是在21世纪初，其人均收入已经不及中国的一半（在第二部分我们会继续讨论这个问题，因为两者的对比数据似乎不够准确）。印度婴儿死亡率的下降趋势一直较为平稳，也没有和经济增长速度完全同步。在20世纪50年代初，印度每1 000个新生儿中有165个死亡，到了2005—2010年，这一数字降低到了53个。这一下降的绝对数值高于中国的同期数值。中国同期的新生儿千人死亡绝对数从122降低到了22。从数字上看，出生在印度还是比出生在中国危险。不过，虽然两国在经济发展上的差距很大，但同中国相比，印度在健康方面的表现并不太逊色。此外，印度也没有像中国那样推行强制性的计划生育政策。让·德雷兹和阿马蒂亚·森就曾指出，综合来看，南亚地区的表现实际上要比中国好。[5]

中国和印度是两个各有其特色的国家，我们不能说在这两个国家被证明的事情在其他国家也必然适用，所以，在非洲或者其他比今日中国和印度更穷苦的国家，经济发展未必不是其人口健康水平改善的主因。不过，鲜有证据能证明，一个国家的经济增长越快，它的婴儿或者儿童死亡率也会下降得越快。图3-3显示出，婴儿死亡率的下降速度和经济增长速度几乎没有关系。为了得到公允的结论，我在这里只看长期的变化。一两年的经济大发展恐怕不会对类似于儿童死亡率大幅下降这样的事产生很大的影响，这就好比大宗商品出口价格的大幅上扬，或许能让一部分人发财或者让政府增收，却不会对总体的经济繁荣产生影响。但如果经济增长能够持续几十年，那么它真的有效用的话，其影响力就会逐步显现出来。我们现有的数据存在一定局限性，不过这张图还是显示出较长一段时期内经济增长与死亡率下降的情况。在图中，每个国家的数据考察周期最少是15年，平均周期是42年，而最长的时间周期是1950—2005年，即55年。图中纵轴表示的是死亡率的年度下降数值，因此，数值越大说明情况越好。因为婴儿死亡率是以每千人的死亡数来计算，所以，在纵轴上的数字2（如印度所处的数值）就表示在数据覆盖的这段时间内（印度的数据时间跨度为55年），印度的死亡率已经下降了2乘55，即每千人中死亡的人数减少了110人。富裕国家也在图中出现，但是由于它们此前的婴儿死亡率就很低，因此在后来的这几十年内，其婴儿死亡率下降的幅度并不大，在图3-3中，它们都集中于底部中心区域的位置。可以说，即便把这些国家的数据都排除在外，关于婴儿死亡率与经济增长关系的整体结论也不会太受影响。

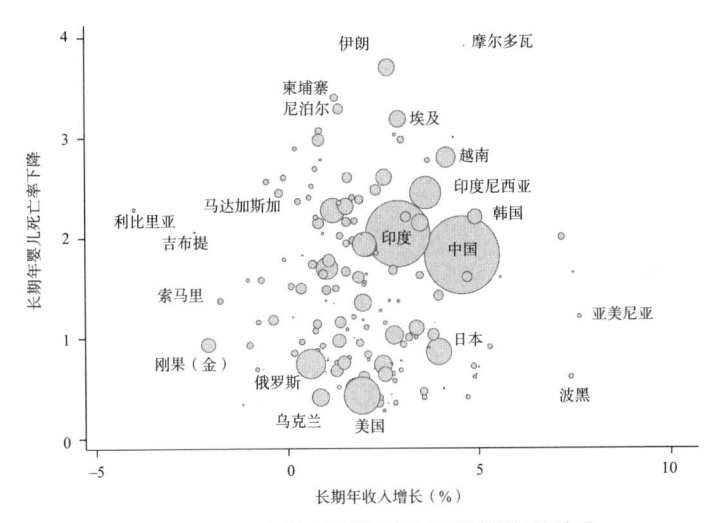

图3-3 1950年以来婴儿死亡率和经济增长的关系

图3-3给我们造成了一种经济发展和死亡率下降呈正相关的印象，但事实并非如此，出现这种印象只不过是因为图中圆点的大小与人口规模成正比。而给人造成这种印象的主要是中国、印度和印度尼西亚三国。这三个人口大国恰好经济增速相对较快，其婴儿死亡率下降

也要快于平均水平。但是，既然我们要考察的是经济增长与婴儿死亡率下降的关系，那我们就不能被人口规模大小干扰。我们现在的问题是：经济增长更快的国家，婴儿死亡率下降也更快吗？要回答这个问题，我们就应当对每个国家平等视之，不能区别对待。从这一思路出发，并在给予了每个国家相同的权重之后，我们发现，其实经济发展和婴儿死亡率高低之间并无关联。至少从图3-3的这些历史数据来看，经济增长更快的国家，并没有获得更高的死亡下降率。从1960年到2009年，海地的经济实际上一直在萎缩，但是它的婴儿死亡率下降得比中国和印度还快，这一点非常让人敬佩。在我们的数据中，总共有16个经济体的经济比之前下降了，然而它们的婴儿年平均死亡率每年下降1.5，比177个国家总的婴儿死亡率下降幅度还要大。这显然说明，即便没有经济增长，婴儿死亡率也仍然可以出现下降。

经济增长和婴儿死亡率下降毫无直接关联这样的结论会让不少人吃惊。回顾历史我们知道，诸如疾病防控这样的因素对死亡率下降的影响可能更大，但要说经济增长对死亡率下降毫无影响，还是让人难以置信。的确，有理由认为图3-3可能在误导我们，因为它忽视了婴儿死亡率下降对经济增速的反向效应。当本来会死去的孩子被救活，进而使人口数量增长后，人均收入就可能会出现下降，或者至少比之前增长得慢。当然，这些新增的儿童人口最终会成长为具有生产能力的成年人，因此，认为人口越多的国家就越穷的想法也是毫无根据或证据的。但即便这样，在儿童死亡率下降的最初几年，由于新增人口主要是儿童，其对经济增长的贡献还需要时间，所以在短期内可能会出现人均国民收入下降的情况。这种效应与人均收入走高对儿童死亡率的积极影响完全背道而驰，甚至可能会将后者全部抵消，从而最终导致经济增长和死亡率之间缺乏关联性。

不过，没有证据能支持这种观点。的确，婴儿死亡率下降最快的国家也是人口增速最快的国家。富裕国家的婴儿死亡率本来已经很低，因此就不会出现死亡率的大幅下降，人口也只会低速增长。穷国的婴儿死亡率则会出现大幅下降，人口增长也会非常迅速。但是在穷国内部，或者在非洲、亚洲和拉美国家，婴儿死亡率的下降和人口增长率却没有必然关系。这可能是因为有其他重要因素在发挥作用，也可能是因为在超过40年的时间里，人类的生育率足以发生变化。在图3-3中我们可以看到，即便在最穷的国家，经济增长和婴儿死亡率下降之间也没有明显的关联，而这种无关联现象，用死亡率下降与人口增加之间的模糊关系是不足以解释的。

如果贫困不是穷国儿童死亡的原因，经济增长不能带来死亡的自动减少，那么，在大多数疾病已经可以被现有医疗知识与科学知识防控的情况下，为什么还会有这么多的儿童死亡？

要回答这些问题，表3-1中关于人口死亡具体原因的数据或许有所帮助。不同的疾病需要不同的治疗方式，每一种致死疾病的防控处理方式也需要具体考量。肺结核、疟疾、痢疾以及下呼吸道感染等疾病需要不同的治疗方式，但总体上，它们的防控都需要更好地预防害虫传播疾病，需要更干净的水以及更好的卫生条件。要实现这些条件，各个部门的协同努力是必不可少的，而要做到协同，就需要中央和地方政府出面。单纯的医生病人一对一医疗体系，对这些疾病的防控没有效果。尽管这样的系统也可以发挥些许作用，但是本质上这些疾病的防控属于公共卫生问题而不是私人健康问题。表上的数据已经告诉我们，尽管物质条件的改善对这些疾病的防控有所帮助，但仅靠这一点完全不够。

儿童患病导致的死亡、围产儿死亡以及产妇死亡，都可以通过产前与产后的护理避免。比如，我们可以在产妇生育前后给予生育和喂养指导；提供健康卫生设施用于处理急症和并发症；医院和护理人员可以在儿童接种的疫苗失效时予以提醒，对父母进行相关指导，以确保孩子能健康成长。在贫困国家，孩子断奶后的这段时间特别危险，因为母乳是营养相对丰富、全面且安全的饮食，而断奶之后，孩子的饮食就可能出现营养不全面甚至不安全的情况。受过教育的妈妈可以自己去解决相关问题，医生、护士和相关人员也可以提供相应的指导和帮助。对于这一类致命疾病的防控，医生病人一对一的医疗体系非常有效。但是，很多国家在这个体系上却投入甚少。像撒哈拉以南的非洲国家，它们在私人卫生和公共卫生体系上的全部投入，平摊到每个人身上只有100美元左右，这样的数额是沧海一粟，根本不会起到任何作用。世界银行曾统计过2010年的数据，发现按2005年的美元价格调整后，津巴布韦在每个国民身上的医疗费用投入是90美元，塞内加尔是108美元，尼日利亚是124美元，莫桑比克则只有49美元。相比之下，英国在其每个国民身上的医疗投入是3 470美元，而美国更是达到了8 362美元。

国民的健康情况如此糟糕，这些贫困国家的政府为何还投入这么少？而在政府不作为的情况下，这些国家的公民为何没有转向私立医疗？外国援助对全球健康某些方面的改善作用重大，那么它们的作用到底如何体现？

一个不幸的事实是，在改善公民的健康和生活状况方面，政府并非总是积极的行动者。即便是在民主体制的国家，政客和政府也经常各怀心思，即便大家公认在健康问题方面有亟须改善之处，他们最终也会在行动方面产生激烈的分歧。更何况，世界上还有很多国家处于非民主状态。还有一类国家也没有为保障国民利益做出实际的行动：要么是为环境所迫，比如在现阶段把重点都放在提高国民收入上；要么是因为在相关方面，宪法和其他法律缺乏约束力。独裁国家和军事政权显然具有这些特质，另外，一些以军队和秘密警察镇压人民的国家也在此列。还有其他的情况，比如在一些拥有丰富资源的国家，其政府依靠出售矿产和石油等资源就可以运行得很好，因此无须向民众伸手要钱。既然在金钱问题上不受制于民，这些国家的政府自然也就可以维持一种漠视普通民众健康福祉的体制。还有一种极端的情况经常出现在非洲：不少外国机构给当地的贫穷政府提供了大量援助，却无法让这些政府把钱花在该花的地方。虽然出发点向善，然而这些援助提供者却只能眼看着这样的情况发生。关于这一点，我会在最后一章详细阐述。

但不能让政府承担所有的罪名。在一些地方，人们似乎不觉得自己的健康水平有提升的空间，同时对政府能起到的作用也不抱期望。盖洛普咨询公司曾经在非洲就政府最应该关注什么展开定期调查，结果发现，健康并不是那里的人们特别重视的事项，其受关注度远不如减少贫困或者提供就业岗位等话题。那些以创造就业为工作重心的政府，哪怕只是在臃肿的公务员体系内增加些毫无用处的就业岗位，也更能得到选民的认可。在我们曾工作过的印度拉贾斯坦邦乌代布尔县，我们发现，虽然人们都知道自己生活穷苦，也饱受各种疾病的折磨（让·德雷兹称之为"疾病的海洋"），他们却觉得自己的身体状况还说得过去。要辨别出哪些人比你更富有往往很简单，但是要辨别出谁比你更健康或者谁的孩子存活率更高，就是一件极难的事。一个人健康与否很难从表面上看出来，这一点和财富、房产或消费品截然不同。

在非洲，人是和微生物一同进化的，到如今，这两者仍然共存。换句话说，在整个非洲历史中，疾病一直伴随人的左右。更宽泛地看，人类摆脱疾病和早逝的困扰也只是近来才在世界各地实现。尽管如此，世界上仍然有为数众多的人还没有意识到自己其实可以摆脱这些疾病以及早逝的困扰，也没有认识到好的医疗保障是实现自由的必由之路。盖洛普的世界调查经常发现，尽管客观的健康水平差距巨大，但贫穷国家对自身健康状况满意的人的比例竟与富裕国家不相上下。尽管有的国家经济贫弱，医疗支出微不足道，民众却对国家现有的医疗保障系统信心十足。与之相反，美国人在医疗上花钱无数，却对自己国家的医疗保障系统极度缺乏信心。一项研究显示，在医疗信心排名上，美国在被调查的120个国家中排名第88位，这个名次只比塞拉利昂高

3个位次，比古巴、印度以及越南的位次都要低。[6]

在很多国家，最丑陋的事情莫过于医务人员频繁擅离职守。通过随机抽查，我们发现：印度的拉贾斯坦邦只有一半的小型诊所正常开门营业；大型的医疗机构虽然开门，医务人员却经常消极怠工。世界银行曾经就这个问题进行调查，结果发现，在很多国家——尽管不是全部——缺勤是医疗和教育这两个领域的一个严重问题。[7]出现这样的情况，部分是因为医务人员的待遇偏低。在某些情况下，工作人员和雇主之间似乎有一种隐形的契约：政府给他们象征性的薪酬，而他们也就提供象征性的服务。不过，收入偏低并不是所有问题的原因。当人们对健康没有过多期待的时候，缺勤旷工这样的情况就比较容易发生。在拉贾斯坦邦，即便一个护士几个月不现身，病人有时候也会无动于衷。对于很多人而言，这样的医疗水平就是他们所能想象的最好水平了。但也并非处处如此，比如印度以草根的政治激进主义而闻名的喀拉拉邦，因为一家诊所未能开业，那里爆发了强烈的抗议活动。缺勤现象在这个地方非常少见，而且人们也希望医疗诊所能够提供相应的服务。如果我们能够将拉贾斯坦邦人的标准稍稍向喀拉拉邦人的靠拢一下，那大部分的医疗问题就都能解决了。

私人医疗往往会在穷国发展得一片繁荣，它们提供的服务也常常可以填补公立医疗保障的空白或者弥补其不足。但是私人服务也有自己的问题，其中最为突出的是，很多私人医生并非训练有素，他们可能并不了解病人的真正需求。购买医疗服务和饿了之后购买食物填饱肚子是不一样的，它更像把车送到汽修厂维修。在这里，给你提供服务的人实际上必须比你自己更了解自己的情况，而与此同时，他们又有自己的利益诉求。因此，这些私人医生，只要提供更多的医疗服务或者更贵的医疗服务就可以赚到更多的钱，他们不会管病人是否真的需要，而只要病人提出要求，他们就给予满足。比如在印度，只要病人对抗生素有需求，私立医院的医生马上就会开给病人。医生开出这样的处方，既让病人的需求得到满足，也让病人在心理上觉得自己的病会好得更快。输液也存在同样的问题。在印度，医疗服务人员会强烈建议病人接受输液——这就如同在美国，医生经常会冷血地建议病人做全身扫描或者是前列腺癌的PSA（前列腺特异性抗原）检测一样。印度公立医院的医生则不会因为病人想要抗生素或者输液就开出这样的处方。这是好事，但不好的事情是，公立医院的医生又经常因为没有时间给病人做细致检查而忽视了病人的真正需求。所以，选择公立医院还是私立医院，经常是半斤对八两的事。当然，至少从短期来看，去私立医院可能会让病人有一种得到了更好治疗的感觉。

如果公共医疗系统值得信任，或者私人部门的医疗服务得到合理的监管，那么上面所说的种种问题就不会出现。但是在很多国家，这两个方面都未能得到落实。即便在世界上最富裕的国家，对医疗的监管也是最困难、最富有争议、最易受到政治指控的政府职能之一。在拉贾斯坦邦，我们所见到的私立诊所医生多半都是没有行医资格的江湖郎中，不少所谓的医生实际上连高中文凭都没有。公共医疗与私人医疗的双重失败，其根源在于政府行动能力的孱弱。这样的政府，既无法提供医疗保障，又不能对私人的医疗保障系统进行有效的监督与管控。

钱也是一个问题。像印度或者非洲的很多国家，若没有比现在更大的医疗支出投入，要建立一个更好的医疗保障体系是根本不可能的。但是，也不难想象，更贵的医疗系统未必更好，它只不过是让那些惯于缺勤旷工的医生拿到更多的钱罢了。如果没有人口受教育水平的提升，同时又缺乏能力强大的政府，就不可能建成一个合理的医疗保障体系。那么如何才能建立一个能力强大的政府？这就需要建立有效的行政机构，聘用训练有素的官员，建立良好的数据统计制度，同时做到有法可依，执法必严。

第四章

当代世界的健康状况

二战之后,贫穷国家的人民开始享受到富裕国家人民早已拥有的健康水平。细菌致病理论的发现使得传染病的危害性大大降低,但是,科学以及科学理论指导下的健康政策用了超过一个世纪的时间,才从发达国家逐渐扩展至世界各地。不过,如果这样发展下去,那么世界其他各地的健康水平也应该追赶上发达国家了,从18世纪开始出现的全球健康状况不平衡现象也应该消失了。但实际情况却并非如此,因为发达国家也在继续提升健康水平。在发达国家,婴儿与儿童的死亡已经变得极为罕见,并且人均寿命仍然在持续增加。现在,健康问题的焦点已经转向了中年人和老年人。

人类的健康水平如何得以继续提升是本章所关注的主要内容。另外,本章也会探讨富裕国家的人均寿命在未来将如何进一步增加。这一章的内容也会让我们看到,在一个高度联结的世界,再继续以富裕与贫穷进行划分将变得越来越没有意义,而这对健康的发展具有重要的启示。当交通和通信变得越来越发达、越来越廉价,一个国家的健康创新几乎会瞬时影响到世界其他任何地方。细菌致病理论的传播与普及可能用了100年,然而现代医学发现的传播却再也不会如此之慢。与此同时,如今疾病的传播速度也变得更加迅疾。在这样一个全球化时代，寿命不平等的现象在逐步减少，但是寿命并非衡量健康水平的唯一重要指标，也不能因为寿命差距缩小就认定全球的健康不平等现象正在逐步改善。健康不平等问题并不是一个过时的问题，还不能就此进入历史的垃圾箱。健康，不仅仅在于人存在于世，还在于人如何存在于世。衡量"存在于世者"的健康状况，一个重要的指标就是身高。身高这一指标，对人类尤其是儿童时期是否遭受了营养不良或者疾病的折磨有着非常灵敏的反应，它是对预期寿命这个健康指标的重要矫正和补充。如今，世界上绝大多数人都比过去的人长得高。不过也并非人人如此，在很多地方，人类在身高方面的进步非常缓慢。按照现在的速度，印度男性的身高需要再过 200 年才能达到今日英国男性的水平。这还不是最令人悲观的，因为印度女性的身高需要再过近 500 年才有可能赶上如今英国女性的水平。

老年人也在逃亡：富裕国家人口的健康现状

对于富裕国家而言，从发现细菌致病理论开始的人类健康状况改善到 1945 年也未最终完成。在 1945 年，苏格兰的婴儿死亡率与今日印度的水平一样高。到了二战之后，这些发达国家的人均寿命增长就不再靠婴儿与儿童死亡率的下降了，与之相对的是，中年人和老年人的死亡率大幅下降成了寿命增长的主因。在今天的富裕国家，死亡的主要原因不再是肺结核、痢疾或呼吸道传染病，而是心脏病、中风以及癌症。1950 年以后，富裕国家人均预期寿命增速减缓，但仍保持增长，而推动他们预期寿命增长的，不再是干净的水或者更全面的疫苗接种，而是医学进步与人类行为的变化。

到 1950 年，世界上的富裕国家几乎已经完全消灭了传染病，到 2000 年，这项目标在发达国家已经全面实现。2013 年，富裕国家约 95% 的新生儿预期寿命都超过 50 岁。如此一来，人们要想再取得寿命增长，就得依靠中年和老年阶段的健康改善了。事实也是如此，在过去的50年里，中老年人的健康改善取得了巨大的进步。

图 4-1 显示的是 14 个富裕国家的人口 50 岁时预期寿命情况。所谓 50 岁时预期寿命，就是指预计人们在 50 岁时还能再活的年数。如果 50 岁时预期寿命是 25 岁，就意味着这个 50 岁的人预计可以活到 75 岁。同出生时预期寿命一样，这个指标也是假设人口死亡率会一直保持恒定。这张图显示的是男女的平均情况。实际上女性的预期寿命一般比男性长，但因为我们在这里考察的不是性别之间的差异，而是整体的进步程度，所以就无须按性别来做出区分。按照《圣经》的说法，人生不过 70 年，但是我们看图就会发现，早在 1950 年，图中所有国家的人均预期寿命都大大超过 70 岁。即便是表现最差的日本，当时的人均预期寿命也超过了 70 岁。在 1950 年，各国之间的人均 50 岁时预期寿命差距相当大，比如挪威的是 27 岁，芬兰的是 22.8 岁，日本的是 22.6 岁。在 20 世纪 50 年代和 60 年代，各国取得的进步不尽相同，然而到 20 世纪 70 年代以后，所有国家的人口寿命增长都开始加

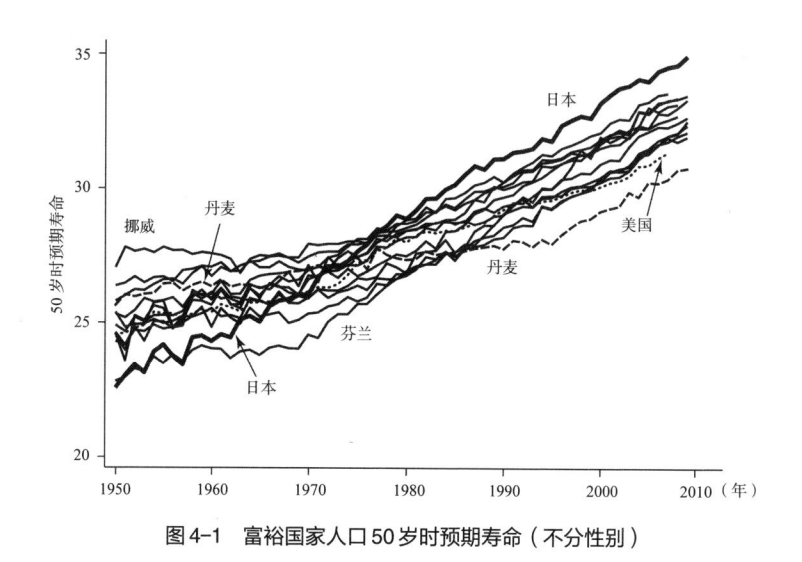

图 4-1　富裕国家人口 50 岁时预期寿命（不分性别）

速，而且出现了近乎同步的增长速度。这看起来像所有的国家都采用同一种方式让国民变得更长寿了。在 20 世纪 70—90 年代，这些国家的人口 50 岁时预期寿命增加了近 3 岁。20 世纪 90 年代以后，人口的寿命增长仍然在继续，然而各国之间的差异又增大起来。比如，日本在这方面的表现极为突出，而其他国家，比如美国和丹麦则表现较差。

图 4-1 所传递的主要信息是，1950 年之后，中老年人的死亡率出现了大幅下降。在第二章中我们知道，在 1950 年之前这种情况从未出现过。在那一时段，死亡率的下降主要集中在婴儿与儿童阶段，成年阶段人口的预期寿命并未得到多少增加。这张图传递的第二个信息是各国表现不均衡，有的国家表现得更好一些。日本的人均预期寿命在 1950 年时最短，但现在却是最长的。丹麦在最初位居前列，但如今却位居末席。美国曾经在中间时段有显著进步，然而如今却位列倒数第二。

出现这种情况的原因何在？可能有非疾病与医疗方面的原因。没有人不想活得更久一些，人们都竭尽所能去逃避死亡，而政府机构也会竭力减少人口的死亡。对于一个家庭或者整个社会而言，当大量孩子仍存在在成年之前就死去的风险时，想方设法降低儿童的死亡率就成了最优先考虑的事情。而在人们活到成年之后，未来的其他疾病就成了最需要关注的问题；因为这些疾病会在人们老去时成为折磨，是另外一个致命杀手。既然儿童时期的危险已经不存在，那么，这之后的疾病风险就顺理成章成为下一个应当优先处理的选项。

在 20 世纪 60—70 年代，儿童死亡率出现了大幅下降，传染病也基本离人们远去。童年夭折风险消除之后，中年时期的人们又遭遇了新的致命风险——慢性病。慢性病主要包括心脏病、中风以及癌症。所谓慢性，是指这类疾病都会持续较长的时间，一般会超过 3 个月。慢性也是相对于急性而言的。急性病通常会在短时间内有致命的危险，它们通常是一些传染性疾病。（把慢性病和急性病分别称作非传染性疾病和传染性疾病或许更为合适。)

在上面所提到的三种慢性病,尤其是同属于心血管疾病的心脏病和中风的治疗上,我们都已经取得了较大的进展,这主要得益于大量资金的投入。这不仅是指在治疗上的投入,也包括在研究上的投入。正是相关的研究,使得此类疾病的致病机理被发现,为制订更好的治疗方案创造了条件。我们有理由相信,未来,癌症和心血管疾病也会逐渐淡出我们的视线,而类似于阿尔茨海默病这样的疾病则会得到我们更多的关注。在 1950 年,我们不可能过多考虑阿尔茨海默病这样的疾病,在 1850 年更是如此。毕竟在当时,多数的人都还活不到能得阿尔茨海默病的年纪。在 19 世纪,新的疾病催生了新的治疗需求,同时也提供了发现新治疗方法的机会。今天也同样如此,当人们的寿命越来越长,那些折磨老年人的疾病也就会变得越具有挑战性。

要理解当今高收入国家的人口死亡原因,吸烟是一个非常关键的切入点。[1]对于这个问题,尽管各个国家的情况不同,但有一个共同点是,在 20 世纪的前半期,吸烟人口出现了全球性扩张,而在那之后,世界上的不少国家又同时出现了吸烟人口下降的情况。最初,女性吸烟的情况要比男性吸烟的情况少见得多,并且,女性开始吸烟的时间一般都比男性晚,而在吸烟人口出现下降的国家,女性戒烟的时间也比男性要晚。吸烟给人带来的是一种直接的愉悦,无论对于穷人还是富人来说,吸烟都是一种廉价且具有交际性的消遣。对于很多穷苦人民来说,烟草易于获得,而且也支付得起,他们可以通过吸烟获得一种从繁重的工作中逃离的快感。但是吸烟也会引发疾病,导致死亡。肺癌和吸烟密切相关,尽管不是所有的吸烟者都会罹患肺癌,但几乎所有的肺癌患者都曾吸烟。由肺癌导致的死亡,一般要晚于吸烟本身 30 年左右,这就意味着,即便吸烟行为已经停止了很长时间,死于吸烟的情况仍然会出现。吸烟还有可能导致心血管疾病,而且在这方面导致的死亡人数比肺癌还要多。此外,吸烟还会导致呼吸系统疾病，其中最为严重的是慢性阻塞性肺病，包括慢性支气管炎和肺气肿。这种病会造成呼吸困难，是引发死亡的重要原因之一。

美国卫生部于 1964 年发布的《吸烟对健康状况的影响报告》（以下简称《影响报告》）被视为引发人们改变吸烟行为的关键一环。很多美国老年人承认他们在报告发布之后就戒烟了，或者至少开始下决心戒烟。当时的卫生部长卢瑟·特里博士自己就是一个极好的例子。起初，为了降低公众的关注度，这份《影响报告》的发布会定在了一个周六的早晨在华盛顿举行。特里博士在前往发布会现场时还在车里吸烟。他的一个助理提醒他，发布会上的第一个问题可能就是问部长本人是否吸烟。特里非常恼火，因为他认为"这和他们一点关系都没有"。结果到了现场，果然第一个问题就是抛给特里的。特里犹豫了一下，接着宣布道："我戒烟了。"接下来人们又追问他："你是从什么时候开始戒的？"特里回答说："20 分钟前。"在接下来的一年里，众多的美国民众效仿卫生部长，纷纷开始戒烟。在 20 世纪 60 年代初，美国的香烟销量达到了顶峰，按人均计算，当时大约每个成年人每天要吸掉 11 支烟。而实际情况是，当时有 40% 的美国人吸烟，即平均每个人一天要吸 1 包（每包 20 支）多的烟。

不过，说卫生部的报告改变了一切也并不准确。在这份报告发布之前，就有很多关于吸烟危害健康的报告问世了。我妈妈在 1945 年的时候怀了我，当时医生就要求她戒烟。如果没有这个建议，有可能现在不会有我在这里写这本书。在美国，1964 年烟草销量达到顶峰也有偶然因素的作用。在 1964 年以前，美国就开始出现男性吸烟人数下滑的趋势，而女性吸烟人数在 1964 年之后还持续上升了一段时间。因此，1964 年出现的见顶状况只不过是这两种趋势综合作用的结果。

如今，至少在富裕国家，吸烟有害健康的观点已经得到了广泛认知。有人可能因此而想当然地认为世界各地的吸烟人口都在减少，但实际情况并非如此，并且在男女性之间，吸烟的状况也不尽相同。国家不同，烟草销售带来的收入和相应成本也不相同，这就使得各个国家在如何提示吸烟风险以及公共场所是否应该禁烟等问题上有不一样的态度。不过，这些因素都不能解释男女之间在吸烟上的差异。在部分国家，女性吸烟是一种遭到排斥的行为。比如在 20 世纪 50 年代的苏格兰，如果一个女人当街吸烟，就有可能被我妈妈这样的人当成妓女。如此一来，吸烟权就变成了女性追求权利平等的一项内容。在美国、英国、爱尔兰和澳大利亚，女性的吸烟率很快就追上并超过了男性。当然，如今无论男女的吸烟率都有所下降。日本男性的吸烟率一度非常高（在 20 世纪 50 年代时接近 80%），现在也出现了下降；相比而言，日本的女性倒是很少吸烟。在欧洲大陆，吸烟人口的比例总体也呈下降趋势，但是也有不少例外，尤其是女性的吸烟率并未出现这种趋势。有一个幽默的说法，之所以其他国家的吸烟问题仍然严重，是因为美国卫生部长的那份报告没有被翻译给其他国家的人看。[2]

吸烟的普及几乎和细菌致病理论的普及一样，也不过是近 100 年的事情。吸烟仍是或者曾经是人们生活中必不可少的一部分，它也是或者曾经是人们愉悦的源泉。吸烟有害健康的观点被广泛传播后，吸烟的人就开始减少了，但是人们总会有补偿心态，更不用说吸烟本身就是一个很难戒掉的习惯。杀菌去病，意味着要认真做好日常家务，保持好卫生，但同时也意味着要纠正一些此前的顽固乃至代价高昂的习惯。在这些过程中，性别非常关键。女性通常主要负责家务劳动和抚养孩子，要做好这些工作，杀菌消毒的工作就不可少，在很多家庭中，女性因此有了"杀菌警察"的称号。[3]而在吸烟这件事情上，女性最开始扮演的是被压迫者的角色，但后来就成了被解放者。我们需要记住，尽管现在的烟草已经被妖魔化，吸烟也常常被当作一种流行的瘟疫或者疾病，但吸烟的危害程度毕竟和霍乱或者天花不一样。吸烟有害健康是毋庸置疑的，但吸烟也的确有些诸如黑死病或者乳腺癌之类疾病所不能带来的好处。如果一个人认为吸烟所带来的愉悦大于其对健康所造成的损害，那么吸烟也未必是一个不理性的举动。在美国的很多地方，政府从吸烟的人身上赚到了不少钱，这些人多数是穷人，而这些钱大部分都被用来抵销富人赚的物业税。抽穷人的税，使富人得利，这样的税收政策看不出有任何符合公共健康利益之处。

图4-2显示，吸烟人数和因肺癌死亡人数有正相关关系。[4] 这张图显示的是自1950年以来，几个主要国家50~69岁人口死于肺癌的情况。这些国家包括澳大利亚、加拿大、新西兰、美国以及西北欧国家，美国在图中用粗线加以突出。从左侧的男性吸烟与肺癌关系的图中，我们可以看到，在1990年左右，也就是吸烟人数达到高峰的20~30年后，因肺癌死亡人数也达到了一个高峰，之后就开始慢慢下降。右侧女性吸烟与肺癌关系的图则显示，因为女性开始吸烟的时间比男性晚很多，因此在1990年之后，因肺癌死亡人数只是在其中的几个国家出现了下滑。右侧的这一图形，看起来就像一只鳄鱼张开的下颚。虽然在美国等少数几个国家，女性因肺癌死亡的比例也在下降，但总体上肺癌发病的高峰期仍在持续。女性吸烟量从来都低于男性，

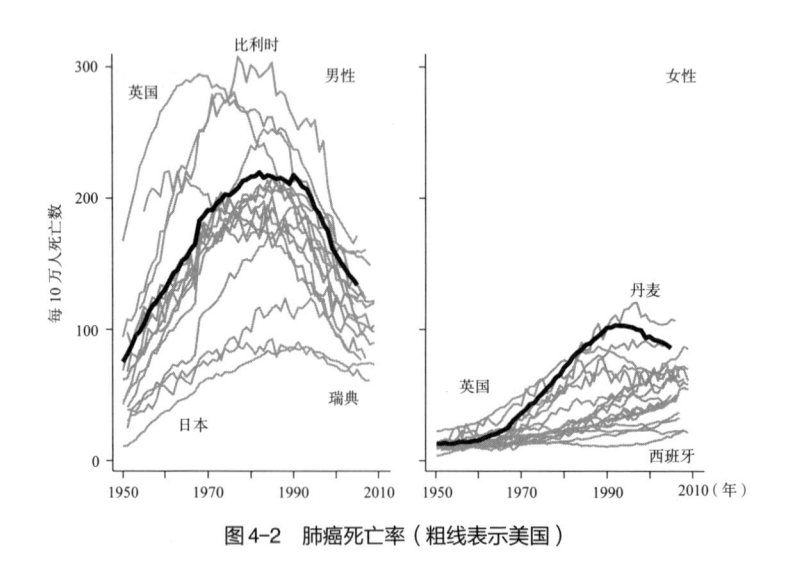

图4-2 肺癌死亡率（粗线表示美国）

同时早期吸烟的女性比例也相对较低，因此她们的死亡率也比男性的要低，即便是那些吸烟女性死亡率较高的国家也是如此。最后需要注意的是，尽管肺癌是死亡的重要原因之一，但是在占美国总人口40%的吸烟人口中，因肺癌而死（或将死）的人却只占一小部分。在美国，最高的年平均肺癌死亡率大约是每10万人中有200人死亡，即0.2%的死亡率。

虽然同不吸烟的人相比，吸烟者罹患肺癌的概率要高10倍甚至20倍，大多数吸烟者还是不会患上肺癌。纪念斯隆-凯特琳癌症中心有一个计算罹患肺癌风险的在线计算器。[5] 比如，一个50岁的人，每天吸1包烟，连续吸了30年，那么，如果他从现在开始戒烟，就有1%的肺癌发病率，如果他继续这样吸烟，则他罹患肺癌的概率就要达到2%。不过，吸烟者也不要因为这个结论就觉得欣慰，因为患上肺癌并不是吸烟者唯一的风险，也不是最严重的风险。

吸烟导致了近年来的女性预期寿命增速低于男性。这种情况不但出现在美国，也出现在很多女性吸烟现象出现较早的国家，比如英国、丹麦以及荷兰。在20世纪60年代和70年代，烟草公司将吸烟与女性解放成功地联系在了一起，可是最终美国女性为此付出了巨大的健康代价。在美国，吸烟的广泛盛行是造成美国人50岁时预期寿命增速低于日本或法国等富裕国家的最重要原因。近期的相关统计估测，假如不吸烟，美国人的50岁时预期寿命将比现在长2.5年。[6]

与肺癌死亡率下降相比，心血管疾病死亡率的下降更为显著。心血管疾病包括中风、动脉硬化（动脉斑块聚集导致动脉堵塞）、冠心病、心肌梗死、充血性心力衰竭和心绞痛等病症。男性减少或停止吸烟降低了患上这类疾病的风险，但治疗手段的突破也对防治心血管疾病起到了重要作用。相比之下，医学界尚未在肺癌的防治手段上取得类似的突破。

图4-3显示了1950年以来中老年人（55~65岁）在心血管疾病

上的死亡率。左边部分显示的是美国和英国的情况，右边则包含了图 4-2 中提及的所有富裕国家。从图上可以看到，心血管疾病的死亡率是极高的，它几乎是肺癌死亡率的 5 倍。在 20 世纪 50 年代，有 1%~1.5% 的中老年人可能因这类疾病而死。从那个时候至今，心血管疾病一直是高收入国家人口死亡的最主要原因。在 20 世纪 50 年代和 60 年代，美国的心血管疾病死亡率要高于英国；不过，在美国，由这种疾病导致的死亡率正在慢慢下降，而在英国，这种死亡率却在慢慢上升。右图显示，在这个时期，美国的心血管疾病死亡率几乎是所有国家中最高的，冰岛和荷兰的死亡率则处在最低位置，至于其他国家的相关死亡率，则一直处在高高低低的交错变化之中。到 1970 年，每个国家的变化趋势都变得较为明显，各国之间相互交错的情况逐渐减少。心血管疾病的发病原因很多，吸烟自然是其中之一，但是具体到各国，则致病原因并不相同。

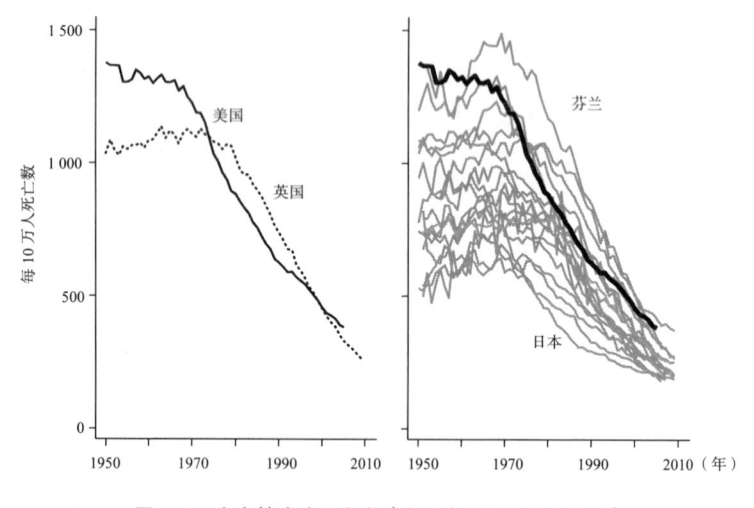

图 4-3　心血管疾病死亡率（右图中的粗线代表美国）

1970 年之后，各个国家的情况变得大不相同。从这时起，美国等国家的心血管疾病死亡率开始下降。当然，每个国家具体的下降时间点略有早晚之分，比如英国，心血管疾病死亡率在七八年之后才开始呈现下降趋势，但全世界的死亡率在同步下降却是不争的事实，即便是芬兰也不例外。从图中可以看到，芬兰在 1970 年时的心血管疾病死亡率还高达 1.5%，但是此后就开始迅速下降，到 21 世纪初，已经降低了 1/2~2/3。此外，在 21 世纪初，各国的心血管疾病死亡率都变得十分接近，20 世纪 50 年代那种国与国之间的明显差距消失了。

为何会出现这种情况？吸烟减少被认为是其中的一个原因。不过，由于各国之间的吸烟状况差别很大，而且吸烟这种行为也不可能在所有国家同时出现迅疾改变，所以吸烟减少这个解释也并不一定合理。另外，全世界也没有一个统一的健康权力机构可以强制这么多国家同步发生改变，即便是世界卫生组织这样的机构也没有这个能力。当然，还有一种更好的解释，即是医学进步导致了这一切的发生。成本低廉但行之有效的医疗手段，可以迅速从一个国家传到另一个国家，从而达到防治同一种疾病的目的。

在心血管疾病这一领域，"卡托普利"的应用算是此种类型的一项关键创新。卡托普利因为会导致尿频而有时被称作"利尿剂"。这是一种价格低廉但非常有效的降血压药，而高血压则是导致心脏病的主要风险因素之一。梅奥医学中心称："卡托普利……可以有效促进身体对盐（钠）和水的代谢。它可以让你的肾将更多的钠通过尿液排出体外。相应地，钠会把血液中的水带走，这样，血管中的液体量就会减少，其对动脉壁产生的压力也就相应地降低了。"[7]1970 年，美国退伍军人管理局的一项随机对照试验证实了降压药对高血压的重要作用[8]，此后，降压药疗法在美国迅速普及。

美国医疗系统的一个重要特征是新的发明总会很快被投入应用。这不但包括像普及降压药这样的有益之举，有时甚至一些作用不甚了了的创新也会被迅速推广开来。英国的国民卫生服务则因为是中央统一管理，资金被约束，所以在新的医疗手段引进上要相对缓慢和谨慎。

这就意味着像卡托普利这样物美价廉的药品也需要经过一段时间测试之后才能应用。不过，英国如今建立了一家名为国家卫生与临床优化研究所（NICE）的机构，专门从事新药与新治疗方法的测试和推荐工作。图4-3右边部分显示出其他国家的情况也和英国的类似：尽管各国地方机构和医疗系统千差万别，但在美国的心血管疾病死亡率下降之后，各国也逐步出现了死亡率下滑趋势。

卡托普利是历史上出现的第一种降压药物，此后，诸如血管紧张素转化酶抑制剂、钙通道阻滞剂、β受体阻滞剂、血管紧张素受体拮抗剂之类的多种降压药物相继出现。如今，医生可以根据病人的情况为其选择最合适的降压药物。另有降压药物的相关研究也指出，降胆固醇类药物同样有助于心血管疾病死亡率的下降。[9]这些药物的使用都属于预防措施，旨在降低人们患上心血管疾病的概率，而在心血管疾病的治疗方面，其实也有不少新的方法。比如，当一个人因心脏病突发被送至医院时，医生应第一时间给病人服用阿司匹林。这是一种十分有效同时成本低廉的救治手段。还有一些科技含量高的医疗手段，比如心脏搭桥等，也是救治心脏病患者的重要方法，并降低了他们的死亡率。不过，这一类的医疗救治确实花费不菲。一项临床试验显示，中年人每天服用婴儿剂量的阿司匹林，总体上会降低心血管疾病的死亡率。但是，后续研究也证实，这样的方法虽然可以让一些人摆脱心血管疾病，但确实也引发了一小部分人的死亡。整体和个体之间常常存在尖锐的矛盾冲突，这在一片阿司匹林上就体现得淋漓尽致。尽管如此，医疗手段和预防手段的创新还是拯救了无数人的生命，降低了这项高致死率疾病的风险。在过去，人到中年的时候，一些人本来或许早已被心血管疾病夺走了生命，如今却可以安心地继续自己的工作、事业与感情生活，更有了尽享天伦之乐的机会。

同肺癌的情形类似，女性心血管疾病死亡率也要比男性低很多，大概只有男性的一半。同男性一样，各国女性的死亡率也在下降，下降幅度在 50% 左右。此外,各国的死亡率下降趋势也表现出类似程度的协同性。这样一来,如今各国的女性心血管疾病死亡率相差无几,国与国之间没有了 20 世纪 50 年代那样大的差异与变化。一句话,女性患心血管疾病的风险起初就比男性低,如今风险总体下降,则女性死于心血管疾病的概率就更低了。同男性的情况一样,心血管疾病也是导致女性死亡的最主要疾病。尽管人们经常认为乳腺癌是女性的重大潜在杀手,但实际上,死于乳腺癌的女性比死于心脏病的女性要少得多。

在相对富裕的国家中,心血管疾病的防治水平没有拉开差距,反而趋向于一致,这一点是极为罕见的。同半个世纪前相比,各个国家的心脏病死亡率更加接近。100 年前发现的细菌致病理论,曾经拉大了国与国之间的健康水平差距,但这种情况却没有在心血管疾病的防治上重演。究其原因,或许是现在的这些重大医疗进步成本低廉,可以被轻易复制仿效,因此各个国家可以迅速将其推广运用。不过,从每个国家的内部看,不平等现象却没有因为医疗成本的低廉而消失。实际上,心血管疾病防治上的进步,可能已经扩大了一国内部不同收入群体和不同受教育群体之间的健康不平等。教育背景更好、经济状况更好,或者本身健康状况更好的群体,会在接受个人治疗方面大大领先于其他群体,比如他们会更早地进行定期体检,更早地关注血压和胆固醇指标。[10]

癌症是紧排在心脏病之后的第二大健康杀手。除了肺癌之外,最具威胁的癌症是乳腺癌、前列腺癌和结直肠癌,其中乳腺癌患者几乎都为女性,前列腺癌患者皆为男性,而结直肠癌则威胁着男女性的共同健康。至少到 20 世纪 90 年代,人类在癌症的治疗方面依然没什么建树,癌症的死亡率也没有出现下降。美国投入了数十亿美元资金对癌症宣战,结果却让人大失所望,以至于那些近乎最权威的评论也认为,人类对癌症的这场战役已然失败,或者说至少没有获得成功。[11]

在这本书中，我始终强调，需求导致了新知识的发现和新医疗手段的出现，但是需求不见得总会创造供给，几十亿美元也好，对某种疾病宣战也好，都不会必然导致某种疾病被攻克。我们在癌症治疗上的失败就是明证。

不过进步还是有的。有证据表明，这三种癌症导致的死亡率已经开始下降[12]，而且这种下降可能已有时日，但与此相矛盾的是，这一成就可能被心血管疾病死亡率的下降遮蔽了。我们在迷宫游戏中也会遇到这样的情况：我们成功地摆脱第一个怪物后，却常常命丧它后面那个怪物的手中，即便这个怪物可能没有之前的那个那么有杀伤力，也还是能造成更多的伤亡。与此类似的逻辑是，一个人摆脱了心脏病之后，可能就暴露于某种癌症的危险中，而如果一系列风险因素（比如肥胖）叠加，这种心血管疾病风险的降低就意味着因癌症而死亡的风险增加了。这种情况并没有真实出现，才能说明我们在攻克癌症方面取得了进步。近来癌症死亡率下降的事实也直接证明，在与癌症的斗争中我们已经取得了重要的成就。乳房X光摄影检查、PSA测试、结肠镜检查等经常被认为是降低各类癌症死亡率的功臣，事实也的确如此。但是，它们的作用，尤其是乳房X光摄影检查和PSA测试的作用，也不能过分夸大。比如，有了乳房X光摄影检查之后，早期诊断的数量大幅增加，按说晚期诊断的数量会因此出现下降，但这样的情况却并未发生。在过去的30年中，有超过100万女性被筛查出患了乳腺癌，但实际上这些人没有任何症状。[13] 医学治疗水平的提升也是乳腺癌死亡率下降的原因，比如通过服用他莫昔芬来治疗乳腺癌。肿瘤医师兼历史学家悉达多·穆克吉在其著作《癌症传：众病之王》①中指出，经过几代对手术和化学治疗的反复试验之后，我们对每一种癌症的起源渐渐有了更好的科学理解，并开始逐步使用更为新颖有效的

---

① 《癌症传：众病之王》中文版已由中信出版社于2013年2月出版。——编者注

治疗方法。[14]

很多针对心血管疾病的新治疗手段非常有效，也都很便宜，但是癌症的新疗法则常常非常昂贵。而治疗手段的昂贵也会制约治疗手段本身在国家与国家间的传播。筛查本身并不贵，却可能导致大量后续的物质成本和精神成本。比如说，通过筛查，没发现患病，但发现有致病因素存在，比如高血压、高胆固醇，甚至是疾病遗传倾向。这样就需要接受各种治疗，比如吃降压药、吃降低胆固醇的药；在极端的情况下，因为有患乳腺癌风险，还要切除乳房。这些做法当然会拯救一部分人的生命，但是对更多的人来说，高血压之类的问题根本不会发展成某些大病。[15] 而即便筛查手法十分有效，它也会带来某些不公平：受教育程度高或者对这种医疗知识了解的人，总会比其他人更早地运用这种技术来发现疾病。不过，在未来，筛查肯定会变得更加有用，不必要的筛查将会得到控制，药物和治疗手段则会因为更广泛的应用而变得更为便宜。如此一来，癌症也就可能和心血管疾病一样，可以成功地被科学和医学征服，人们也因此可以更长寿、生活得更好。

其他很多因素也在对死亡率产生影响，尽管它们的作用并不明确或者仍充满争议，其中之一是我们经常说到的数量更丰富、质量更佳的食物。在19世纪食不果腹还是一种常态的时候，说营养改善可以降低死亡率，貌似是有道理的一件事。但如今，我们担心的已经不再是人们吃得太少，而是吃得太多。不过，若将现在老年人死亡率的下降部分归功于70年前他们在母体中、襁褓时期以及儿童时期的营养改善，也不无道理。20世纪70年代，芬兰的心血管疾病死亡率最高，这可能与一战时期它是最穷的国家之一有关，那时出生的人，到20世纪70年代时正处在55岁左右。

人口学家伽比利·多波汉摩和詹姆斯·沃佩尔发现了食物对寿命产生影响的另外一个证据。[16] 他们统计得出，在北半球，10月出生的人50岁时预期寿命要比4月出生的人长半年。在南半球，除了那些出生在北半球然后搬过来的人，其他人的情况则恰恰相反。对这一发现的一个合理解释是，即便在富裕国家，绿叶菜、鸡肉、蛋等也只有在春天的时候才会价格便宜、供应稳定；而这意味着还在母亲肚子里等待着秋天出生的婴儿可以获得足够的营养。不过，随着食物供应的季节性差异日益缩小，这种效应已经随着时代进步而变得越来越小。

死亡率下降值得欢欣鼓舞，因为我们都想更长寿。但是，这并非健康水平提高的全部内涵所在。我们也想让生活变得更美好、更健康，所以我们就不能只盯着死亡率而忽视了发病率。有身体或者精神不健全问题的人，有慢性病或者抑郁症的患者，都会在让生命更加精彩这方面有所欠缺。在这个方面，我们一度取得了巨大的进步，其中经过反复试验的一项进步就是关节置换术，尤其是髋关节置换术，如今已经是一项例行手术。[17] 髋关节出问题的人可能要承受终身的疼痛或者一辈子不能动弹，而置换手术的神奇效果，使得原本可能充满困苦、病痛以及受限的人生几乎完全恢复正常。同样，现在的白内障手术可以令病人的视力恢复，甚至比之前更好。这些医疗手段，都使原本要失去某些能力的人重新焕发活力。止痛药比以前的更有效，1984年布洛芬出现，它可以缓解多种情况下的疼痛，起到阿司匹林不能达到的效果。健康专家对此的认知也不断加深，他们给病人更大的自由去掌控止痛药的用法用量。抗抑郁药物让很多人的生活得以改善。人们可以比以前更方便地接触到专业医学人士——这非常重要，尽管有时候医学人士也无能为力，但他们至少可以让重视自身或亲人健康的人觉得安心。退一步讲，即便他们也不能让人安心，也还是可以消除不确定性，而不确定性正是造成神经紧张的一个重要原因。

求医问药都需要费用。这些费用要么由个人负担，要么由保险公司负担，要么由国家负担。美国人在健康保障上花的钱高得出奇，他们将国民收入的 18% 花在了这上面。不过同其他国家的人一样，对于那些极富疗效却通常价格昂贵的新医疗手段，美国人也感受到费用的压力。在某些情况下，为了节省医疗开支，很多国家在医疗获取上增加了很多限制。比如，在 20 世纪 70 年代，英国的公费医疗系统就严格限制肾透析的人群规模，它规定，只有足够年轻的人才能得到透析机会，50 岁以上的人被排除在外。理由是，50 岁以上的人都差不多是"易碎品"了，给他们做肾透析就是浪费金钱。[18] 曾有一段时间，英国人做髋关节和膝关节置换手术，都要排很长时间的队。这种医疗服务不足的情况，导致了人口发病率和死亡率双双上升。现在，在英国做肾透析和关节置换手术没有以前那么严格的限制了，但英国还是希望能够控制这种新药物和新治疗手段的引入。我前面提到过的英国国家卫生与临床优化研究所，就是一个测试新药并发布效用报告以及评估这种新药物是否物有所值的机构。但这个机构遭到了制药公司和医疗设备生产商的强力抵制。因为早期得到过这家机构的不利评价，至少有一家制药公司曾威胁要撤出英国，不过，当时的英国首相布莱尔坚持立场，没有妥协。[19]

医疗保健品的供给达到多少就是过量、多少算是必需，经济学家和医生群体对此存在分歧。有人强调医学的重大作用，他们称，如果对人口发病率和死亡率的下降合理取值，就会发现我们需要更多的医疗服务，而绝对不是更少，即便在美国也是如此。他们认为，如果多花一倍的钱就能得到发病率和死亡率同比例的下降，那么就应该这么去做。这类计算当然存在错误，因为它们把死亡率的下降全部归功于医疗的作用，而忽视了其他因素，比如吸烟的减少对死亡率下降就有很大影响。不过，这种应该花更多钱在医疗上的观点也有合理之处。持这一论点的人认为，随着富有程度的提升，没有比把钱花在延年益寿上更好的事情。比如美国的医疗费用比欧洲的高，部分原因在于美国的医疗服务比欧洲的更奢华：美国有比欧洲更多的单间或者半单间医院病房，美国人在诊断和检查上花的排队时间更短。这当然很好理解，毕竟美国人整体上比欧洲人富有，足以支付这些费用。

另一派则持相反的观点，他们承认医疗保健给人们带来了巨大福音，但认为更应该关注现有医疗体系中存在的浪费现象，以及类似英国国家卫生与临床优化研究所这样的机构较为缺乏的现状。现有医疗体系中的浪费现象造成了医疗支出水平的提升，而像英国国家卫生与临床优化研究所这类机构的缺乏，使得很多医疗手段在其有效性未经验证的情况下就被应用，从而又导致了医疗开支的加速增长。记录美国老年人医疗保险开支情况的"达特茅斯医疗卫生地图"是这方面的一个重要证据，它用一张地图展示了美国不同地区间医疗保健支出的巨大差异。这种差异与医疗需求和医疗效果都无关。实际上，根据地图，医疗支出和医疗效果是呈负相关关系的。[20] 关于这一点，最为合理的解释是，不少医院和医生在检查和治疗的推行方面过于激进，而由此增加的支出，其效果却不甚明显，甚至没有效果，在某些情况下，这种行为甚至对病人造成了伤害。如果这些情况属实，那么医疗保健方面的支出的确可以大幅缩减，而健康水平也不会因此受到损害。

高质量的医疗可保障并促进人类的健康，是实现幸福的一种重要手段。但是因为医疗保健服务价格高昂，所以高额的医疗开支和生活其他方面的开支之间必然存在此消彼长的关系。如果美国人在医疗上的开支增加1倍，那么他们就必须把在其他方面的开支都减少1/4。如果我们遵循达特茅斯医疗卫生地图的建议，把医疗开支降低一定的数额，比如降低一半，那么，我们在其他各方面的开支就可以增长近乎10%。在日常生活中，这种权衡取舍处处可见，只不过，诸如多买了几本书或者几件电子产品因此无钱度假这种事情，一般也并不值得担忧，那么为什么到了医疗问题上情况就变得不一样了呢？

这里的问题在于，与可以在买书支出或度假支出上做出自由选择不同，人们在医疗上的开支无法自主选择。实际上，人们可能并不清楚他们为医疗保健支付了什么，或者他们在得到医疗服务的同时，放弃了什么。在美国，多数老年人的医疗费用是由政府通过老年人医疗保险来支付的，而多数（59%）非老年人的医疗保障则由雇主提供。很多人认为，是雇主为他们支付了医疗保障所需的钱，自己分文未掏。但是，大量研究早已证明，最终支付这些费用的并不是雇主，而是雇员自己。雇主们并没有因为支付这些费用而降低利润，他们只是降低了雇员的工资。[21] 因此，如果不是医疗服务的费用上涨如此之快，人们的平均收入以及主要基于此的家庭收入，就不会像现在这样涨得这么慢。不过，普通人却不这么看，他们不认为医疗费用的上涨是收入增长缓慢的罪魁祸首，不知道医疗成本才是问题的真正所在。

在欧洲等政府提供医疗服务的地方，或者是有老年人医疗保险的美国，同样的问题也一直存在。当人们要求政府提供额外的医疗福利（比如要求政府报销处方药）时，他们并不认为自己会为此放弃什么。美国最著名的健康经济学家维克托·福克斯举过这样一个例子：在美国，一位老年女性若想做手术，则不管费用多么昂贵，老年人医疗保险都会为其全额支付，哪怕这个手术不是很紧要，也并不一定有效。但这位老人的养老金却少得可怜，连买一张机票去参加女儿婚礼或者看孙子的钱都没有。[22] 这种类型的权衡交易，一般都要经过民主辩论等相关政治程序来达成，但是这个政治程序本身就充满各种问题和争议，并且很难保障人们的知情权。在一些国家，这个程序还可能受到医疗服务提供者的严重干预，因为这涉及他们的利益：医疗开支越多，他们所获得的工资收入就越多。

收入和健康状况是决定人们是否幸福的两大主要因素，也是本书的讨论重点。我们不能将它们分开考量，也不能仅让医生病人去游说政府要求更好的健康保障，或仅让经济学家鼓吹经济增长，因为不能顾此失彼。今天，医疗服务一方面非常有效，另一方面也非常昂贵，这就需要做出权衡。用福克斯的话说，我们必须要用整体的视角去看待人类的幸福问题。要允许我们能持有这样的视角，相关程序就需要落实到位,诸如英国的国家卫生与临床优化研究所这样的机构,就是其中不可或缺的部分。此外,医疗费用的无限增长对人类其他层面幸福的威胁,也需要得到公众更为深刻和广泛的认知。

未来将会怎样?高收入国家的人均预期寿命还会继续增长吗?人口和社会学家杰伊·奥利尚斯基对此就持否定观点,他认为,增加人均预期寿命将变得越来越难。这种情况我们已经有所感知。儿童死亡率的下降对预期寿命的增加有巨大影响,因为儿童的生存时间还有很长。但是当儿童的死亡率几乎为零时,老年人寿命的延长却不能对预期寿命产生很大的影响。第二章图2-1就显示出,在1950年之后,美国人均预期寿命的增长速度出现了明显的下滑。可以预见,这样的增长下滑在未来还会持续,因为即便科技创新会持续,未来医学的重心也会放在老年人身上;而即便癌症被攻克,美国人的预期寿命也不过只会增加四五岁。悲观主义者还发现,在多数发达国家,肥胖症患者比例的增加可能会导致未来人口死亡率的上升。这当然是有可能的,但目前还没有多少这方面的证据,毕竟,随着心血管疾病治疗方式的改进以及降胆固醇和降压药物的应用,肥胖症的风险已经没有最初研究的时候那么高了。[23]

另一方面,人口学家吉姆·厄彭和詹姆斯·沃佩尔在2002年公布了一张重要的图,对1840年以来全球女性每年的最高预期寿命进行了统计,而由于女性预期寿命一般高于男性,这些数值可以看作每年人类最高的预期寿命值。根据该图,在过去的160年中,这些数值一直保持着持续的增长[24],并且平均每过4年,世界人口的最高预期寿命就会增加1岁。因此这两位学者说,没有迹象表明,未来这一长期趋势不会继续保持。他们的这张图还收集了大量之前关于人类最高预期寿命的预测数值,结果发现,这些数值都已经被实际的数据超越。之前有很多学者预测人类的寿命增长将减缓或者停滞,但是他们都被证明是错误的。另外一种支持人的预期寿命可以继续增长的乐观观点则认为，现在的人们都想要比自己的预期寿命活得更长。当物质上变得更为富有，人们就会有更多的资金用于避免过早死亡，而他们也会将收入中的更大比例用在延年益寿上。过去的人们便是如此，因此也没有理由怀疑，未来人们不会继续这么做。

我个人认为乐观派的观点更有说服力。自从启蒙运动以来，人们学会了打破权威，并开始运用理性的力量改善自己的生活。人们已经找到了一条让生命变得更好的道路，因此无须怀疑未来人类还会继续战胜死亡。不过即便如此，认为人类预期寿命还会以和之前一样的速度增长，也未免过于乐观。婴儿与儿童的死亡率下降带来了预期寿命的快速增长，但是这方面的条件至少在发达国家已经被耗尽。在过去的160年中，人类预期寿命之所以可以每4年增长1岁，主要原因就是儿童死亡率一直在下降，但这一点在未来却不会持续。当然，这里还是要再重复一遍：我们不能将预期寿命长短作为衡量是否幸福的唯一指标。如果癌症和其他的老年疾病能被消灭，人类的痛苦将大大消减，亿万人的生活质量也会因此提高。如果我们以这些改善不能有效提升人类预期寿命为由而轻视其重要性，显然是没有抓到重点的。

全球化时代的健康问题

在这一章和第三章我们分别讨论了富裕国家与贫穷国家的健康问题。在这一部分，我们要将这两个群体合二为一进行讨论，并考察二者之间是如何相互影响的。过去的50年，世界出现了前所未有的融合趋势，这一过程通常被称为全球化。从历史的角度看，这次全球化当然不是史上第一次，但是它的确是有史以来影响最为深远的一次。今天，交通变得更为便捷且成本大幅降低，信息流动的速度之快也前所未有。全球化对健康的影响是多方面的，它直接改变了疾病的传播速度以及健康信息的流动速度和医疗手段的推广速度。不仅如此,全球化还推动了经济的发展,尤其是经济增长速度的加快和双边贸易的增加,都间接促进了人类健康的改善。

历史上存在多个全球化的周期。有的时候,全球化是通过战争、征服以及帝国的扩张等手段实现的;有的时候,全球化的实现则是得益于新贸易航路的开辟,以及随之而来的新的商品和财富。疾病经常伴随着全球化的扩张而来,其结果是重塑了这个世界。历史学家伊恩·莫里斯说,原先,西方、南亚和东亚存在的疾病各不相同,"仿佛它们不是同一个星球上的"。但是在公元2世纪左右,贸易的发展却把这些疾病带到了世界各处,于是在中国和罗马帝国的东部边界会同时出现灾难性的疫情。[25]1492年以后的"哥伦布大交换"是一个更为人熟知的例子。[26] 很多历史性的疾病大流行都是从贸易新航路的发现或者新的领土征服开始的。公元前430年的雅典大瘟疫就是由贸易所引发,黑死病则是在1347年由商船上的老鼠带入欧洲大陆的。19世纪欧洲的霍乱大流行,通常被认为是拜来往印度的英国人所赐,而其后来在欧洲和北美的加速传播,则是因为铁路的出现。感染者经常在自己未知的情况下在不同的城市穿梭,这样,霍乱弧菌就会沿着铁路线一直传播。过去从一个城市到另外一个城市的时间,如今可以从一个半球飞到另外一个半球了。

全球化促进了疾病的传播,但也为医疗的传播开辟了新的路径。之前谈到的细菌致病理论就是一个例子。细菌致病理论在19世纪末的北美被发现以后,到1945年之后就被迅速传播到了世界其他地区。1970年之后,依靠药物控制血压的知识也迅速在世界范围内传播,导致相关死亡率在全球同步下降(见图4-3)。吸烟引发癌症的新知也以同样的方式迅速传播。在人们还未搞清艾滋病的起源之时,这种疾病就已经迅速传播到世界各地。之后的相关医疗对策研究,从病毒的发现到传播途径的推演,再到相关的化疗方法,都发展得十分迅速,尽管仍然有成千上万人没能等到这一天，但以先前的标准看，这次对艾滋病的应对已经极为迅捷了。如今虽然人们对艾滋病的理解仍不完善，但科学应对艾滋病的方式继续得以强化，不仅是富裕国家，就是那些疫情最为严重的非洲国家，这两年的艾滋病感染率也已经出现下降，人均预期寿命开始逐步回升。

心血管疾病和癌症的防控手段也在快速传播，不仅仅在富裕国家传播，也在全世界范围传播。因为由传染病导致的死亡人数在下降，非传染性疾病的防控就变得更为重要。除了非洲，非传染性疾病已经成为全世界其他各个地方最主要的致死病因。像降压药这样便宜而有效的疾病预防药物，应当和以前的疫苗一样大力推广，不过，政府没有足够的能力对一个以医生为基础的医疗体系进行组织和监管，可能是实现这一点的最大障碍。一些更为昂贵的医疗手段，比如某些癌症的治疗和关节置换手术等，也得以在穷国应用，但是这样的医疗服务一般只服务于穷国中的一小部分权贵与富裕阶层。

在健康方面，富国对穷国的影响并非总是良性的。不同于经济学家，健康研究者常常视全球化为一种负面力量。吸烟问题是研究者深度关注的一个方面。在富裕国家，烟草产品已经不再受到追捧，但是烟草公司发现，穷国是他们销售烟草产品的天堂，因为这些国家的政府要么是在烟草方面监管无能，要么就是毫无监管的利益动机。医药的专利制度使得药物价格高昂，因此也受到了大量质疑，但是专利制度是否真是问题所在却仍存争议。这里还涉及一个政府缺乏药品引进能力的问题，毕竟世界卫生组织的药物清单上所列举的核心药品基本都已经过了专利保护期。当然话说回来，要是药价能够更便宜的话，这个核心药品名单上的产品肯定会更多。在与强大富裕的国家进行多边贸易谈判时，弱小贫穷的国家经常会发现自己身处劣势，因为前者无论是律师团还是游说团的规模都要大很多，而那些医药方面的游说者，根本就不会关心穷国的健康问题。第一世界的医学进步显然加剧了穷国内部的健康不平等问题。在德里、约翰内斯堡、墨西哥城和圣保罗这些地方，权贵与富裕阶层可以用上第一世界国家最先进的医疗服务和设施，然而那些医疗条件还比不上17世纪的欧洲人的穷人却到处可见。

  1950年以后，世界的健康状况和健康不平等状况有了哪些变化？通过第三章的图3-1，我们已经发现，人均预期寿命的地区差距在过去几十年出现了收缩，原先人均预期寿命最低的地区已经接近那些原本人均预期寿命最高的地区。现在我们再以国别为单位进一步考察这个问题。图4-4显示的是典型国家的人均预期寿命变化。它显示了世界上最差的国家与最好的国家之间的差距，也显示了这种寿命差距的变化情况。整张图看起来像一架管风琴，但实际上这是一组箱形图。图中，纵轴表示预期寿命，中间的箱形表示各国人均预期寿命的集中区域。这张图传递给我们的第一个信息是，自左向右这些箱体的位置在不断抬高，表明全世界人口的预期寿命在逐步增长。每一个箱形图的箱体区域都包括了世界上一半的国家，箱体中的线则表示这些国家的人均预期寿命中位数。从图中可见，这些线的位置一直在抬高，虽然近年来的抬高速度相比50年前明显要慢了不少，但还是表明这些预期寿命处在中位数的国家，其平均寿命值在不断增长。前面我们已经说过，人类预期寿命之所以出现这种先快后慢的增长趋势，主要在于以前我们是大幅降低了儿童的死亡率，而现在则更多关注老年人的健康情况。每个箱形上下有横杠的线须，表示另外一半国家的人均预期寿命，加上箱形区域，这张图就把所有国家的人均预期寿命情况都展示了出来。当然，一些情况极端的国家是被排除在外的。在本图中，只有两个国家处于极端位置，它们是卢旺达和塞拉利昂。这两个国家在1990—1995年间都处于内战状态。我们统计了192个国家在每个时间段的预期寿命情况，需要说明的是，这些数据有的是由主观估算得来，尤其是早期的那些。

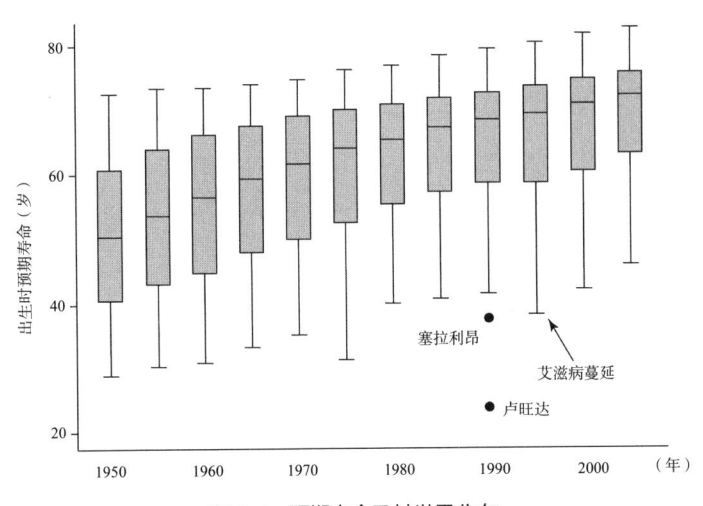

图 4-4 预期寿命及其世界分布

这张图还显示，随着时间的推移，图中的箱体部分变得越来越小，这表示所有国家的人均预期寿命数值都在向中位数靠近。国与国之间的人均预期寿命差异在缩小，说明在健康方面全世界的不平等现象在减少，始自 250 年前的健康不平等现实正在被改写。不过，这种差异缩小趋势并不总出现，比如在 1995—2000 年，由于非洲艾滋病的蔓延，国与国之间的人均预期寿命差距再次扩大。一段时间之后，这种差距缩小的趋势才得以恢复。每个箱体中横线的位置也在不断抬高，越发靠近整个箱体的上部以及线须的最高点，这种情况说明，人均预期寿命处在中位数的国家与预期寿命最高的国家之间的差距随着时间推移变小了。现在，中位数与最高值之间的差距缩小到了 10.5 岁（中位数为 72.2 岁，最高值来自日本，为 82.7 岁）。不过，中位数与最高值的差距缩小也意味着中位数与最低值之间的差距渐渐扩大。即便不考虑卢旺达和塞拉利昂的特殊情况，从最低值到中位数的距离，也从最初的 22 岁，增加到了如今的 26 岁。

在这里我们要再一次思考，预期寿命是不是考察健康不平等问题的一个好指标？通过本章我们已经知道，预期寿命的增长，主要源自贫穷国家儿童死亡率的下降以及富裕国家中老年人死亡率的下降。当我们使用这种指标来比较穷国和富国的时候，实际上是给了穷国一个更高的权重，因为儿童死亡率的下降比老年人死亡率的下降对预期寿命这个指标的影响更大。而这才是穷国和富国之间预期寿命差异缩小的最主要原因。以预期寿命长短作为衡量平等与否的指标，实际上已经是在认定降低儿童的死亡率要比降低老年人的死亡率更为重要，但这样是否合理却值得讨论。有人认为这是合理的，因为即便我们不知道一个孩子在未来会怎样，至少他也获得了更多的生存时间；而另外的观点则认为延长老年人的生命更为重要，虽然老年人已经没有多少余生，但是他们比刚出生的孩子更与这个世界休戚相关。总之，我们很难确定地说以预期寿命来考察健康的不平等是解决问题的唯一正确方法。实际上，如果对不同的生命有不同的重视程度，我们便可能得出不同甚至相反的结论。

全球不同国家人均预期寿命差距的缩小，并不意味着世界已经变得更好了，因为人均预期寿命不能反映我们所关注的健康的全貌，甚至不能反映生死问题的全貌。的确，我们现在的世界，穷国的儿童死亡率在下降，富国的成年人寿命在延长，但这是否就说明世界变得更加公平，却是一个值得讨论的话题，如果我们对各类人群的死亡率重视程度不同，那么就可能得出完全不同的结论。

关于这个问题的哲学讨论一直没有结束。婴儿和儿童的死亡率下降之后，人们生育的意愿也随之下降。1950 年，非洲的每个女性平均要生 6.6 个孩子，到了 2000 年，这个数字下降到了 5.1。而根据联合国的估算，现在这个数字已经下降到了 4.4。在亚洲以及拉美和加勒比地区，每个女性的平均生育数字更是从 6 下降到了 2 多一点。在死亡率下降之后，生育率并没有随之下降，所以人口大爆炸的现象才会出现。但是最终，当父母们发现再也不会有那么多孩子死亡的时候，他们就开始减少生育的数量。实际上，他们完全可以生育同以前一样多的孩子甚至更多的孩子，而这些孩子也会安然长大成人。对于这种变化，我们可以这样认为：原本可能生下来就会死去的孩子，现在根本就没有被生出来。那谁是这种变化的受益者？要回答这个问题，同样取决于我们如何看待不同人的生命权重，而这是一个哲学家都无法判断的问题。不过，有一件事很清楚，那就是妈妈们从中受益不少。现在，她们不用像以前那样经常地怀孕，同时她们和丈夫也不用再承受子女早夭的痛苦。此外，对于女性来说，生育负担的减轻不仅仅减少了痛苦的来源，也使得她们有更多时间关注生活的其他方面。她们可以接受更多的教育，可以走出家门工作，在社会中扮演更为多样的角色。

身体的变化

在人类健康方面，1950年以来所取得的成就的确可喜可贺。人们逐渐远离死亡的威胁，世界各地之间的寿命差距也逐渐缩短。但是，在营养均衡方面，我们取得的成绩却难说突出，世界各地的营养水平存在巨大差异。考察营养失衡的问题，一个很好的方法就是看一下人类在身高上的变化。

身材高矮本身并非衡量幸福的标准。在其他条件相同的情况下，谁也不能说一个身高180厘米的人就比一个身高160厘米的人要富有、健康和快乐。身高与金钱及健康不同，它不是幸福生活的必要组成部分，但是，如果整个群体都身材矮小，则说明这个群体在童年时代或者青春期存在营养不足的问题。出现营养不足，一种原因是食物匮乏，另一种原因则可能是人们的生存环境不够健康，各种疾病虽然没有夺走人的生命，却严重阻碍了其生长发育。就个体而言，身高受到基因的影响，也就是说，如果父母长得高，那子女一般也会长得较高。但是这种情况却不适用于一个规模庞大的群体，对于一个群体而言，实际上平均身高的差异就是营养水平差异的体现。以前我们认为，基因差异是不同群体之间存在身高差异的主要原因，但是随着生活条件的改善，原先许多国民身材矮小的国家如今都变成了国民身材高大的国家，而且不少国家的改变速度非常惊人。这就使得以前那种基因决定论遭到了抛弃。[27]

如今，人们意识到童年时代的营养匮乏会产生长期的严重后果。身材矮的人的收入比身材高的少，在以农业为主的社会中如此，在英美这样的发达国家同样如此。之所以会有这样的现象，一个原因是人类的认知功能会随着人体的发展而发展，因此总体而言，长得矮的人不如长得高的人聪明。这样的结论当然容易被认为是对个子矮的人的一种污蔑，我的两个普林斯顿的同事就因为这个问题[28]而遭受了无数的邮件轰炸和来信指责，有的校友甚至要求校方将他们开除。但请容我在这里小心地对此加以解释。

在一个衣食富足、没有疾病的理想环境中，不同的人会因为基因差异而出现身高差异，然而他们在认知功能上却不会存在系统性差别。但是在实际的世界，总有一些人会在童年时期遭遇食物匮乏问题，而这些人往往在身材矮小的人中占较大比例，这就导致了个子矮的人总体的认知能力偏差。营养匮乏可能只是由于没有摄入足够的热量，但也可能是因为过多地与疾病做斗争而造成了大量的热量流失。往往是一些特定的因素造成营养匮乏。比如，脂肪是大脑发育所必需的物质，但是世界上有成千上万的儿童脂肪摄入不足，而我们听说更多的却是很多人的脂肪摄入太多。

当人们的收入增加，不再忍饥挨饿时，营养匮乏现象就会减少。而卫生条件的改善、病媒控制以及疫苗接种的推广，也促进了营养匮乏问题的解决。但是，身材矮小的母亲很难生出高个子的孩子，即便只考虑这一点，我们也知道营养匮乏对身高造成的影响会持续很多年。

这种生物限制决定了人们身高增长的速度，所以，即便是营养已经改善，疾病也得以控制，一个群体也需要经过数代才有可能充分释放身高增长上的潜能。但这并不见得是坏事，因为可以避免身高短时间内过快增长造成的隐患。[29] 随着时间的推移，我们会觉得全世界的人都应该变得比以前高，但是现实却并非如此。

欧洲人的确比以前长高了许多。经济学家蒂莫西·哈顿和伯妮丝·布雷收集了 11 个国家的男性在 19 世纪 50 年代末至 60 年代初的身高数据。[30] 数据主要来自当时军队招募新兵时的测量，因此缺乏女性的身高数据。根据这些数据，两位学者测算出当时欧洲成年男性的平均身高为 166.7 厘米，而到了 100 多年以后的 1976—1980 年，欧洲人的平均身高增长到了 178.6 厘米。法国是这些国家中人口身高增长最慢的，平均每 10 年人均身高增长 0.8 厘米。荷兰则是增长最快的，每 10 年人均身高增加 1.35 厘米。其他的国家，人均身高每 10 年增长约 1 厘米。哈顿发现，儿童死亡率的下降是人口身高增长的最为重要的因素，而收入的增长则是第二重要的因素，这一结论与本章的观点一致。[31] 伴随着食物短缺现象的消失以及卫生环境的改善，欧洲人的身高开始向从未企及的高度进发。

世界上大多数国家的人均身高历史数据都不完整，但是通过大量的人口与健康调查，我们还是收集了大量女性身高数据（近来这些调查也开始收集男性的身高数据），获取了 15~49 岁女性的身高信息。由于人在成年之后与 50 岁之前身高都不会发生改变，因此，每个调查实际上给出的是出生时间跨度超过 20 年的不同年龄女性的平均身高数据。所以，这些数据不但能告诉我们调查时成年女性的平均身高，通过对年轻女性与大龄女性的对比，我们还可以看出女性的身高在这 20 多年间的增长速度。在一些情况较好的国家，一般年轻女性要比年长女性高出 1~2 厘米。

图 4-5 显示的是世界范围内的女性身高变化。在图中，一个圆点

代表一个国家的同一世代的女性，它表示这个国家所有出生在某一年的女性的平均身高。横轴是人均国民收入，以对数标尺显示，每一个表示一国某一年份（比如1960年）出生女性身高的圆点，都与这一年该国的人均国民收入值相对应。举个例子，在图中右上方，我们可以看到欧洲女性的身高随着人均国民收入的增长而增长，其中，出生较早的大龄女性，平均身高处在左下位置，而出生较晚的年轻女性，平均身高处在右上位置。美国的数据也在右侧，不过同欧洲人比起来，美国人的身高增长速度并不快。图的左侧和中间分布的是贫穷国家和中等收入国家女性的数据。其中，几乎居于最左的深色圆点代表非洲国家，说明在这些女性出生的年份，这些非洲国家的人民都十分贫穷。（注意在图中的右侧也有一些深色圆点，这些人均收入很高的女性数据来自加蓬。加蓬的石油出口提高了其人均国民收入，但实际上大多数国民仍处在贫困状态。）处在非洲国家包围圈中的是海地（白色圆点），海地人多数都具有非洲血统，身高和收入水平也和非洲人相仿。中国（灰色圆点）也处于左侧。需要注意，这里的人均收入数据对应的都是女性的出生年份，时间则基本都是在1980年以前，当时的中国和印度，其人均收入比现在要低不少。拉美和加勒比地区的国家多数是中等收入国家，这些国家的女性数据出现在图4-5的中间偏下位置。

显示世界各地人均身高存在的巨大差距，或许是这张图最让人震惊之处。同是生于1980年，丹麦女性的平均身高是171厘米，危地马拉女性的平均身高则为148厘米，此外，秘鲁和尼泊尔女性的平均身高为150厘米，印度、孟加拉国和玻利维亚女性的平均身高为151厘米。假设危地马拉女性的身高可以每10年增长1厘米，那么230年后，她们的身高才有可能达到丹麦人的水平。一个丹麦女性走到一群危地马拉的乡村妇女中间，会发现自己比她们整整高出一头，这简直就像是格列佛走进了小人国。

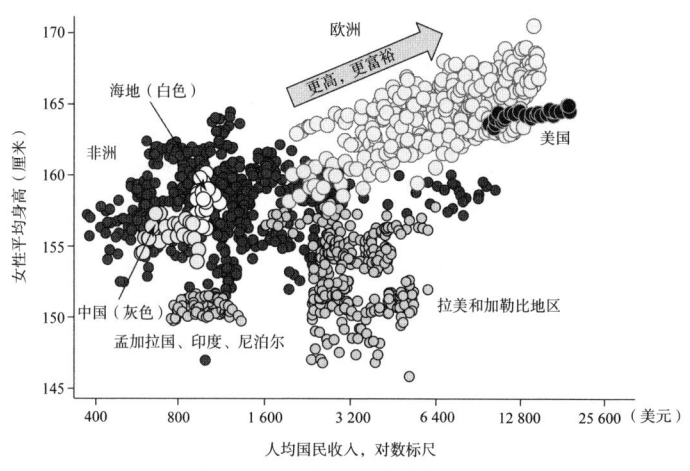

图 4-5　全世界的女性平均身高

如果我们从图的左下看到右上，会很容易发现，富裕国家的人要普遍高于穷国的人。如果高收入也意味着更好的卫生条件、更低的儿童死亡率以及更充足的食物，那么这样的情况也算在意料之中。但若果真如此，事情也未免太简单了。假设我们现在把图中美国和欧洲的数据去掉，就会发现身高和收入呈负相关：越穷的国家，人们的身高越高。出现这种情况，主要跟非洲人的特征有关。非洲人的身高其实并不一致，南苏丹的丁卡人身材高大，往往都是当篮球运动员的料，而在卡拉哈里沙漠中的布希曼人则身材矮小。总体而言，非洲女性普遍较高，虽然和欧洲女性相比没有优势，但是同南亚人和拉美人相比优势却非常明显。这种收入与身高的负相关关系短期内很难消失，因为像印度这样的南亚国家，虽然近几十年经济增长迅速，儿童却仍然相对较矮。

非洲人为何长得这么高？这一问题至今仍未得到很好的解释。有一种解释是，非洲大部分地区并没有遭受食物短缺，人们的饮食结构也相对合理，不像南亚人尤其是印度人吃得那么素。当然，不同的地区食物供给和卫生环境状况不同，卡拉哈里沙漠里的人肯定会有食物短缺的问题,但是在大多数的非洲国家,人们还是有肉类和动物脂肪摄入的。此外,非洲国家的儿童死亡率相当高,那些长得瘦弱矮小的儿童就更容易被死亡吞噬,如此一来,幸存下来的就都是长得相对较高的了。换句话说,在非洲这样的条件下,高身材的产生,是以高死亡率为基础的。只有瘦弱矮小的儿童大量死亡,幸存者有足够的能力克服恶劣的卫生条件所造成的发育不良,一个身形高大的民族才有可能诞生。另外一个可能的因素是卫生条件。在那些随地大小便现象仍然普遍的地方,如果当地人口密度较高,那么儿童很可能因长期暴露于粪便细菌之中而发育不良。尽管非洲随地大小便的情况较为严重,但因人口密度较低,其人口发育情况比印度要好。[32]

很多非洲人比印度人长得高,也比拉美几个国家的人长得高。这个事实提醒我们,身高不能作为衡量人们生活是否幸福的标准,也不能作为衡量物质生活水平的尺度。死亡率高低和收入多少是影响成年人身高的最主要因素,也是决定人们是否幸福的两个关键指标。但是,绝不能因此认为,病痛和贫困会以同样的方式决定人的幸福和身高。非洲人的例子已经证明,身材的高矮往往受制于饮食结构等局部因素。但是这些局部因素对人的幸福感并没有什么直接影响。我们之前也说过,一个群体的身高增长,需要几代人的努力,因为没有外祖母的身高增长,就不会有母亲的身高增长,而没有母亲的身高增长,也就没有孩子的身高增长。今日人们的身高水平,除了受到目前的营养状况或者卫生状况影响,也受到各种历史因素的影响。这一切再次提示我们,平均身高绝对不是衡量人们幸福与否的好标准。

南亚人身材极矮这一事实,或许是整张图中最具有启发性的部分。我们没有关于欧洲女性身高的历史数据,因此不知道现代印度女性的身高到底相当于历史上欧洲的哪个时期。不过,最新的印度数据包含了男性的身高数值,这些数值显示,出生于1960年的印度男性平均身高为164厘米——比1860年时欧洲男性的平均身高还要矮2~3厘米,即大约相当于 18 世纪时欧洲男性的身高水平。在所有的文献记载中，最低平均身高出现在 1761 年的挪威人和如今的布希曼人，为 159 厘米，而印度男性在 1960 年的数据仅仅比这个最低身高高 5 厘米。[33] 在印度东北的锡金邦和梅加拉亚邦，出生于 1960 年的男性平均身高甚至还低于 159 厘米。

印度儿童在 20 世纪中叶遭遇了营养匮乏问题，其严重程度足以和历史上任何一次大规模的营养匮乏相比，甚至严重到如同人类狩猎采集时期以及新石器时代的情况。1931 年，印度的人均预期寿命是 27 岁，这也反映出当时的营养匮乏是多么严重。即便到了 20 世纪，印度人仍然生活在马尔萨斯的噩梦之中。正如马尔萨斯所言，死亡威胁以及食物匮乏会始终限制人口的增长，而即便是对幸存的人而言，生活本身也痛苦不堪。这不仅因为食物的数量不够，食物本身的营养成分也不充足。大多数印度人只能吃一些单一的谷物，还有一点点蔬菜，而铁和脂肪的摄入严重不足。为了活下来，哪怕预期寿命只有 20 多岁，印度人口的总体身高也不得不维持在低位，低到只有英国人 17 世纪和 18 世纪的水平。要么死掉，要么变矮，"马尔萨斯魔咒"使得人们不得不做出权衡抉择。

如今印度的情况已经开始好转，但是未来仍然任重而道远。印度的儿童仍然是这个星球上最矮最瘦的一群孩子，不过同他们的父母或者祖父母相比，他们无论身高还是体格都有了进步，而消瘦型营养不良之类的情况也已经很少出现。印度人的身高在近几十年逐渐增长，但增速却不及欧洲之前的水平，也比不上中国的水平。目前中国人的身高大约每 10 年增加 1 厘米，而印度人的身高每 10 年只能增长 0.5 厘米，这还是男性的水平，印度女性的身高增速更慢，大概需要 60 年才能增长 1 厘米。[34]

现在还不清楚为什么印度女性身高的增速比男性的慢这么多，但应该和印度北部地区的重男轻女习俗有关，不过具体是什么关系，我们并不清楚。印度南部比如喀拉拉邦以及泰米尔纳德邦等地区就没有重男轻女的传统，于是这里的男性和女性身高以每10年1厘米的速度同步增长。但是在北部地区，女性的身高增速就比男性的慢很多，而且这一地区男性身高的增速也不及南部地区。颇为讽刺的是，重男轻女这种歧视思想最终也对男性造成了负面影响：不论男女，都是母亲所生，而如果母亲长得过瘦小，又缺乏营养，那孩子的体质和认知能力发展自然也会因此受到限制。

非洲人的平均身高在增长，但是在非洲某些地区却出现了女性变矮的情况。[35] 尽管我们知道富国的人不一定都会长高，但是从世界范围来看，人的身高的确随着物质条件的改善而增加了。欧洲就是这方面一个极好的例子，图4-5充分表明了这一点。同样，在今日的中国、印度以及其他地区，身高随着收入增长的趋势同样比较明显。由此倒推，非洲女性身高的下降恐怕和非洲20世纪80年代及90年代早期的真实收入下降有关系。

从世界范围来看，人类比以前更长寿，物质生活更富足，同时体格更为强壮，身高也在增长。这种身体的变化常常也会带动其他方面的发展，比如人类的认知能力有可能会随着身高增长而变得更强。不过和死亡率与物质收入的问题一样，身高增长在各个国家也是不一样的。按照目前的速度，玻利维亚人、危地马拉人、秘鲁人或者南亚人需要再过几百年才能长得和欧洲人一样高。与走在前列的国家和人民相比，有太多的国家和人民被甩在了后面，人与人在身体条件上的不平等越发明显。

大分化时代

第二部分

第五章

美国的物质生活状况

18世纪中叶之后,世界各国人口的寿命开始逐步上升,人类摆脱了致命疾病的侵袭与早夭的危险,生活水平也开始逐步提高。在很大程度上,健康的改善和物质生活水平的提高是同步的,科学革命和启蒙运动最终带来了一场人口寿命的革命以及物质生活的革命。这两项由相同的根本因素所推动的同步变革改善了很多人的生活,并且延长了人们的寿命。然而,也正是因为这两项以差别扩大为特征的重大变革,经济学家兰特·普里切特所谓的"大分化时代"[1]也终于到来了。经济增长带来了生活水平的提高,减少了贫困。虽然经济增长的成效很难量化(后面我将详述这一点),但是一项谨慎的研究估算,1820—1992年,全世界人口的平均收入增加了7~8倍。[2]与此同时,贫困人口占世界总人口的比例从84%降低到了24%。这是史无前例的物质生活水平提高,但同时也导致了国与国之间以及国家内部贫富差距的进一步扩大。不平等的性质也发生了改变。在18世纪,不平等多表现为一个国家内部地主贵族阶层与平民阶层之间的贫富差距,然而到了2000年,世界上最大的贫富差距却发生在国与国之间。与各国间人口寿命差距逐步缩小的趋势截然不同,国家之间的贫富差距到现在也没有显出一点儿要缩小的迹象。

在这一章我将谈谈美国的情况，尤其是过去一个世纪美国的物质生活发展情况。之所以要在这里谈论美国，主要是因为美国在物质生活方面的发展非常引人注目，而这种引人注目的事实本身就可以很好地阐释本书的主题。当生活改善时，并非所有的人都会因此受益，而正因为有人受益，有人未能受益，所以生活的改进往往会扩大人们之间的差距。不管怎么样，变化往往会带来不平等。是否存在不平等至关重要，这不仅是因为它决定着我们该如何评价发展本身，比如谁受益谁受害，还因为不平等本身也有其影响。不平等可能让落后地区看到崭新的机遇，因此通常会促进这些地区的发展，但是，不平等也可能阻碍物质进步，甚至有可能产生毁灭性后果。不平等会启发或者激励后进者奋起直追，但是，如果不平等的情况非常严重，社会发展成果被集中于极少数人手中，那么，经济增长就会受到遏制，经济运行也会受到损害。

选择以美国为例的另一个原因是美国的相关数据非常充分且易于理解。美元使用率极高，因此我们也不用换算汇率，美国的统计体系世界一流，它提供的数据非常可靠。如此便利的研究条件可谓奢侈，因为从整个世界的综合情况来看，这样的条件是绝对不可多得的。并且，除了美国，其他国家的历史数据非常不充分，因此要做历史比较非常不容易。比较 19 世纪和 21 世纪物质福利状况的不同之处，其难度之大，在很多方面都类似于比较两个完全不同的国家：时过境迁，人们的消费模式不同，连价值标准也不相同。正如小说家 L. P. 哈特利所言："历史就是另外一个国度。"而美国数据的充分，给予了我极大的工作便利，在这样一个我所熟知的数据环境中，我可以更好地阐述我的理念，厘清经济学家和统计学家对收入、贫穷及不平等问题做出的评价与分析。

美国的经济增长

我们耳熟能详的国内生产总值概念是一个非常好的讨论起点（但可能不是一个好的终点）。图 5-1 中，最上面的一条线展示了自 1929 年现代统计诞生以来美国的人均国内生产总值增长情况。国内生产总值是衡量一个国家生产总量的指标，是国民收入的基础。图 5-1 显示，在 1929 年时，美国人均国内生产总值刚超过 8 000 美元，不过在美国经济大萧条最严重的 1933 年，这一指标降低到了 5 695 美元。在此之后，美国人均国内生产总值一路上行，尽管中间有数次短暂下滑，到 2012 年，这一数字还是增长到了 43 238 美元。这个数字是 1929 年的 5 倍多。需要说明的是，图中的数字都以 2005 年美元价格为基准进行了调整，以此我们就可以对真实的人均收入进行对比衡量。若不做调整，1929 年的美国人均收入实际为 805 美元，相当于 2009 年的 8 000 美元。[3]

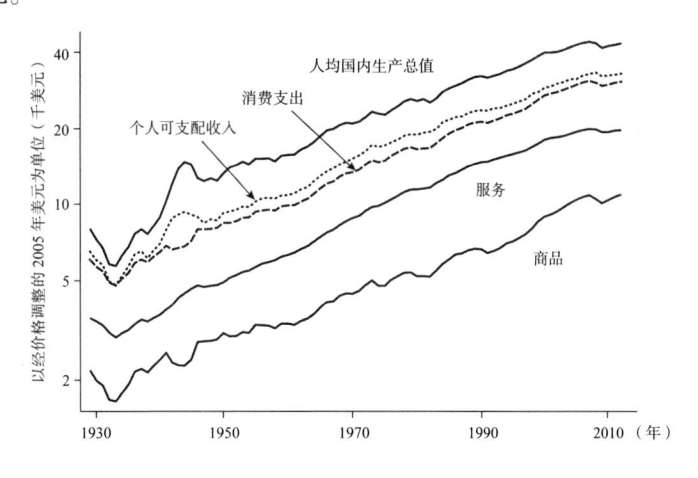

图 5-1 美国国内生产总值及其构成（1929—2012 年）

图中国内生产总值出现下降时即经济发展出现停滞或者衰退之时。但随着时间的推移，这种情形的出现频率逐步减少，严重程度也越来越低——这本身也是经济进步的一种表现。2008 年金融危机之后的大衰退，虽然导致了大量人口失业，并且在本书写作之时仍未好转，但在此图中我们发现，它几乎未对人均收入造成严重的冲击。从 1950 年开始，人均国内生产总值这条线就接近于一条直线，以每年 1.9% 的速度保持增长。而如果只算到 2008 年的话，它每年的增速更达到了 2% 多一点。尽管时间越往前数据就越不稳定，但是人均收入的增速实际上在过去一个半世纪中并无大的变动。而每年 2% 的增长率，则意味着美国的人均收入可以每 35 年翻一番。以此计算，如果一对夫妻在 35 岁时有两个孩子，那么每一代的生活水平都会比他们的父母翻一番。对于今天的我们而言，这是看起来非常自然的事情，但是对于我们那些几千年也未见生活改善，甚至生活水平经常出现倒退的祖先而言，这足以让他们震惊。不仅如此，这样的成就恐怕也会让我们的子孙感到惊讶。

我们后面就会知道，国内生产总值不是一个衡量人类幸福与否的好指标，即便只是作为衡量收入高低的指标，国内生产总值也有其局限性。美国的国内生产总值包括外国人在美国创造的产值，同样，最终归属于股东的未分配的公司利润和联邦政府、州政府以及地方政府的财政盈余也被包含在国内生产总值之中。而在缴完税以及计算了转移支付之后归属于家庭的那一部分国民收入，被称作个人可支配收入。图 5-1 中从上到下的第二条线表示的就是这一指标。从图中可见，个人可支配收入要比人均国内生产总值少一大截，但是它们的增长趋势和涨跌变化却非常相近。第三条线是消费支出曲线，虽然它反映的是花钱多少而不是赚钱多少，但是其变化趋势也和前两条线非常相似。个人可支配收入与消费支出的差额，就是个人的储蓄额度。通过图 5-1 我们可以看到，美国人的储蓄额度一直在下降，近 30 年间，这一现象尤为明显。至于为何会出现这种现象，我们并不太清楚，但是有几个可能的原因：首先，现在的借贷可能比之前更容易了；其次，以前人们需要储蓄用以购房购车或者购买家电，但现在无须如此；再次，健全的社会保障体系可能降低了人们为退休而储蓄的意愿；最后，普通美国人从股票市场和房地产市场的持续上涨中获得了不少收益——至少在经济大衰退之前都是如此。

资本收益可以兑现消费，或可以让人们在无须储蓄的条件下实现财富积累。按照经济学家的说法，储蓄就是收入和消费的差额，而无论是消费还是收入，都是单位时间的流量。财富则非流量概念，而是存量，指的是某个时刻账户的总额度。财富会因为资本收益的增加或者减少而变动，比如，在2008年的金融危机之后，很多美国人的财富缩水近乎一半。财富也会随着人们的储蓄行为变化而变化。当人们增加储蓄时，财富增加；而当人们减少储蓄，或者由于退休、失业等原因支出比收入更多时，财富就相应减少。

图5-1中的另外两条线显示的是美国人的两大消费项目，一项是商品消费（在2012年占到了消费支出的1/3），另一项是服务消费。服务消费中最大的两项，一项是住房和公用事业，这项消费大概为每年2万亿美元，约占消费支出总额的18%；另外一项是医疗保障，每年的消费额度约为1.8万亿美元，大概占到全部消费支出的16%。商品消费支出中，约1/3用于汽车、家具、电子产品等耐用品，2/3用于衣食等非耐用品。如今，美国人用于食物的预算仅有7.5%，如果加上在外吃饭的消费，用于食物的支出也不过13%。所有这些支出，都是体现美国人物质生活水平的项目，这些项目支出的增长告诉我们：随着寿命的延长，人们的物质生活也日益富足。美国人不仅寿命增加，生活质量也大为改善。

物质繁荣以及包括国内生产总值、个人收入和消费支出在内的各项衡量物质水平的指标，如今都受到了舆论批评。我们经常听说，消费过多并不能让人生活得更好，除此之外，宗教机构也经常就物质主义的危害向我们发出警告。即使是很多认可经济增长作用的人士，也对目前的国内生产总值计算方式多有批评。国内生产总值没把很多重要的内容计算进去，比如家庭主妇的工作就没有被计入，休闲活动也没有被计入。即便是很多被计入在内的项目，也没有得到很好的计算。治理污染的成本、修建监狱的花销以及通勤的费用，经常被认为是不应该计入国内生产总值的，现在却都被包含在内。这类"防护性"支出，本身并非好事，却是维护好事的必要支出。[4]如果犯罪率上升，我们就需要花更多的钱修建监狱，而国内生产总值就会因此上升。如果我们忽略了气候变化，就不得不在灾害之后的治理和修缮上花费巨资，这样国内生产总值也会上升，而不是下降。也就是说，我们只计算维修创造的国内生产总值，却忽视了破坏的损失。

对于物质财富的分配，国内生产总值则完全无法反映。图 5-1 告诉我们很多物质财富增加了，却无法告诉我们到底是谁得到了这些财富。物质财富分配的定义与衡量框架都非常重要，我之后会加以详谈。财富分配的结果是至为重要的一个内容，在这一章，我们也会用大篇幅谈到。不过在此之前，我还是首先要驳斥那些认为物质水平提高对增进人类幸福贡献甚少或者没有贡献的说法。我要强调的是，物质生活水平的提高和经济增长都非常重要。

要实现经济增长，就需要各种投资。首先是对物的投资，比如铸造机械、修建高速公路或者宽带等基础设施；还有对人的投资，即为更多人提供内容更多、质量更好的教育。知识需要得到认识与拓展。知识的拓展或是新基础科学的产物，或归功于工程技术发展所带来的科学知识向服务和商品的转化，还可能来自设计的不断改进与更迭。正因为有了知识的拓展，汽车才能从福特 T 型车发展为今天的丰田凯美瑞；也正是因为知识的拓展，我 1983 年的那台笨重的电脑早已被换成了如今外观圆润轻薄、内在功能更为强大的笔记本电脑。对研发的投资促进了创新，而且，新观念在任何地方都会出现。知识的供给也已经国际化，而不仅仅在一国之内，新的理念可以很快从诞生地传播到世界各地。创新也需要企业家和风险投资人，他们会找到将新科技转化为产品、服务的商业赢利模式。如果没有良好的制度保障，这一切很难实现。创新需要得到产权保护，这就要求有行之有效的法律制度，以处理纠纷，保护专利，而相关的税收也不能过高。当这些条件都实现时，可持续的经济增长和物质生活的改善就会随后出现。这就是过去一个半世纪在美国所发生的事情。

那么，经济增长和物质生活水平提高到底价值何在？答案是，除了让我们摆脱贫困以及物质匮乏，新的商品与服务还把很多之前不可能的事情变成了可能，而这些新的可能让我们的生活变得更为美好。家用电器的使用，把人尤其是妇女从枯燥的家务中解放了出来。以前，人们每周都要拿出一整天来洗衣服，先用燃煤烧开的水来浸泡衣物，然后用双手尽力搓洗，之后还要将衣物挂到外面晾干，最后还要收回来熨烫。20世纪50年代，苏格兰的一则洗衣粉广告语就是："每周都为你节省洗衣用煤。"古罗马人已经拥有自来水和良好的卫生条件，然而只是在近代，人们的收入增长之后，这些才为更多的人所享有。越来越便捷的交通为人们提供了更多的个人自由，拓宽了居所的选择范围，增加了娱乐活动的空间，让人们可以和亲朋好友更加方便地聚会，而这也正是那些反物质主义者所大力倡导的。飞机的出现让许多人得以有机会前往国内各地以及世界各地。我们可以全天候和孩子或者朋友保持联络，也可以与千里之外的人建立亲密的朋友关系，还可以随时随地享受当代或者古典的文学、音乐以及电影。互联网创造了信息与娱乐的盛宴，而且其中多数都是免费的。新的医疗手段，比如上一章我们提到的降压药，使我们延年益寿，有更多时间去享受各种可能性。而其他的医疗手段，诸如髋关节置换术以及白内障手术，则降低了阻碍我们充分享受这一切的风险。即便现在我们的医疗支出过多，也不能否认医疗发展所带来的巨大进步。没有人否认经济增长有副作用，但是总的来说，它还是非常有益的。

依照某些人的看法，我这里对物质创新贡献的罗列可谓老生常谈，甚至连老生常谈都不算。但无论怎样，我这里的所列所举足以说明，那些认为所有进步都对人类的幸福毫无意义的说法，或者那些认为我们只是为了和邻居攀比而追求物质生活提高的说法，都是站不住脚的。

有人会说，尽管图 5-1 提供了大量的增长数据，但还是有证据表明美国人没有比半个世纪前过得更幸福。这样的发现和我们所宣称的经济增长有益不矛盾吗？当然未必。在第一章我们就提到，人们过得是否幸福，跟人们对自己的物质生活是否满意并没有必然的联系。第一章的图 1-7 就显示，虽然丹麦人和意大利人觉得自己的物质生活比孟加拉国人或者尼泊尔人要好很多，但是他们过得却没有后者幸福。美国人对自己过去 100 年的物质生活变化做何评价？因为没有相关数据，结果不得而知。不过，收入分配的确是一个重要的问题，值得我们反思。实际上，图 5-1 中的数据所显示的经济增长，与普通美国家庭的真实情况相比，的确有过分夸大之处。尤其是在 20 世纪 70 年代中期以后，美国普通家庭的真实收入并没有在图中得到反映。这里的问题是，并非美国人对经济的大幅增长不满意，而是因为经济本身增长得很少或者根本没有增长。因此，人们没有觉得自己的生活比以前更幸福，也就不足为奇了。

收入增长增加了人们改善生活的机会，因而是有益的。尽管如此，我们也要看到，像图 5-1 这样的指标还是有缺陷，有些事情未能得到反映。比如娱乐休闲时间完全没有被计入经济增长。不仅如此，如果人们决定减少工作量，多花时间在其他更有价值的事情上，那么人均收入和消费支出就都会下降。法国的人均国内生产总值之所以不如美国高，一个原因就在于法国人的假期更长，但是假期长导致人均国内生产总值低就一定是坏事吗？这当然没有定论。很多未进入市场的服务内容也没有被计入国内生产总值，比如女性在家做全职太太，她的全部相关劳动都不会被计入国内生产总值，但是如果她是在其他人家里做工，她的劳动就会被计入国内生产总值，如此一来，人均收入肯定会上升。再比如，互联网以低成本为大众提供了更为优质的娱乐内容，休闲生活的质量也得到提升，但是这些却都没有被计入国内生产总值。诚然，目前的国内生产总值计算方式有其合理性（有些是出于技术考虑），但是如果将其作为衡量人类幸福与否的指标，则的确存在不少问题。

我们之所以对休闲娱乐未能计入国内生产总值感到担忧，一个重要原因是，在过去的50年间，美国人的时间分配发生了重大变化，其中最重要的一项是，如今的女性，尤其是和高学历男性结婚的女性都开始外出工作了。如果我们认为休闲是好事，而工作是坏事，那么这些女性加入就业大军本身只能说明事情变得更糟糕了。但是对于一些不得不从事两份或者三份低收入工作的女性而言，外出工作可以养家糊口，所以意义重大。不过，对于这种现象，如果我们只看到人们收入数字的增加而忽略了她们可自由支配时间的减少等问题，那就显然过分放大了这种外出工作的益处。对很多女性而言，外出工作使她们获得了半个世纪前的女人们无缘体会的心理愉悦。我们也要注意，不能将那些失业人群的"休闲"看成好事，因为这不是他们自己选择的。而多项研究也已证明，失业者往往是对自己的生活最不满意的群体之一。所以，不能因为任何对休闲娱乐价值的考虑而对图5-1的数据做出机械调整。

2/3的美国居民都拥有自住房，因此无须缴纳租金。但是住在自己无须缴纳租金的房子里，也算是得到了一项有价值的服务，因此这项服务也会被计入消费支出、个人可支配收入以及国内生产总值之中。实际上，按照核算人员的逻辑，住在自己的房子里，就相当于给自己支付房租，所以他们把这部分的大多数资金（2011年约为1.2万亿美元）都计入了收入和支出。这看起来像是"想象"出来的收入，但英国政府就曾一度对这种"想象"出来的收入征收所得税。我记得当年税务账单送来的时候，我那一向奉公守法、温文尔雅的父亲也冒出一种无可名状的反政府情绪。虽然今日的政府可能意识到存在问题而放弃了这项收入，但是核算部门将这部分纳入计算却也是对的。这其实反映出，对于某些项目是否应该算作收入，普通人和核算部门的理解存在巨大差异。个人收入和支出中也会包含政府以消费者名义支付的医疗费用，但是出于复杂的技术原因，政府为个人教育所支付的费用没有被纳入收入支出的核算。

如果有政客跟你说"你现在的生活水平真是前所未有的"，而你自己的感受是"哪有？反正我没觉得"，那么，对于他们给出的所谓生活变好的理由，比如你付给自己的房租上涨了，或者是政府给老年人提供了更多的福利，你肯定不会买账。

医疗保障上的支出几乎和住房支出的规模一样庞大，但是要评价这些支出是否物有所值，却困难得多。医疗保障上的支出有多少我们是很清楚的，但是它到底给我们带来了哪些好处却很难完全说清楚。如果医疗保障跟金枪鱼罐头或者 iPad 平板电脑等一样在市场上售卖，那么它们的价值就可以通过消费者的支出来计算。但是，医疗保障费用在美国主要是由保险公司或者政府支付的，因此这些费用支出到底对人起了多少作用根本说不清楚。经济核算人员对此也没有更好的办法，只能以医疗的开支衡量医疗的成效。有的人因为医疗的成效远远超过了医疗花费，认为以支出衡量成效低估了医疗保障的作用，但相反的观点则把讨论重点放在了医疗费用的浪费上。双方争执不下，唯一没有争执的是，对于医疗保障的效用的确没有很好的评价标准。

我之前肯定经济增长的效果时，曾经大量列举新商品的重要性，不过，很多经济学家认为，新商品尤其是那些具有极其崭新概念的商品的价值，并没有被很好地纳入国民经济核算。同时，现存商品的质量也在提升，比如，现在的衬衣免熨烫了，手机有了语音识别功能，车的安全性能提升了，电脑的运行速度更快了，但是这些质量提升所产生的价值也都未能得到很好的核算。国民经济核算人员肯定考虑到了这些方面，但也的确想不出如何将它们更好地反映到经济核算中。有些经济学家称，以前的经济增长主要得益于更多商品的生产，比如房子比以前多了，衣服比以前多了，桌子椅子比以前多了，这就是经济增长的表现。但如今经济增长更多意味着产品质量的提升。不过，衡量质量提升的价值要比计算数量增长困难得多，而时代越发展，统计人员在进行经济核算时出现的遗漏也可能越严重。多数经济学家会认为，像图5-1那样仅以数字增长来评价美国人的生活情况肯定会造成低估，但他们也确实没有更好的办法能对此加以修正。不过，也不是所有的商品和服务都比以前的好。比如，自从有了ATM（自动取款机），人们的确是不用再每次都往银行跑了，但若想到是贪得无厌而且误入歧途的银行借贷导致了最近的这次金融危机，那么，银行系统是否更加善待了消费者，就非常值得考虑。

　　如果说物质改善是一个金苹果，那么这个金苹果里还隐藏了一条蛀虫。从图5-1中就能看出，美国经济发展的速度正在减缓，现在两代人之间的生活变化也没有过去那么大。如果我们仔细考察美国国内生产总值数据，并对1970年前后的变化趋势加以对比，就会知道即便不考虑最近几年的大衰退，这种经济发展速度下降的趋势也依然明显。在图中，这种下降趋势更为清晰可见。在1950—1959年间，美国人均国内生产总值以每年2.3%的速度保持增长；到了20世纪60年代，增速提高到3.0%；70年代，增速为2.1%；80年代，增速降低为2.0%；90年代，增速降低为1.9%；21世纪最初10年，增速则直接下降到了0.7%。即便除去2008年和2009年的数据，21世纪最初10年的美国人均国内生产总值增速也只有1.6%。人均国内生产总值年均增速从3.0%降低到1.6%，看起来差距不大，但如果从复合增长率来考虑，则意味着原本25年的时间可以实现人均收入翻倍，而现在人均收入只增长了不到50%。经济持续扩张意味着人们的收入会持续增长（至少有这个可能性），如果经济扩张得较快，则人们在财富分配上的矛盾就不会显得那么激烈，因为这意味着每个人在无须别人利益受损的情况下就可以分配到更多的利益。

从数据上看，目前美国国内生产总值的下降趋势的确很明显，但是，如果真如之前所说，很多商品与服务的提升未能被计入国内生产总值，这种下降趋势就有可能被夸大了，或者根本不存在。在国内生产总值的核算中，服务所占的比例越来越大，但是由于服务本身比较难测算，所以，核算人员在这方面可能会有越来越多的遗漏。此外，互联网领域的新产品或者电子商品是近来才出现的，它们在提高生活水平上的价值还几乎没有被完整地反映到经济核算中；医疗保障的效率越来越高，而它们所带来的寿命增加也没有被有效纳入核算。当然，在看到这些问题的同时，也要注意很多矫枉过正的现象。在第四章我们已经讨论过，人类寿命的增加有的是源于医疗保障服务的改进，有的则只是因为人类行为的变化，比如人们停止吸烟也会促进寿命的延长。所以，如果我们要将寿命增加赋予价值，则这部分价值将非常难以计算，并且一旦将这部分价值都归因于医疗支出的增长，那国内生产总值的增速就会大大提高，而这是不正确的。这再一次说明，改进后的统计方法有可能比原来的统计方法有更多弊端。不过，并不能因为现在的统计方法存在低估某些进步的问题就不予讨论，在本章的后面我将继续阐述这个话题。

美国的贫困问题

要想了解美国国内生产总值增速放缓对其最贫困人口的影响，只需观察一下美国贫困人口数量的变化情况。图 5-2 展示了官方公布的贫困率变化情况，这些数字来自美国人口普查局每年的统计，图中底部加粗的线表示美国人口整体的贫困率。1959 年，这一数字为 22%，到了 1973 年，这一数字下降到 11%，此后就呈现缓慢上升趋势。2010 年，美国的人口贫困率为 15%，比金融危机前高出 2.5 个百分点。暂时忽略人们对贫困率统计方法一直以来的批评，我们会发现，至少从表面上看，图 5-2 展示的美国贫困率变化情况与图 5-1 展示的物质水平进步情况有着极大的矛盾，尤其是在 1970 年经济增速开始下滑之后的部分，其矛盾更为明显。1973 年以来，美国的经济增长并未停止，从 1973 年到 2010 年，美国人均国内生产总值增加了超过 60%；但是，这些增长并没有对贫困率的下降产生任何作用。无论人均收入增长到了何种程度，被官方定义为贫困的那部分人口都未被惠及。当然，这里的确存在一些统计方法上的问题，统计贫困人口的收入指标和国内生产总值核算中的收入指标并不一致。但是，这不足以解释为什么美国的经济增长没能解决其贫困问题。

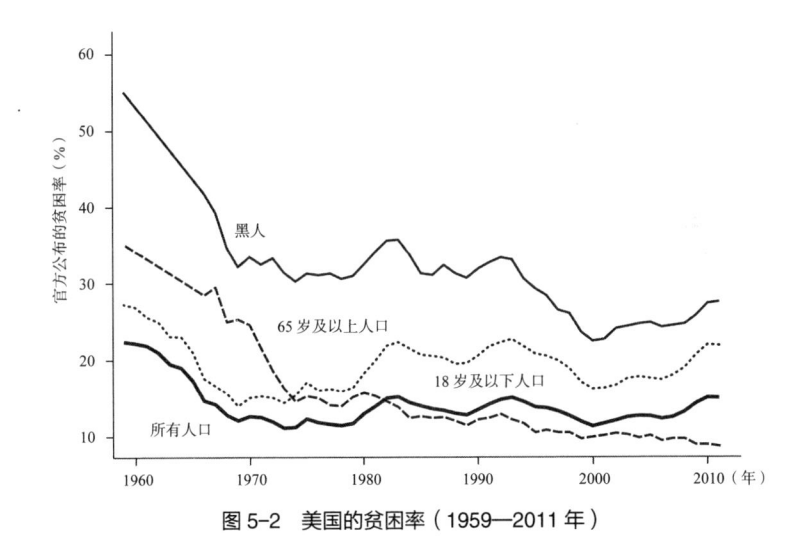

图 5-2 美国的贫困率（1959—2011 年）

在美国，不同群体的贫困率存在差异，20 世纪 70 年代中期之前尤其如此。截至目前，非裔美国人和西班牙裔美国人（图中未显示）的贫困率最高，而老年人的贫困率最低。当然，这三个群体的贫困率实际上也在明显下降，在数据统计的早期，下降程度尤为明显。老年人贫困率的降低常常被归功于美国成熟的社会保障体系，因为这个体系保证 65 岁及以上老年人的退休金会根据物价变动进行调整。儿童的贫困率要比成年人的高，并且和其他群体以及整体的贫困率一样，儿童贫困的程度在过去 30 年也没有明显下降。我们要注意，图中展示的只是贫困率，而由于人口总数一直在增长，因此贫困人口在数量上的增速要远远高于贫困率的增速。到 2011 年，美国有 4 620 万人口处于贫困之中，而在 1959 年，这一数字仅为 670 万。

经济持续增长，贫困人口却在增加，或者说得好听点，贫困率一直停滞没有降低，这是否可信？数据的计算是否存在问题？我们当然应该有这样的疑问。事实上，什么人可以被认定为贫困人口是一个非常值得关注的问题。关于这一点，基础理念非常简单，但如何在现实中实施却大有学问，其中最为棘手的包括如何确定贫困线，以及如何与时俱进地更新贫困线。

美国人口贫困线划分开始于 1963—1964 年，由当时在社会保障署任职的经济学家莫利·欧桑斯基划定。欧桑斯基对一个四口之家（一对父母和两个孩子）每天所必需的食物费用进行了统计，而因为当时一个典型家庭会把 1/3 的家庭收入用于食品，所以，欧桑斯基将统计的结果乘 3，就得出了当时的贫困线水平。1963 年，贫困线被定为年收入 3 165 美元。1969 年 8 月，这一数字被采纳并确定为全美的贫困线，此后，除了根据物价水平做出调整，这一贫困线再也没有变动过。2012 年，这一贫困线的最新数字为 23 283 美元。半个世纪的时间，对划定贫困线不做任何方法上的改变是非常奇怪的，为何我们不在遵循原来理念的基础上对具体的贫困线划定方法进行调整呢？但现实就是如此，1963 年的贫困线划定方法如今仍在使用，除了考虑通胀水平，未做任何变更。

欧桑斯基的贫困线划定方法以冠冕堂皇且引人注目的营养需求为

出发点，并做了所谓"科学化"的延伸，但科学化不过是一种障眼法。当时的美国约翰逊政府正在准备一项"向贫困宣战"计划，政府内的经济学家需要有一条贫困线作为依据，他们觉得 3 000 美元这个数字很合理，于是就计划将贫困线定在这个数字上下。欧桑斯基当时的任务就是为这个近乎凭空想出来的数字寻找依据。最初，她倾向于将农业部的"低成本食物计划"作为贫困线划定依据，但计算结果超过 4 000 美元。最终她选择了计算结果仅为 3 165 美元的"经济食物计划"作为贫困线划定依据。这样做并不是因为后者更稳健或者更具有科学性，而仅仅是因为 3 165 美元这个数字更接近最初设想的 3 000 美元！[5]

讲出这段故事，并不是为了证明约翰逊政府的经济学家的虚伪，更不是要抨击一位杰出公务员的科学诚信。这个故事的重点在于政府官僚的做法实际上是对的：贫困线本身的确需要看起来合理，且易于为公众和政策制定者接受。实际上，当时的盖洛普调查显示，多数公众认为的合理贫困线也在 3 000 美元左右。[6] 以食物作为说辞的贫困线划定依据非常合适，即便到现在也是如此，因为人们总是倾向于认为贫困和挨饿是一回事，要是没有足够的食物，人们就会觉得自己非常贫困。以营养学为基础的计算也让这条贫困线看起来更加"专业"。但实际上，除了贫困家庭本身，专业人士不会知道一个贫困家庭真正"需要"的是什么。

在 1963 年贫困线初次划定之时，政府宣传的需要与现实需求相差无几，因此这条贫困线也便于采纳。然而随着时间的推移，当人们对贫困线的更新产生分歧的时候，对新贫困线的划定就不像以前那么容易了。如果半个世纪前欧桑斯基划定贫困线的思路是正确的，那么新的贫困线就应该以新的经济食物计划为基础，设定新的乘数，并在每年予以重新计算。而如果我们认可盖洛普调查，就应当以公众的意见作为贫困线更新的标准。(我个人更倾向于后者，因为如果我们要对

第五章 美国的物质生活状况　　161

贫困人口做出界定，并且对他们予以不同的食物补贴等，那么在设定贫困线的时候就应该考虑他们的意见，因为对贫困人口进行补助等方面的资金，都来源于他们所缴纳的税款。）但实际情况是，以上两种观点皆没有被采纳。除了一些微不足道的技术修订，以及根据物价上涨水平做出的调整，今日的贫困线与1963年欧桑斯基（或者说是约翰逊政府的经济学家）所划定的那条贫困线别无二致。欧桑斯基本人在这些年也不断呼吁对贫困线的设定方法进行调整，但如果按照她的思路，今天的贫困线可能会比现在所采纳的这一数字要高出许多。盖洛普的调查也显示，人们认为现在的贫困线早就应该上调了，起码应该和真实工资的上涨速度一致。以上两种意见，无论采纳哪种，贫困线标准都会随时间推移而上升，同时贫困率的增长速度也肯定会比我们现在所看到的更快。我们的确很难证明，美国经济增长未能有效减少贫困是因为贫困线不合理，但是现在来看，如果对贫困线进行合理修订，则只是进一步证明了美国经济增长没能有效消除贫困。

如今，美国的贫困线已经变成了一条绝对贫困线，这样的贫困线不会考虑其他人拥有什么，也不会考虑经济生活的通行标准。当存在"一篮子"可以明确保证人们存活的必需品时，这样一条绝对贫困线是有意义的，它只需要保证人们有足够的收入购买这"一篮子"必需品就足矣。而除了要考虑物价变动因素，以保证这一贫困线收入永远可以支付这"一篮子"必需品，这条线也永远不需要加以改进。这样设计贫困线，在像非洲或者南亚地区那样的穷国还可行，在美国则不合理，美国贫困家庭的贫困问题绝非以吃喝为中心，即便在1963年，他们的需求也不仅仅是3 165美元那么简单。美国人真实的贫困境遇是，人们没有足够的收入充分参与社会活动，家庭和儿童没有足够的收入过上邻居或者朋友们那样体面的生活。无法体面生存是一种绝对的贫困，而要摆脱这种绝对的贫困就需要收入达到当地的一定水平。[7]在像美国这样的发达国家，设置相对贫困线的合理性不言而喻。而一条相对贫困线意味着，同 1963 年相比，美国的贫困水平和贫困增长速度都被低估了。

在一个总体生活水平逐步改善的世界里，绝对贫困线意味着在这条线之下的穷人正在越来越远离社会主流。同任何其他地方一样，美国的贫困线也是进行一系列福利和补贴分配的标准。如果这条线不能随着社会的进步而改进，那么随着时间的推移，这些福利就会越来越被限定在一个更狭小的人群范围中。

贫困线不能更新只是美国在贫困统计上的缺陷之一。另外一项缺陷是官方统计常常通过税前收入和补贴来判断某个人是否贫困。这是一项极为严重的缺陷。很多政府济贫项目，比如通过税收体系支付的食品救济券（官方称作补充营养援助计划）和现金补助，在统计时都被忽略了。这就使得这些政策产生了荒谬的结果，即无论这些行动对于减少实际贫困起了多大的作用，都无法在统计上降低贫困率；无论政府在此类消灭贫困的战略中显得多么有创造性，多么令人印象深刻，官方统计都永远显示不出这些努力的成果。这种失败不仅仅是因为这种缺陷在理论上能够避免。实际上，如果对收入的统计能够更为宽泛，那么 2006 年以后的美国人口总体贫困率就不会有现在这么大的增长幅度。同样，这样的失败不能归咎于人口普查局的统计人员。这项缺陷在很久之前就广为人知，而人口普查局也在积极研究更为可行的统计方法。[8] 缺陷产生的主因在于原有的统计方式没有考虑补贴或者税收减免，而之所以如此，是因为 1963 年这两种情况都还不存在，当时极少有穷人纳税，所以这个问题在当时无关紧要。而到了后来，则是一切政治挂帅，要想对统计贫困人口的方式做出任何调整，哪怕是修补一个人人都了解的缺陷，也会像打开了潘多拉的盒子，各种困难、争议以及党派纷争都接踵而来。正因为如此，几乎没有一届政府动过修改统计方法的念头。

那么，美国 20 世纪 50 年代后期以来的贫困率情况到底如何？鉴于我们对处在分配底层的人的收入情况非常了解，因此即便官方的贫困线划定本身存在缺陷，我们还是可以了解到事情的真相。从1959年一直到20世纪70年代中期，美国人口的总体贫困水平在下降当然毫无疑问，老年人和非裔美国人的情况也是如此。此外，70年代中期之后，美国人口贫困率降低的速度放缓甚至停滞也是事实。虽然这一时期的经济增长取得了巨大成就，但依据政府所实行的固定贫困线，贫困率变化确实陷入了停滞。

如果不能接受这样的负面结论，则可以考虑从以下方面加以反驳：因为质量提升和新商品未能被有效地纳入统计之中，所以在减少贫困上很多进步被低估了。而这意味着通胀水平也被高估了，价格上涨并不只是因为商品变得更贵，还因为某些产品质量提高了。如果真是这样，贫困线标准的上涨就太迅速了，那些被不断纳入贫困人口的人也就根本不算穷人。我们无法确切知道贫困人口到底可以从这些无法统计的商品质量改进中获益多少，但是，如果认为以上的论点成立，那么我们现在肯定已经战胜贫困了。[9]同样，官方统计中没有包括旨在帮助穷人的税收和转移支付，也会造成对减少贫困成效的低估。事实上，官方的这些做法不仅可以在经济衰退时期减少实际贫困率（我们已经从最近的这次经济衰退中看到这一点），也会在长期大幅度降低贫困人口的比例。[10]

但是，如果按照我所赞成的方式，让贫困线随着整个人口平均家庭生活水平的变化而相应变动，那么美国人口贫困率在过去的40年中可能会大大增长，并和经济的增长形成鲜明的对比。说得更宽泛些，从战后到20世纪70年代，美国的经济成果被广泛分享。但70年代之后，经济增速开始放缓，处在收入分配底层的人再也难以分享到经济增长的成果。战后的历史可以分为两个时间段：一段是增长相对较快且被广泛分享的时期，另一段则是经济增速放缓同时贫富差距扩大的时期。

世界其他各地统计贫困问题的方法，包括整个世界对贫困情况的统计，都像美国一样存在类似的问题。如何划定贫困线，一直争议不断，而如何定义收入并对其进行统计，也是一个长期的技术性难题。变更贫困线是极为困难的事，因为各国存在思维或者政治上的差异，更因为对穷人定义的改变也就意味着某些福利的改变，有的人会因此获益，但也有些人会因此利益受损。任何针对贫困的计算方法变更，哪怕仅仅是修订一个明显且尽人皆知的错误（比如没有将食品救济券纳入统计），也会在政治上招致反对。对贫困的统计是国家治理的一个组成部分，在进行收入再分配以及防止人们陷入贫困等方面，都必不可少，它是社会公平体系的重要一环。对贫困的统计，也意味着国家将消除贫困及其后果视为自身的责任。正是通过对贫困的统计，各个国家才真正得以了解本国的贫困情况；同时，按照政治学家詹姆斯·斯科特的经典说法，这也使得我们可以"以国家的视角去看待它"[11]。正如通常所说的那样，没有统计就谈不上统治，没有政治也就不会存在统计。统计的"统"也是统治的"统"，这不是偶然的。

美国的收入分配

收入的变化情况可以从发展、贫困和不平等这三个角度加以考察。发展事关人均收入及其变化，贫困事关底层人的生活，而不平等则主要是指家庭或个人之间的收入差距。收入差距通常用基尼系数来衡量。基尼系数是 20 世纪初意大利经济学家科拉多·基尼创立的一项衡量收入分配公平程度的指标，其值在 0 到 1 之间。当基尼系数为 0，意味着绝对平等，即人人收入平等；反之，当基尼系数为 1，则意味着绝对不平等，即所有的收入集中在一个人手里，其余的人完全没有收入。这个指标所衡量的是收入偏离平均值的程度。（具体地说，基尼系数就是平均差除以平均收入的 2 倍，即相对平均差的 1/2。举个例子，如果只有两个人，一个人拥有一切，而另一个人什么都没有，那么这两个人之间的差就是平均数的 2 倍，也就是说基尼系数是 1，而如果这两个人的收入一样，则他们之间的差是 0，基尼系数就是 0。）

从二战结束直到 20 世纪 70 年代中期，美国的基尼系数一直较为稳定，但此后开始上行。对于收入最高的那 10% 的人口而言，这个现象也同样存在，而且税前税后皆是如此。在低收入者收入没有变化的前提下，平均收入却在增长，这只能说明穷人和非穷人之间的收入差距在拉大。这样的说法是正确的，但是无助于我们弄清楚到底发生了什么以及为何会出现这样的结果。实际上，我们首先需要做的是对全部收入进行考察，弄明白它们为何增长以及是什么促进了它们的增长。其中存在很多问题，不是一两项统计数据就可以说清楚的。美国人的收入如同一条宽广的河流，如果我们只知道平均的水流速度，就无法弄明白那些旋涡或者平静的水面下到底在发生着什么。

图 5-3 显示了不同收入阶层的平均收入变化情况。这些数据来自美国人口普查局。每年，美国人口普查局都会就前一年的收入情况展开家庭调查，最新的一次调查是在 2011 年 3 月进行的，收集到了 87 000 个家庭在 2010 年的收入信息。该图显示了所有 6 档不同收入水平的家庭的平均收入（按 2010 年价格水平调整，并以对数标尺标示）情况，最上面的一条线表示收入顶端那 5% 的家庭的平均收入。1966 年，顶尖收入家庭的平均收入是后 20% 的家庭平均收入的 11 倍。到了 2010 年，这个差距扩大到了 21 倍。这些都是税前与受到补贴之前的数据，并且不包含医疗保障等政府提供的各类津贴。这种计算方式的影响还是很大的，后面我们会谈到这一点。与图 5-3 不同，图 5-1 的收入数据中包含了这类津贴，这也是为什么从图 5-1 看，我们生活的改善情况似乎比图 5-3 所显示的要好。

图 5-3 美国家庭收入的分配

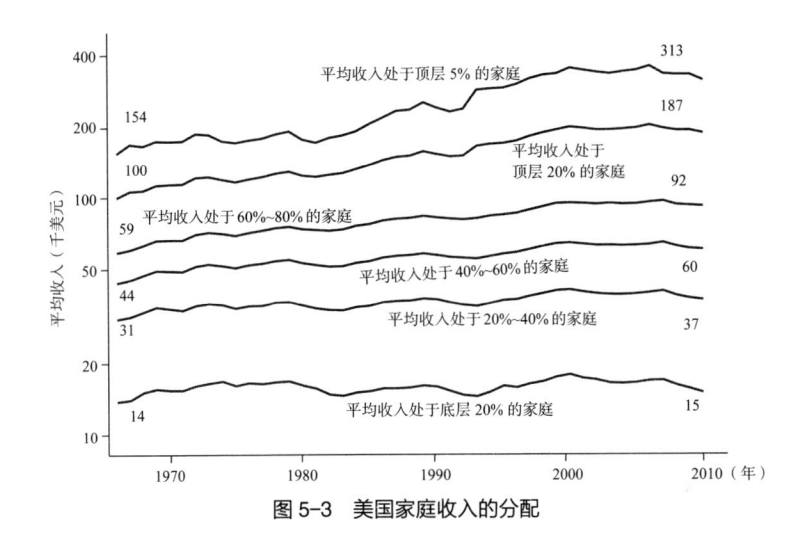

这张图显示出了自 20 世纪 60 年代以来美国家庭收入分配情况的一个重要特征：20 世纪 60 年代至 70 年代中后期，所有类型的家庭收入都在增长，但此后的收入增长开始出现差异。通过之前关于贫困人口的讨论我们已经知道，处在底层 20% 的家庭收入增长非常少。在过去的 44 年中，它们的平均收入年增长率不到 0.2%。即便在这次经济衰退之前，它们的真实收入也没有比 70 年代的水平高。而那些处在收入顶端 20% 的家庭，它们的平均收入却以年均 1.6% 的速度在增长。但这个速度还是比不上收入最高的那 5% 的家庭——收入年增速达到了 2.1%。当然，如果考虑到那些难以测算的质量改进所引起的生活变化，则底层那 20% 的家庭的收入增长实际上要比这里显示的情况好。但即便如此，也改变不了收入顶层家庭和底层家庭在收入增速上的明显不平等。

下面我们就会看到，这张图存在两个缺陷：首先是它的时间跨度不足；此外，调查样本量太小，最富有的那部分人，例如盖茨和巴菲特就未被包含在内。在后面我会重点说一下这些缺陷，但还是想先把重点放在这过去的 40 年间那些一年也挣不了几万美元的广大民众身上。

劳动力市场的不平等

考察收入问题，劳动力市场是一个很好的起点，毕竟多数家庭的收入是靠工作得来的，因此工作和薪水在家庭收入中扮演了至关重要的角色。但是劳动力市场又并非家庭收入的唯一来源。很多人，比如家庭主妇、退休人员、儿童、失业者或者残疾人，都没有工作收入，他们的生存或是依靠家庭其他成员，或是依靠养老金以及政府补助。有些人以经营企业来生存生活，他们的收入一部分是劳动所得，一部分则来自对企业的资本投入所产生的回报。还有一些人，他们的生存主要依靠自己或者家族累积的财富所产生的资本收益、分红或者利息。

很多家庭有不止一名工作赚钱的成员，所以家庭的人员结构也影响了个人收入转化为家庭收入的方式。这就是收入分配的人口特性效应。有的家庭是男性在外工作而女性在家操持家务，他们的收入特点与那些拥有顶级收入的权势夫妻相比大不相同，这类人口特性的差异一直是不平等日益增长的组成部分。政府的政策也影响深远。联邦政府和地方政府可以决定所得税的比重，制定社保、医疗等方面的规章制度，同时也会推行多种针对企业和劳动力市场的制度与监管举措。政治要解决的是收入分配之间的冲突，政府则是选民、利益集团以及维护代理人利益的说客们的必争之地。工会、老年人、移民，甚至囚犯群体的规模和力量大小，都会对收入分配的变化产生影响。而这一切的背景是，科技、国际移民、贸易以及社会规范都在不断变化发展。

收入分配绝不能仅仅依靠某一种机制。比如，单纯的劳动力市场供需或者基尼系数这样的衡量指标都不能有效地解释收入分配。实际上，收入分配是多种因素共同作用的结果，比如市场、政治、人口特性，包括历史也在起作用。

首届诺贝尔经济学奖得主之一扬·丁伯根就认为，收入分配的演变不能从过去的经验中发现，也不取决于劳动力与资本的斗争，而是技术发展与教育之间的一场竞赛。[12]哈佛大学的劳伦斯·卡茨与克劳迪娅·戈尔丁曾使用这一论断来描绘美国劳动力市场近来的发展情况。[13]技术在工作中的运用要求劳动者必须具备相应的技能、接受相应的训练或者至少需要对这种技术进行适应，而要达到这些要求，就需要提高普通教育的质量。如果劳动者的受教育程度落后于市场需求，教育的价格就会上升，而那些受教育水平更高的工人，其收入也会领先于其他工人，于是收入的不平等就会扩大。相反，有些时候，比如当越战导致不想服兵役的年轻人纷纷涌入大学时，受教育的需求就会跑到技术需求的前面，于是，技能的供给就增加了，技能的价格就会出现下降，这时候人们之间的收入差距就会缩小。

在20世纪初期，人们主要的受教育水平差别不过是高中毕业与否；而如今，人们受教育的平均水平已然大幅提高，现在的差别是看有无大学学历。生产技术的发展也使得高技能人才更受青睐，这种趋势被称为技能型技术进步。以前，技术的升级不过是从农场作业变成流水线作业，如今，技能升级看的是你有没有写代码的能力，有没有执行创新任务的能力。受教育水平更高的劳动者会更善于利用新技术，而在新技术的适应、改进以及调整等方面，他们也有更强大的能力。

过去一个世纪的大部分时间中，美国人的受教育水平一直都在提高，因此，劳动力市场的技能供给也一直在增加。如果其他方面没有变动，这种持续的教育发展早就应该降低了教育的价值，并且会使大学生与非大学生之间的工资差距缩小。但是，真实的情况是他们之间的收入差距不但没有缩小，反而扩大了，20世纪70年代后期以来更是如此。当技能供应增加的时候技能价格还在上升，这只能说明社会对技能的需求度上升更快。经济学家认为，这种上升主要是因为新型信息技术的发展对技能提升提出了持续不断的需求。他们相信，在过去30年中出现的技能型技术进步升级，是加剧收入不平等的最主要引擎。不断更新的技术变革，使得年轻人相信上大学的回报会越来高，而平均受教育水平的提高则说明人们已经对这种趋势做出了行动上的反应。

电脑、互联网以及信息产业等方面的快速变革，使得市场更需要能利用信息制定决策和从事商业活动的相关人才，但至少从20世纪70年代起，教育的发展就无法跟上这种市场需求。不过需要注意的是，这种趋势不可能永久保持。一旦教育系统变得足够灵活，能够在技能培训方面实现与需求同步，那么这种不平等的增长就将终结。[14]

生产方式的变化，从来不是某种从天而降的科学突破所引发的，也不是某个孤独天才的灵光一现，它通常是对经济环境或者社会环境所做出的一种反应。有些时候，基础科学已经提供出研究成果，而其前景也清晰可见，但是如果企业家或者工程人员无法找到相应的商业模式与赢利机会，那么它们就只能被束之高阁。经济学家达龙·阿西莫格鲁就曾指出所谓定向技术变化的重要性，他强调说，只有具备充足的技能熟练劳动者，很多新技术、新方法才可能得到采用和发展。[15]他认为，不能说是越战所引发的技能提升催生了电脑的发明，而是早期技术变革所引发的技能溢价激发了更多人去接受大学教育，而大量具备高学历的劳动者的出现，则加快了技术进步的速度，并进一步抬高了技能溢价。这一循环往复的过程，只有在信息技术领域所有的革新都完成之后才会停止。但是，创新的焦点又会很快转移到其他的领域。就像以前我们的创新点从铁路转向汽车，又从汽车转向电子产品那样。不断扩大的收入不平等不过是这一种创新机制的副产品，并在技能的供给方面扮演了重要角色。所以说，虽然不平等本身是非常不好的，但它又作为一个系统的组成部分提高了我们的整体生活水平。

我们可以以家庭激励为例来理解不平等现象。在家庭生活中，当父母对乱糟糟的房间终于忍无可忍时，就会采取将子女的零用钱数量与房间整洁度挂钩的激励方法。这样的办法一般都会奏效，结果是房间的确更干净舒服了，父母因此更舒心，孩子们也享受到房间井然有序所带来的益处。但是，这也会产生一些风险。如果一个孩子比其他孩子更容易得到物质奖励，或者有的孩子就是天生比其他孩子更爱干净，那么最初大家零用钱一样的情况就可能被打破，并变得不平等。在一个理想的家庭中，所有的孩子都会保持房间的整洁，并得到同样多的零用钱。但是在真实的环境中，差异化的激励制度会造成零用钱数量上的不平等。有些父母或许不认为这是个问题，毕竟每个孩子都享受平等的机会，所以应该对自己的行为后果负责。但是有的父母可能对此敏感，他们知道每个孩子在整理房间、保持清洁度方面的天生能力并不相同，每个人也都会犯错，因此就可能认同某些孩子的看法，认为这种新的不平等其实并非公平，机会平等并不能保证结果总是完全公正。

如果这种家庭激励模式持续的时间足够长，同时孩子们又会将自己得到的零用钱进行储蓄，那么，不平等就会进一步加大。即使所有的孩子都存入比例相同的零用钱，但因为各自零用钱的数量有别，有的孩子就会比其他孩子存得更多，逐渐地，他也会变得比其他孩子更为富有。储蓄扩大了因零用钱差异而产生的不平等，导致了财富的不平等，而这种新的不平等，会让最初的零用钱差别变得不值一提。真实的经济生活也是如此，财富的不平等会让收入差异看起来微不足道。如果那些天生就善于保持清洁的孩子，同时也天生善于积累财富，那么，不平等扩大的速度就会更快。在真实的社会中情况也类似，如果那些着眼于长远且善于自我管理的人同时也善于学习且倾向于将知识收益进行积累，那么整个社会的贫富差距扩大速度也会因此更快。所以，无论是家庭还是整个国家，在激励与不平等之间，总是存在着深深的矛盾。

新技术的发明和进步是否真的让每个人都生活得更好了？对此持肯定看法的人，大概认为更好的生产方式意味着有更多的产出可用于潜在分配，所以即便技术溢价增加了，那些没有掌握技术的人也不应该因此而收入降低。图 5-3 便显示，收入处在底层 20% 的人群，其家庭收入并未出现下降，然而，这张图并未反映出个人最低工资在下降的现实。家庭收入一直在增长，是因为有更多的女性进入了劳动力市场，每个家庭能赚钱的人数实际在增加。那么，到底是什么引起了个人工资的下降？

全球化被认为是个人工资收入下降的一大原因。很多商品原本是交给美国本土的低技能劳动力来生产的，然而现在却被逐步转移到了贫穷国家，许多公司甚至都已经将后勤服务工作（诸如索赔处理）和客户服务中心转移到了海外。移民和非法移民也经常被认为是低技能劳动者收入下降的原因，然而这样的罪名却充满争议。不少可信的研究已经指出，移民对这部分人收入的影响其实很小。医疗服务成本上涨也是大部分劳动者收入没有提高的重要原因。大部分劳动者的健康医疗保险支出是其总体收入支出的一部分，因此，正如很多研究所证明的，劳动者总体收入增加的那一部分最终并没有变成工资，而是转移到医疗支出上了。[16] 实际上，医疗保障支出增加得越快，劳动者的平均工资增长就会越慢，反之，如果医疗支出增加得较慢，则工资增长就会相对较快。[17] 1960 年，医疗支出占美国国内生产总值的比重仅为 5%，到了 20 世纪 70 年代中期，这一比重增加到了 8%，而到 2009 年，这一比重则大幅增加至近 18%。

低技能工作者的收入也因为他们具体技能的差异而不尽相同。收入状况最差的要数工厂里的打字员等，他们的工作要么已经被电脑取代，要么都外包给了更贫困国家的工人，因为那里的人工成本更低。不过，在收入处于底层的许多行业中，也有一些工作所提供的收入和吸纳的就业人数出现了提高或增加。零售餐饮服务以及医疗服务就属于这一类型，这些工作需要人际交往而无须高水平的认知技能，并且难以被电脑取代。依据传统，女性是这类工作的主力军，但这又的确进一步增加了男性的就业压力。那些在其他领域表现出色的富裕阶层也需要得到服务，其需求从餐厅服务员、托儿所保育员、家庭保姆、月嫂、遛狗工、清洁工、购物助手到私人厨师、私人司机、私人飞机机长等，多种多样。在古代欧洲的贵族制度下，大庄园主通常都雇有大量的随从侍者，从某种角度看，如今富人阶层所引发的服务需求便与此类似，只不过如今的"唐顿庄园"不是在英国而是在美国的汉普顿或者棕榈滩这样的新贵城镇。[18] 因为有如此庞大的服务群体收入仍然处在分配底层，收入顶层人群和底层人群无论在收入还是工种上都越来越分化，而中间阶层则越来越空心化。[19]

政治与不平等

政治对低收入劳动者的工资也有影响。美国国会负责设定全国最低工资水平，在2013年，这一数字为时薪7.25美元或年薪14 500美元（一年按2 000小时计）。部分州有自己的最低工资水平线，其中18个州的最低工资水平高于联邦政府设定的标准。不过一个最大的问题是，联邦政府的最低收入标准并不是根据通胀与市场工资水平的增长而自动调整的，所以，尽管国会不时上调最低工资水平，劳动者实际的工资收入值还是一直呈下降趋势，尤其是当劳动者的真实工资收入增长时，最低工资与平均收入之比下降得更快。

每次国家对最低工资标准进行调整都会引发争议，雇员和雇主各有其政治代表，也会因此陷入争吵。这样的情况导致最低工资标准经常多年得不到改变。1981年1月1日，劳动者的最低工资标准就已经是时薪3.35美元，但直到1990年4月1日，这一数字都没有变化。1997年9月1日至2007年7月24日的近10年间，美国最低工资标准一直维持在时薪5.15美元。如今（2013年）的7.25美元最低工资标准是从2009年7月24日开始实行的。最低工资标准的调整经常无法赶上通胀的速度。1975年的最低工资标准为时薪2.1美元，其购买力要比如今的最低工资高出 1/3。也就是说，在 1975 年，工资收入最低者一年可以赚到 4 200 美元，正好达到一个美国三口之家的官方贫困线；而在 2010 年，最低工资收入者一年可赚得 14 500 美元，但这已经低于 17 374 美元的官方贫困线。最低工资标准长年被压低以及仅仅偶尔得到不完全修正这一现实，也反映出低收入群体在政治上的影响力逐步下滑。

最低工资标准的作用在政客和经济学家间一直饱受争议。过于简单化的所谓标准理论称，如果政府设置的最低工资水平高于劳动者的自由市场价值，雇主就会选择裁掉部分工资因此上涨的员工，因为这些人的贡献如今已经不及其所占用的成本。但普林斯顿大学经济学家戴维·卡德与艾伦·克鲁格在 20 世纪 90 年代做的实证研究显示，这样的情况其实并不存在，至少最低工资小幅增长不会导致这样的情况。[20] 这样的"异端邪说"遭到了激烈的批评，不仅仅是那些利益直接受影响的人对此予以责难，就连很多经济学家也恼羞成怒。1986 年诺贝尔经济学奖得主詹姆斯·布坎南就在《华尔街日报》上撰文称，这些与标准理论相悖的证据如果得到支持，就证明了"经济学里连起码的科学内容都没有"，"经济学家除了写些迎合意识形态偏好的文章，乏善可陈"。在结尾，他恭喜多数经济学家"尚未堕落成一群随营的娼妓"。[21]

的确，经济学中没有哪项实证证据是不容置疑的，但是，当存在政治利益冲突的时候，意识形态偏见以及对科学信用的自我标榜却更为普遍。这在关于最低工资标准的争论中暴露无遗，而且绝不仅限于争论双方的某一方。即便如此，普林斯顿大学两位学者的实证研究中有一部分也是绝对毫无争议的：对于所有的就业人员而言，最低收入的降低会导致不平等的加剧，因为它使得一些本不应该存在的低收入值出现了。这种效应对于那些收入相对较高的群体或者职业而言影响不大，但是对于低收入地区、低收入职业，或者妇女以及非裔美国人这样的相对低收入群体而言，影响深远。[22]

如果真实最低工资自20世纪70年代以来的不断下降是导致低收入劳动者真实收入总体下降的原因之一，那为什么相关部门或人士没有通过政治手段去解决？对于这个问题，工会组织尤其是私人部门工会组织的衰落是原因之一。1973年，24%的私人部门劳动者都是工会成员，但到了2012年，这一数字降低到6.6%。尽管20世纪70年代，公共部门劳动者加入工会的比例有所增长，但这种增长趋势到1979年就停止了。如今，工会的成员主要来自公共部门。而其他一些没有政治投票权的群体的出现加速了工会政治影响力的衰退。非法移民显然没有投票权，而那些合法进入但仍未成为美国公民的移民也同样没有投票权。1972—2002年，非美国公民占投票人口的比例上升了4倍，与此同时，相对于总体人口，这些非美国公民也变得更为穷困。移民政策的变化使得合法移民的主流从相对富有的群体转变为相对贫困的群体，随着工会政治权力的衰退，他们发出的政治声音也越发难以为人所知。

另外一个重要的美国公民群体也同样被剥夺了投票权。在美国，只有佛蒙特州和缅因州允许重犯在监狱投票，但是剥夺重犯投票权终身的州却有10个，即便是这些重犯服刑完毕出狱，投票权也无法恢复。1998年，人权观察集团估计有2%的美国投票适龄人口在当时或永久丧失了投票权，其中1/3为非裔美国男性，也就是说，有13%的美国非裔男性没有投票权。在亚拉巴马州，超过30%的非裔美国男性丧失了投票权，在密西西比州也大致如此。即使在相对自由的州，比如不会剥夺犯人权利终身的新泽西州，也有18%的黑人男性没有投票权。如此多的人没有投票权，在任何情况下都不能参与投票，这使得他们远离了政治生活，基本上不可能成为有效的政治力量，如此一来，政客们也就完全没有理由去关心他们的诉求。

退休人员的退休金与他们的工作年限、储蓄水平、雇主对退休金的支付比例以及社会保障体系等密切相关，这部分人不会立即感受到劳动力市场的变化。不过，这部分资金是政客们和各种政治权力角逐的另外一个战场。老年人虽然并非特别富有，但是人数众多（随着"婴儿潮"一代步入老龄，老年人口在持续增长），他们会积极参与政治投票，而他们的游说组织"美国退休人员协会"则是华盛顿最有权势（也最令人恐惧）的政治团体。

最低工资标准与社会保障情况的鲜明对比，显示出工会力量的减弱以及老年人影响力的上升。此外，老年群体还从美国政府为其提供的医疗保障项目——国家老年人医疗保险制度中获得了巨大的好处。如果将这一医疗保险制度上的支出也算作受益者收入的一部分，那么老年人的真实受益程度要比其单纯现金收入所显示的多得多。尽管其他的政治游说团体，比如为医疗保障提供商、保险公司以及医药公司利益代言的说客们都在各展其能，但是老年人强大的影响力还是在发挥重大作用，足以维护其目前的各种既得利益。

税收是政治中必不可少的部分。累进所得税制使得富人虽然也有税收抵免，但交的税总要比穷人多，通过这样的设计，不同收入阶层的税后收入分配自然看起来比税前的要公平了许多。不过，累进制受到了持续的批评和质疑，比如大家一直在讨论，资本利得和股息收益是否也应该算作其他收入。此外，左派认为需要进行收入再分配来实现公平，而右派则认为每个人只要按其收入比例纳税就万事大吉了。

大约有一半的美国家庭无须支付联邦所得税，不过，20世纪70年代之后，税收在调节贫富差距上的作用其实并不大，因为贫富差距主要是由税前收入差距拉大所导致的。80年代，政府推行利于富裕群体的减税政策，一定程度上导致了贫富差距的扩大。但在90年代，政府对顶层收入群体增税，同时加大了对劳动收入所得税的减免力度，使得底层收入群体真正受益。不过，2000年以后，减税的政策再一次让高收入人群获利。美国国会预算办公室估计称，1979—2007年间，美国的收入不平等（基于基尼系数测算，但做了微小的测算方式调整）比例在税前增加了25%，而在税后（将老年人医疗保障计划计算在内）增加了30%。税前税后有如此大的差异，部分原因就在于在整个时间段内累进税制的执行效果不足。此外，用于收入分配调节的转移支付也存在问题，老年群体因影响力强大而获得了更多的转移支付，而政治影响力微弱的贫困人群却未能从这方面获得多少好处。[23]

收入与家庭

上班族会把工资拿回家供全家使用，也有一部分人将收入完全用于个人开支，还有一些家庭则完全没有工资收入，包括那些依靠私人资助或者政府养老金的退休人员。除去劳动力市场上的收入情况，家庭如何构成、如何运行以及谁在赚钱养家等进一步促成了美国家庭收入分配的现状。而某些发展趋势，比如女性工资相对于男性工资的增长、1985年以前黑人工资相对于白人工资的增长等，的确抵消了部分劳动力市场上工资差距的扩大。如果我们观察全体人口的工资收入，即不管他们是否就业，也不管种族、性别，则可以发现，相对于就业人口工资收入差距的扩大而言，全体人口的工资收入差距扩大要慢得多。就业人口之间的工资收入差距在扩大，然而，由于很多之前不工作也不赚钱的人口，特别是已婚妇女进入了劳动力市场，这种差距的影响也被部分抵消了。像全职白人男性这样的群体，其内部的工资收入差距在变大，然而随着女性工资收入相对男性收入的增长，以及非裔美国人工资收入相对白人工资收入的增长，不同群体之间的工资收入差距出现了一定程度的缩小。

相对于工资收入，其他方面的改变实际上对家庭收入的分化影响更大。如今，高学历的男性更倾向于寻找一个高学历的女性作为伴侣。尽管这种趋势已经出现了很长时间，但是在50年前，高学历男性的妻子极少会和低收入男性的妻子一样频繁外出工作。这些女性尽管拥有高学历，却多数会遵循当时的社会传统，主要做她们事业成功的丈夫的贤内助。今天，在婚配上，夫妻双方仍然在学历水平上追求门当户对，不过，以前或许仅仅是丈夫拥有高收入，而如今妻子自己也可能是高收入者。"权势夫妻"指的就是那些夫妻两人都有顶级收入的家庭，这样的家庭使得家庭收入的顶级水平大大超出了个人工资收入的顶级水平。要反证这个结论，一种办法就是将所有被调查的夫妻全部拆散（仅为统计意义上），然后随意重新搭配，组成新的夫妻，再计算家庭收入的分配状况。这样做当然不能消除家庭收入中存在的不平等，但是我们可以看到，重新组合之后，家庭收入不平等的程度大大降低了。

权势夫妻组合使得顶级家庭的富裕程度大大提高，无所依傍的情况则让底层人口的贫困程度有所加深，其中尤以单身母亲家庭为甚。单身母亲家庭的数量在近年来大大增加，并且已经超过了普通夫妻家庭的增长数量，与正常家庭相比，单身母亲家庭更容易陷入贫困。

对于绝大多数美国家庭而言，劳动力市场的变化是对家庭收入影响最大的因素，也是对收入差距影响最大的因素；除此之外，家庭组成的变化也扩大了家庭之间的收入差距；而有权势的政治团体不断对政策制定者施压，也促进了家庭收入差距的扩大化。在劳动力市场上，技术与教育之间的相互作用是最为重要的因素，全球化和最低工资标准的影响虽然较小但也极为重要。医疗保障支出的快速增长拖累了工资的增长速度。教育激励机制得到重视，忽视教育激励会受到相应的惩罚，那些放弃学校教育的个体，以及因为缺少能力与背景而没有受教育机会的人群都会受到伤害。如同在家庭中将房间的整洁程度与零用钱数量挂钩一般，激励机制导致了差距的进一步扩大。劳动力市场的不平等使得劳动力市场的顶端和底端都有更多的就业机会被创造出来，然而中间阶层却出现了空心化现象。工会参与人数下降，政治影响力衰落，劳动力中无投票权且生活贫苦的移民数量上升，非裔美国人无投票权或被剥夺投票权,这些因素共同导致了贫困人口在政治影响力的竞赛中完全败下阵来。老年人在人数、选票影响力以及政治游说等方面的势力不断扩张,使得这一并不贫困的群体获得了更多的资源分配。不过,无论是在经济上还是政治上,最成功的那部分人仍然是收入处在顶层的群体,而这个群体正是我在下面要详细考察的。

美国的顶层收入群体

巴黎经济学院的托马斯·皮凯蒂和加州大学伯克利分校的伊曼纽尔·塞思两位经济学家在 2003 年的调查改变了收入不平等的研究方式。[24] 在此之前,人们都知道对于了解高收入群体,家庭收入调查意义不大,因为这样的人很少会经常性地出现在国家范围的大调查中,即便偶尔出现,也很可能不会对调查问卷做出回答。托马斯·皮凯蒂和伊曼纽尔·塞思采用了一种新的调查方法:通过所得税记录来研究收入不平等现象。这种方法最早由诺贝尔经济学奖得主西蒙·库兹涅茨在 1953 年使用。[25] 和所有人一样,富人也毫无例外地需要进行纳税申报,如此一来,他们的收入情况自然就可以从所得税数据中一览无余。托马斯·皮凯蒂和伊曼纽尔·塞思得出的结果改变了人们思考收入不平等问题的方式,尤其是改变了人们对收入分配顶层人群的理解。后续的研究则考察了全世界其他一些国家的数据作为参照,这样,我们就可以对美国之外的情况也有所了解。

在这一章中,我之所以要拖到现在才谈这方面的问题,是因为想给它以特别的关注,同时也是因为它本身对于我们理解劳动力市场、资本市场以及政治上的变化极其重要。我也相信,仅仅考虑到这一群体所占有的财富数量如此之大,这方面的问题也值得予以特别重视。

图 5-4 是皮凯蒂和塞思论文中一张关键图的升级版。[26] 图中的数据是从美国开征所得税的年份即 1913 年开始,到 2011 年大衰退时结

束。其中包括两次世界大战以及大萧条时期的数据，前者以浅色阴影标明，后者则以深色阴影标明。图中三条线分别表示收入处于前 1%、前 0.5% 以及前 0.1% 的纳税单位的收入占个人收入总额的百分比。图右边的美元数字表示每个群体在 2011 年时的平均收入水平：收入位于前 1% 的纳税单位，其平均收入为 110 万美元；收入处在前 0.5% 的纳税单位，其平均收入为 170 万美元；收入处在前 0.1% 的纳税单位，其平均收入为 500 万美元；收入位于前 0.01% 的纳税单位（图中未显示），其平均收入为 2 400 万美元，占该年美国总收入的 4.5%。如果将数字放宽，则收入处在前 10% 的纳税单位，其平均收入为 25.5 万美元，这一群体在 2011 的总收入约占当年美国总体收入的 47%。（一个纳税单位不等同于一个家庭，以税收目的计算的收入也和为其他目的计算的收入不同，但是它们之间大部分是重叠的，因此总体的结论并无误导。）

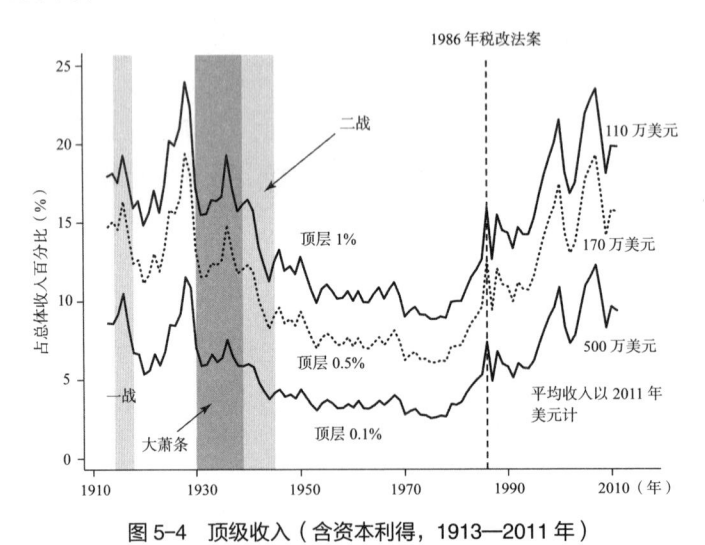

图 5-4 顶级收入（含资本利得，1913—2011 年）

从图中可以看出，在过去一个世纪中，高收入者收入占国民总收入的比重呈现 U 字形走势。在两次世界大战期间，由于战争需要资金支持，税负多数落到了企业头上，导致富人所获得的股息出现了急剧下降，高收入者收入占全社会收入的比重也因此出现大幅下跌。此外，在大萧条时期，高收入者收入占总收入的比例也出现了急剧下滑。二战之后，这种下跌的趋势依然延续，但是跌势趋缓。到了20世纪70年代和80年代早期，情况出现了逆转。1986年，高收入者收入占总收入比重出现了急剧上扬，并在此后持续增长。到了2008年，最富有纳税人的收入占总收入的比重再次达到了一战前的水平。1986年，美国进行了一次重大税制改革，对课税收入标准做了重新定义，这导致当年高收入者收入占总收入的比重变化剧烈。

不但高收入者收入占总收入的比重在变化，获得高收入的人群也有变化。在早期，高收入主要来自资本所得，因此最富有的那群人的收入主要来自股息和利息，正因如此，他们被皮凯蒂和塞思称作"靠剪息票为生的富人"。不过，在过去的一个世纪中，由于累进制收入所得税和房产税不断增加，人们以此获得的财富逐步减少，以前那些依靠自己或祖先的财产而生活的人逐步跌出最高收入的群体，而那些以薪酬作为收入的人，诸如大公司的CEO（首席执行官）、华尔街的银行家、对冲基金经理等，依靠年薪、奖金以及股票期权等收入，成了新晋的高收入人群。企业家的经营所得在100年前是高收入的重要来源，如今仍然如此，其在高收入者收入中所占的比重一直相对稳定。与那些靠剪息票为生的富人或者说是"有闲的富人"被"富忙族"替代的重大变化相比，这种收入来源的稳定性是一个鲜明的对照。对光芒耀眼的收入处于前0.1%的群体来说，资本收益仍然是他们最主要的收入来源之一，但是，工资如今已经是比重最高的收入来源。收入处在前10%的群体，有近3/4的收入来自工资，而收入处在前0.1%的人，其工资所占比重为43%。而在1916年，这类精英阶层的收入中只有10%来自工资。股息和利息收益仍然占总体收入很大的比重，不过，由于现在很多股票为养老基金所持有，因此它们的分配更为广泛。

在过去 30 年间，大多数人的物质生活水平与最高收入群体的物质生活水平之间出现了极为鲜明的差距。自 1980 年以来，收入处在后 90% 的人群，其扣除通胀之后的税前收入年均增长率低于 0.1%，在 28 年间的总增长率只有 1.9%。这使得每一代新人几乎只能维持与其父辈相近的生活水平。如果以税后标准看，并且算上每个人所占的养老保险支出份额，那么这后 90% 人群的生活水平改善情况会更好一些。国会预算办公室的报告指出，1979—2007 年间，收入处在后 80% 的家庭，其税后收入增长了约 1/4，年均增长不到 1%。[27] 老年人医疗保险制度是一个非常有意义的项目，但是这项制度的好处多数都为老年人所享有，对一般人来说，这些钱并不能用来支付房租或者购买生存必需的食物。

与之形成强烈对比的是，收入处在前 1% 的纳税人，其税前收入增长了 2.35 倍；如果在 1980 年和 2011 年，某个纳税人的收入均处在这前 1% 的范围之中，那么其收入增长是显而易见的。收入处在顶层 0.01% 以内的群体，其收入增长则超过了 4 倍。值得注意的是，这些数字都是税前的，若是看税后收入，则从 2001 年起，政府对高收入人群实施减税政策之后，高收入者的财富增长速度还要更快。大众与少数富人之间这种财富增长速度的鲜明对比，可以很好地解释本章图 5-1 和图 5-2 之间的矛盾——在经济增长取得如此丰硕成果的同时，消除贫困的工作为何会如此失败？此外，这些鲜明的对比同时显示出，生活条件没有出现大幅改善的群体并非只有穷人。

根源何在，为何亟须解决？

富人变得更富，是以牺牲其他人的利益为代价，还是因为富人像那些高学历、高智商的人一样，通过普惠大众的新型生产方式创造出了更多财富？如今的世界，人人都在努力奋斗，但一些人就是比别人更为富有——那些对贫富分化的抱怨是正当的，还是仅仅出于嫉妒？我们为什么要如此关注不平等？如果人人享有平等机会，付出更多便得到更多，那为何这样的事还需操心？而如果人们不能享有均等的机会，那么我们应该担心的就不是结果的平等，而是机会的平等了。

我们常常被告知机会平等的重要性，并且被劝诫不要否定那些通过辛勤劳动而获得成功的人。不过与其他富裕国家相比，尽管人们普遍相信美国梦就是人人可以成功，但实际上，美国人所获得的机会并非特别均等。衡量机会是否均等，上下两代人之间收入的关联度是一个常用指标。在一个完全流动的社会，人人享有均等机会，你的收入和你父亲收入的高低不会有任何关系。而在一个阶级世袭的社会，工作岗位也是一代一代继承的，则父亲和儿子之间的收入关联就是100%。在美国，这种收入的关联程度大概为50%。这样的关联度在经济合作与发展组织国家中是最高的，在世界范围内，只有中国以及一些拉美国家的这种收入关联度高于美国。事实证明，只有在收入极为不平等的国家，父子两代的收入高低才密切关联[28]，包括美国在内的这些收入不平等国家，其实也是机会极为不平等的国家。通常，机会平等而非收入平等才是我们最想追求的，但实际上这两者经常同向而行，收入不平等常常也伴随着机会不平等。

那么是否存在对富人的嫉妒问题？经济学家钟情于一个所谓的"帕累托标准"，按照这个标准，如果一部分人在变得富有的同时其他人的生活并没有变得更差，那么这个世界就是正在变得更好。所以，就不应该有嫉妒存在。有些人经常以这个法则来强调要关注贫困人口的问题，而不是去操心最富的人在做什么。用哈佛大学经济学家马丁·费尔德斯坦的话说："收入不平等并不是一个亟须解决的问题。"[29]帕累托标准常常被视作真理，但是我们将看到，它并不能说明日益扩大的贫富差距不是一个严重的问题。不过要证明这一点，我们首先需要更深入地了解近几年顶层收入者收入快速增长的原因及其导致的后果。

与其他人群相比，顶层收入群体的内部分化其实并无不同，甚至有过之而无不及。科技发展使得那些学历更高、创造力更强的人获得了新机遇，而那些最有学识、最具创造力的人虽不能全部发财致富，但至少他们中那些最幸运的人都赢得了巨额财富。其中就有微软的比尔·盖茨、苹果的史蒂夫·乔布斯，以及谷歌的拉里·佩奇和谢尔盖·布林。如今，娱乐巨星和伟大运动员的发展都不再受到地域限制，因此能得到全世界的关注，与此同时，他们的收入也随着受关注度的增加而增长。全球化使得那些成功的企业家可以同娱乐明星一样，在全球范围内开疆拓土，实现利润扩张。实际上，从整个世界来看，能够从自己的独特天赋中获益的人比以前大大增多了。

另一个颇有代表性的富人群体是银行高管以及对冲基金经理。他们接受了高等训练，并且利用受到的训练与自身创造性，生产出了很多新金融工具。不过，他们发明的这些新金融工具在产生大量利润的同时到底能创造多少社会价值？对此经济学家也无法达成一致。有时候我们很难不同意美联储前主席保罗·沃尔克的说法：ATM是最后一个真正有用处的金融创新。如果银行家和金融家的所作所为更多是出于个人目的而夸大了其社会动机，那么我们得到的银行和金融服务可能已经超出所需了。在这样的情况下，由他们所造成的贫富差距就绝不能说是无可非议的。

在贯穿经济始终的金融创新中，金融服务扮演着重要的角色。资金的有效配置是市场经济最有价值的任务之一，但是如今人们普遍质疑一些暴利的金融活动未能让整体人群受益，反而威胁到金融系统的稳定性——沃伦·巴菲特称这类产品为大规模杀伤性金融武器。如果真是如此，通过这些产品所获得的高薪酬就是不公平、不合理的。对于其他的经济领域而言，大量最优秀的头脑都集中到金融工程领域是一种极大的浪费，因为它使得其他领域的创新和增长潜能受到了抑制。政府隐性担保行为的危害则几乎成为一种共识：即便有金融崩溃的风险，即使成千上万的人可能丧失就业机会、收入下降或者陷入债务泥潭，政府也会对那些规模庞大且盘根错节的金融机构施以援手，这样的态度实际上是在鼓励过度的风险偏好。金融机构拿着自己或者客户的钱去逐利是一回事，政府用同样的方式来对待普通公众的钱，就是另外一回事了。如果这样的行为给社会造成了广泛的危害，那么政府的做法就绝对不能容忍。

薪酬大幅增长的群体绝不限于金融企业以及一小部分超级创新者，实际上，很多美国公司高管的收入也出现了大幅增长。有的人为这些高管辩护说，如今企业管理的性质已经发生改变，企业的规模更庞大了，而信息技术的进步使得高管们可以管控更多的人。但是很多人对这样的解释有所怀疑。首先，图5-4中所显示的财富增长变化实在太快了，技术进步不足以对此做出全部解释。其次，不少西方经济体尽管也采用了新的管理技术，也同样在全球范围内竞争，但是相比美国，其高管的薪酬增速非常缓慢，有的甚至就没有增长。有一种可能是，因为英语是全球通用的经济语言，所以英语国家的经理人在很多国家都会更受青睐，他们也就成为全球化最受益的群体之一。实际情况似乎也的确如此，英语国家经理人的收入增速远远超过其他地区经理人。

一项研究指出，石油公司的高管薪酬会随着油价走高而增长。这说明，高管们并不是因为做出了什么成绩，而经常是因为公司的营收增长了，报酬也跟着水涨船高。[30]当企业效益好的时候，高管们的薪酬就会增加，然而当企业效益下滑的时候，高管们的薪酬却没有相应减少。实际上，薪酬委员会的成员多是些有名无实的独立董事，他们经常会为高管们制定出天价的薪资。正如巴菲特等人所指出的，这些独立董事收入的很大一部分是由董事会所决定的，而且，这些独立董事也完全在CEO本人的操控之下。巴菲特同样提醒大家注意这些薪酬顾问所扮演的角色，他戏称这些人组成的是一个"薪酬高一点，再高一点，对了"的乐于助人型团体，其所起到的作用不过是让一家又一家公司采纳了巨额薪酬的政策而已。聘用这些乐于助人的独董，加之各个公司的 CEO 又经常在不同董事会交叉任职，最终使得整个金融行业以及其他企业都采纳了巨额薪酬的政策。与此相对应，关于激进累进税制的共识与二战之后的平等化进程都在 20 世纪末遭到了破坏，相对于 50 年前，高管高薪酬现象变得更为普遍了。

政府的行为也推动了高收入者收入的快速增长。政府对大型金融机构做出"太大而不能倒"的承诺，并且让这些机构攫取了巨额利润，这无疑是监管失败的表现。经济学家托马斯·菲利蓬和阿里尔·雷谢夫的研究指出，在 20 世纪 20 年代，金融部门的薪资收入非常高，但是由于大萧条之后的金融监管趋于严格，这些部门的收入出现了下降。然后再次上升，尤其是 1980 年以后。[31] 两位学者的研究显示，允许银行拥有多重分支、商业银行与投资银行的分业经营、利率上限的设置以及银行与保险的分业经营这四个方面的监管和去监管举措恰恰与收入的涨跌变化相关。而《格拉斯-斯蒂格尔法案》在 1932 年的施行以及 1999 年的取消，可谓是高薪资涨跌的两个重要分水岭。

国会批准或者废除法律的决定也并非全然不被左右。在国会之外，潜在的赢家和输家所进行的游说从来没有停止过，那些资金充沛的利益群体知道如何利用金钱来操控政治活动。政治学者雅各布·哈克和保罗·皮尔逊认为，政治游说在高收入者的收入增长中扮演了重要角色。[32] 他们发现，在华盛顿代表不同企业利益的注册说客，从 1971 年的 175 人增加到了 1982 年的 2 500 人。这一数量的增长主要归因于政府提出的"大社会计划"在商业监管方面的新政策。对于某些特定的利益群体而言，虽然那些事关市场运行、公司经营权限以及会计准则的法律条文看上去晦涩难懂，但它们的任何一点变化都可能会引起牵涉数额巨大的利益变动。《格拉斯-斯蒂格尔法案》的取消就是这样一个例子。无论在大衰退之前还是之后，这样的事例都有很多。一个极为引人注目的例子就是半公共性房地产抵押贷款金融公司房利美。负责运营这个公司的政客们长袖善舞，他们以雄厚资本展开游说，对政策制定施展政治影响。这个公司逃开了监管，政客们自己和该公司众高管大发其财，然而这也导致了其在2008年次贷危机中的灾难性风险。[33]

即便上述所说的只有部分正确，高收入者收入的快速增长也会因为金钱政治而自我强化。所有的政治规则都是基于富人的利益而非公众利益而定的，富人们利用这些规则又变得更为富有、更具政治影响力。经济合作与发展组织成员国中高收入者收入增长最为迅速的国家，恰恰是对高收入者减税最多的国家。[34]政治学者拉里·巴特尔斯和马丁·吉伦斯对国会的投票进行了深入研究，他们发现，国会两党都对富裕选民的意愿极为敏感，而对贫穷选民的诉求则反应迟钝。[35]

大量人才流入为社会所诟病的金融工程领域对整个经济都有害，同样，人才大量流入游说行业也对经济发展不利。人们早就认识到游说行业是"不直接产出收益的逐利活动"，在很多的发展中国家，它甚至是经济增长的一个严重障碍。印度在20世纪90年代以前实行的许可证制度就是一个典型的例子。高额的薪酬和相对低廉的成本，使得大量人才脱离了经济增长所倚仗的生产与创新行业而转投游说行业。[36]政府的支出以及不断攀升的选举成本仍是一个被频繁议论的话题，但如今总统选举的支出已经比不过汽车厂商一年的广告预算。相对于潜在的收益，政治上的金钱投入简直不值一提。

有一次，我坐飞机从德里前往拉贾斯坦邦的斋普尔，身旁坐了一位制造商（我一直没搞清他是生产什么的，只知道那是一种享受进口保护的产品）。这位老板向我详尽描述了政府监管者的种种作恶行为，并告诉我他在申请许可证、获取监管宽容以及获得有利解释规则上耗费了大量时间，这趟旅行也是为了这类事情。他对这些监管者的厌恶蔑视情绪简直如洪水倾泻。在五星级的斋普尔皇宫酒店请我吃了一顿丰盛的早餐后，他告别我前去会见那些他所鄙视的官僚，一边起身还一边小声对我说："啊哈，迪顿教授，一切都是为了利润，利润啊！"我估计除了他之外，那位得益于《格拉斯-斯蒂格尔法案》撤销才创建花旗集团的桑迪·韦尔也会说出同样的话吧。

尽管政治学者和经济学家对于金钱与政治是如何互为因果这个问题都开始表现出强烈兴趣，这个问题还是未得到很好的解释。我们现在所困扰的是无法对各种因素的影响大小做出很好的分析。高收入中哪些部分是来自游说或者其他的政治活动，哪些是因为高收入群体本身的能力？有多少政治活动是这一利益群体针对其他群体而开展的，比如工会这种也在华盛顿拥有说客的利益群体？这些影响是如何随着时间推移而逐渐变得更有力量的？这些问题的答案非常关键，因为它们将决定我们是否应该担心高收入者收入的增长，以及说明为什么关注富人变得更富绝不仅仅是出于嫉妒。

如果民主政治变成了富豪统治，那就意味着非富有人群的权利实际上遭到了剥夺。大法官路易斯·布兰戴斯曾经有一个著名的论断，他认为美国要么就是民主政治，要么就是财富集中于少数人的手中，这两者不可能兼得。实现民主政治的前提是政治平等，而政治平等总是处于经济不平等的威胁之下。经济越不平等，民主政治所受到的威胁也就越大。[37]如果民主遭到损害，人们的福利就会遭受直接的损失。因为人总是会理性地判断自己参与政治生活的能力，一旦这种能力受损，其他方面的利益也有受到损失的危险。最富有的人对国家提供的教育以及医疗并无多少需求，因此他们会竭力支持减少老年人医疗保险基金，并与任何增税的行为做斗争。他们不会支持人人享有医疗保障，也不会为公立学校的教育质量忧心。他们会反对任何针对银行追逐利润的限制性监管，而绝不会考虑这样的监管会帮助那些还不起贷款的人，能保护公众远离掠夺性贷款和欺诈广告以及预防金融危机的重演。[38]对极端不平等后果的担忧绝非出于对富人的嫉妒，而只是害怕高收入者收入的快速增长会对其他人的福利造成损害。

帕累托标准并无过错,只要一些人的财富增长不会给另外一些人带来伤害,我们就不应该盯着这些人的财富。现在的错误在于,许多人仅仅将这个标准用于衡量金钱多少,而金钱只是人类幸福的一个方面,人类幸福还包括其他一些内容。比如,拥有参与民主政治的权利,有受到良好教育的权利,拥有健康,不能变成他人发财致富的牺牲品,等等。高收入者的收入增长即便没有影响其他人群的收入,但只要损害了其他方面的福利,那么帕累托标准就不能成为为高收入者辩护的说辞。金钱和幸福绝不等同!

如果我们只将目光聚焦于收入问题,而不考虑收入不平等在其他方面所造成的伤害,那么对收入不平等是否公正,判断的依据就是看这些高收入者是做了造福大众的事,还是自己独占利润。乔布斯去世后举世哀恸,如果这个国家的某个大银行家也英年早逝,是绝对不会得到如此待遇的。

今日的美国就是阐述本书主题的一个极好样板。美国经济自二战以来持续增长,其速度虽然不是史上最快的,但即使以历史最高标准来看,这种增长也是值得赞叹的。经济扩张带来了丰富的商品和服务,提高了大众的生活水平。这当然不是一个脱离贫困与匮乏的过程,因为美国在 1945 年就已经相当富裕了。但即便如此,经济增长对于大众福利所产生的影响仍然不可低估:人们的居住条件变得更加安全优越;出行非常便捷,为先前所不能及;人们可以在世界范围内获取资讯,进行休闲娱乐活动(在以前,这只是少数人的专利)。而在通信方面,如今人们的交流方式更是前人所不能想象的。当然,和以往一样,经济增长也造成了分化,一些人做得比其他人更好,获得了比他人更多的财富。尤其是从 20 世纪 70 年代中期开始,经济增长开始变慢,更缺少包容性。这种分化时常是有益的,因为它创造了新的机会,也对落后者产生了激励,物质收益也因此从惠及少数人逐步变为惠及更多人。在历史近期的美国，这体现在教育与科技的相互竞争中，受教育的美国人数量因此有了大幅增长。

在发展与不平等之下，落后者的追赶是光明的一面，不那么光明的是，落后者的追赶实际上受到了威胁，所以他们至今也没能真正追赶上来。在历史的长河中，1750年之后，西方迅速发展，而东方和南方为什么没能做到？历史学家埃里克·琼斯对此有精彩的解释。他认为世界其他地区并非没有出现发展，只不过其发展总不能持续，而且经常出现倒退。[39] 在那些地方，一旦发展开始萌芽，掌权的统治者或者教会人士要么将其据为己有，要么直接将创新活动消灭，因为这些活动影响到了他们的地位。正是因为这种情况，持续的发展一直不能够实现，而那些本可以"下金蛋的鹅"也在降生之初就遭到扼杀。在这些社会中，权力的极端不平等致使经济缺乏持续稳定的发展环境，而一条走出贫困、脱离病苦的道路也就此被切断。

关于不平等对发展的阻碍，经济历史学家斯坦利·恩格尔曼与肯尼斯·索科洛夫有另外一种解释。[40] 他们认为，在那些权力集中于少数人手中的国家，比如在种植园经济中，例如拉美或者相对于美国北部而言的美国南部，富人都会反对大众的解放，同时将受教育的权利限制在他们自己所属的精英群体中。这样就使得大众得不到政治权利以及受教育的权利，因此也就无法为广泛的经济增长创造出相应的机制。与此形成鲜明对比的是美国较早地开展了具有普遍性的公共教育，而这正是美国经济能够长期增长的一个重要原因。

维护精英利益的制度对经济增长有害，这也是麻省理工学院经济学家达龙·阿西莫格鲁与西蒙·约翰逊以及哈佛大学政治学者詹姆斯·罗宾逊的观点。[41] 那些为本国侨民创建聚居点的殖民主义者会将他们的制度也带到殖民地去（参考一下美国、澳大利亚、加拿大和新西兰等国的历史），而在那些难以定居的地方（比如疾病横行的地方），殖民者往往会建立起以资源掠夺为核心的榨取型政权（比如玻利维亚、印度或者赞比亚）。在那里存在的制度体系主要是为统治阶层服务的，而不会支持当地的经济发展。榨取型政权通常无心保护私有财产，也不会推进法治，而没有对财产的保护和法治体系，企业家精神和创新精神也难以兴旺。在殖民时代，相对富裕的国家或者人口众多的地区，往往是征服者的目标。如此一来，财富就出现了历史性逆转。在所有被欧洲强权征服的地方，那些原本富庶的国家现在都变成了贫穷国家，而那些原本穷困的国家现在倒变成了富裕国家。

这种财富的大逆转足以提醒我们，今天我们所拥有的物质繁荣与经济增长并不是理所应当的，不是一旦拥有就不会失去。寻租行为会导致社会的每个群体为日渐减少的总体财富展开更为凶残的争夺，而这种两败俱伤的战斗最终会让经济发展终结。利益集团会以牺牲大众权益的方式来维护自己的私利，而对于大众而言，由于每个人的权益只是损失一点点，因此他们并不会组织起来进行反抗。众多这样的集团所产生的累积效应会从内部将经济掏空并且扼杀经济增长。[42] 掌握权势与财富的精英群体以前就做过杀鸡取卵的事情，而一旦经济广泛增长所需要的制度体系遭到破坏，他们也会趁机再次做出扼杀经济增长的举动。

第六章

全球化与大逃亡

二战之后，现代国家都出现了前所未有的发展。在很多国家，经济增长使得亿万人民逃离了贫困，死亡率下降，物质生活水平提高，人的寿命延长，生活也变得更为富足。但一如既往的是，各个国家的发展步伐并不一致。增长速度最快的国家缩小了与发达国家之间的差距，但这也使得它们和那些更落后的国家之间差距更大。亚洲那些曾经穷困的国家如今都成了中等收入国家，许多非洲国家与它们的差距因此而拉大。

死亡率的下降，尤其是儿童死亡率的下降，使世界人口出现了前所未有的快速增长，一场真正的"人口爆炸"也因此出现。在人口大量增长的情况下，世界贫困人口却在减少，这令不少当年的评论家感到不可思议——在20世纪60年代的时候他们还声称日益逼近的人口爆炸会让世界人民的生活水平受到威胁。伟大的经济学家、诺贝尔奖得主詹姆斯·米德就曾经抱怨说，在20世纪有三大灾难：一是内燃机，二是人口爆炸，三是诺贝尔经济学奖。在他那个时代，多数人认为人口爆炸是对整个世界的威胁，时至今日，仍有人坚持这样的观点。但实际上，在过去的半个世纪中，尽管这个世界上的人口又增加了40亿，地球上这70亿人的生活水平却大大提高了。

不过，对于那些更贫困的人口而言，平均值给不了他们任何安慰。从美国的例子我们已经看到，经济增长成果并未被平等地享有。美国并不是一个孤例，很多国家都存在收入差距扩大化的情况。国与国之间的不平等是否也如此？这几十年来，许多当年落后的国家与地区都抓住了"后发优势"，充分利用了那些在发达国家已经成熟的知识与技术，从而节省了不少时间，少走了弯路。亚洲四小龙，即中国香港、新加坡、韩国与中国台湾，以及后来的中国内地与印度都因此实现了经济的快速增长。但是，并非每个国家都享受到了经济增长的成果，许多50年前很贫穷的国家如今仍然无法追上中国内地、印度或者亚洲四小龙。

多少有些令人吃惊的是，尽管有的国家经济增长非常快，但是国与国之间的收入差距却并没有缩小多少。一个国家追赶上了发达国家的同时，另外一个国家也就因此更加落后，在今天，穷国和富国之间的平均收入差距和以前一样大。如果我们以平均收入为标准对所有国家从最穷到最富进行排名，然后将相对贫穷的国家（比最贫困国家水平高1/4的国家）与相对富裕的国家（比最富裕国家水平低1/4的国家）进行对比，会发现，1960年，相对富裕国家的平均收入约为相对贫穷国家的7倍，而到了2009年，它们之间的平均收入差距扩大到了8.5倍。

从二战结束到今天这段时间里，人类取得了有史以来最为辉煌的发展成就，堪称人类发展的奇迹。这段奇迹是如何出现的？它如何消灭了旧的不平等却又制造出新的不平等？这些是我们在本章要讨论的话题。我们将深入讨论相关数据并辨别其真实性。对全球的贫困以及不平等做出全面评估，会面临诸多困难。首先，在很多方面我们知之甚少；其次，面对那些随波逐流的观点与说法，我们本应有更多的思考，而实际上却未能如此。

如何评估全世界的物质生活水准？

要对物质生活水平进行评估并非易事，即使"收入"这个日常用词其实也非常难以确切定义。除此之外，贫困、不平等这些方面的评估标准，也未必比收入的评估标准更清楚，在进行跨国比较时这种困难会更为显著。达到怎样的收入水平就可以免于贫困？在不同的社会环境中居住的人对这个问题往往有不同的看法。即使是国家贫困线也无法确切反映在某个具体社会生活的基本成本，况且，不同的群体对于需求的理解也各不相同。即便如此，我们还是希望多数的公民和政策制定者可以将贫困线视为一个判断能否生存下去的合理数字。但如果我们要对全世界范围的贫困进行评估，就需要确立一条在全世界范围都合理的贫困线——既适合肯尼亚的内罗毕和厄瓜多尔的基多，也适合巴基斯坦的卡拉奇和马里的廷巴克图。当然，它也需要适合发达国家的城市，譬如英国的伦敦和澳大利亚的堪培拉。要做到这一点，以便对全世界的收入状况进行对比，就需要能够对不同的货币价值进行等价换算。也许我们会将等价换算的实现寄托于汇率，不过，汇率本身对此无能为力。

一种货币如何才能等价转换为另外一种，比如美元如何才能变成印度卢比？这里存在一种每天都会变化的叫作汇率的东西，它表示在市场上1美元能够兑换到的卢比。比如在2013年4月，美元兑卢比的汇率是1∶54.33。这意味着，如果我从纽约飞到德里然后在银行柜台进行兑换，将可以用1美元换得大概50卢比。当然，因为银行需要从中赢利，所以我换得的卢比可能比这个数字少。但是，当离开机场进入城区时，我发现，即使是在当地最豪华的酒店里，我用50卢比能买到的东西也比在纽约用1美元所能买到的多得多；在德里经济学院的食堂，或者是在当地街头，50卢比能买到的食物和1美元能在纽约买到的食物相比简直丰盛到叫人无法相信。

简单地说，这种情况的出现是因为印度的物价水平要比纽约的低很多，如果将货币按照市场汇率进行换算，那么同美国相比，印度的大多数东西都会很便宜。事实上，根据最新的估算，印度的物价水平大概只有美国的40%。换句话说，如果美元兑卢比的汇率为1:20，而不是现在的1:50，印度和美国的物价水平才是相当的。这种让1美元在两地价值相当的"正确"的汇率，被恰如其分地称作购买力平价汇率（PPP汇率）。购买力平价汇率是以两地的相同购买力为基础换算两种货币的兑换比率。如果印度德里的价格水平比美国纽约的低，则购买力平价汇率会比外汇市场汇率低。多数贫穷国家的物价水平都比美国的低，因此，它们的购买力平价汇率都具有这种特征。

购买力平价汇率是怎么算出来的？世界上并不存在以购买力平价汇率为基准的市场，所以，计算这样的汇率只能靠统计与发掘。相关研究和统计人员从全球各地收集到数以百万计的物品价格，然后计算出每个国家的平均物价水平。最早进行此类统计的机构是宾夕法尼亚大学。20世纪70年代，宾夕法尼亚大学的欧文·克拉维斯、罗伯特·萨默斯和艾伦·赫斯顿首先对6个国家的平均物价水平进行了计算。多年来，艾伦·赫斯顿一直在做这方面的研究，本书的很多数据都来自他那里。这些创新者改变了经济学家认识世界、思考世界的方式，没有他们的努力，我们就不可能知道如何对人们的生活水平进行跨国对比。[1]

在这种跨国对比研究中，我们首先会发现，印度这样的情况无论是以前还是现在都普遍存在。相对贫穷的国家，物价水平一般都比较低；国家越贫穷，物价水平也相应越低。很多人认为这个结论不可思议：一个地方的物价水平会比其他地方的低，这怎么可能？如果德里的钢铁或者汽油价格都比纽约的低，那为什么贸易商不去德里买进这些东西然后运到纽约出售？实际情况是，如果将运输成本、税费和补贴考虑进去，钢铁和汽油等物品在纽约和德里的价格差距其实并不太大。但并非所有商品的价格都是如此。比如,德里的理发价格、曼谷的食物价格,放在纽约看绝对非常便宜,但是贸易商对这样的商品或服务毫无兴趣,这是何原因?当然是因为这些服务只在德里或者曼谷提供而不能搬到纽约去。贫穷国家的人民相对穷困,所以这些国家的服务价格也相对便宜,但是,多数价格低廉的服务是无法转移的。

如果任何人都可以在国与国之间自由流动,那么富裕国家的工资水平将会下降,穷国的工资水平则会上升,如此一来,整个世界也会变得更为平等。不过,富裕国家的人并不希望自己的工资水平下降,因此他们反对人口的自由迁徙;而没有自由迁徙,上述结果就不会出现,穷国的工资水平就会继续保持在较低的水平,于是那里的服务,比如理发和饮食的价格也就维持在较低的水平。土地价格和劳动力价格也同样无法在穷国和富国之间进行对比。印度或者非洲的住房价格便宜,可是那里的土地不可能搬到美国按照美国的价格进行销售。廉价土地与劳动力的存在,是穷国物价水平较低的主要原因。市场运用汇率手段使得钢铁、汽油、汽车与电脑的价格在各国基本一致,因为这些产品都能够成为且已经成为国际贸易的一部分。但是,一般而言,决定平均价格水平的是那些无法交易的物品和服务,而这类物品和服务往往在穷国相对便宜,所以,国家越穷,其平均物价水平越低。

正因为穷国的物价水平更低,如果我们使用市场汇率来比较各国的生活成本,就会导致结果的谬误。新闻报道经常犯这种错误,而经济学家也时常会落入汇率的陷阱。2011年春,印度政府在印度最高法院(既不明智又显悭吝地)宣称,印度人,至少是印度的非城市人口,每天只需要26卢比就能够摆脱贫困。这一说法随即被媒体大肆炒作,印度以及国际媒体都报道称,世界银行的贫困线标准是每天1.25美元,按照美元兑卢比1∶53的汇率,世界银行这个标准是印度政府所定的标准的2倍多!不过,要是按照购买力平价汇率计算,1美元约合20印度卢比,那么世界银行的1.25美元贫困线标准——也就是大概25

第六章 全球化与大逃亡　197

卢比——就和印度政府所建议的差不多。即便是英国大名鼎鼎的《金融时报》，也使用了市场汇率来计算美元与卢比的比值，声称印度政府所制定的贫困线标准实际上只有0.52美元一天，大大低于世界银行所制定的标准。事实上，按照购买力平价汇率，印度政府制定的贫困线更为真实的数值是1.3美元，虽然依旧很低，但比起0.52美元这样的错误说法，这个数字已经翻了一番还多。

联合国开发计划署多年来也在犯同样的错误，一直备受人为夸大贫穷国家人口贫困状况的指摘。当我们谈及贫穷国家人口的生活水平时，只要使用市场汇率，则不论是工资水平、看病费用抑或是交通与食物支出，都会被低估1/3~1/2。贫穷国家的工资水平当然较低，这正是穷国的一个特质，但是过分夸大它们相对于富裕国家的贫困水平却没有任何益处。

当我们对生活水平进行跨国对比，或者是统计全球的贫困状况与不平等状况时，购买力平价汇率永远是正确的选择。在这里，"跨国"这个词意义重大。当我们计算一个国家内部的不平等时，会认为不调整地区之间的差异是正确的选择。以美国为例，在堪萨斯或者密西西比生活的成本当然要比在纽约低，但是别忘了纽约的生活成本虽高，同其他地方相比它提供的便利也多。实际上，如果人们可以自由选择居住地，那么大城市的高物价水平就意味着这里提供了更多物有所值的便利。正是基于此，我们在对比跨地域的收入差异时就无须做出价格调整，纽约市曼哈顿区的高收入人群绝对比堪萨斯州曼哈顿市的低收入人群生活得更好。但是跨国的对比，比如要比较印度和美国或者法国和塞内加尔，情况就大不相同，因为国与国之间的人口是不能自由流动的。即便与在印度生活相比，在美国生活可以享受到更多的便利（对于这一点我有所怀疑），也不能因此就认为美国和印度的物价差距是生活质量差距的真实反映。所以，当我们对印度和美国的收入进行对比并以此来评估国家间的差距时，就必须引入购买力平价汇率对物价进行调整。

进行跨国对比时，购买力平价汇率要优于市场汇率，但购买力平价汇率也远非完美无缺。对于不同国家的可比较项目，我们可以在各国收集其价格信息，然后进行计算。比如，我们可以收集计算河内、伦敦和圣保罗地区1千克大米的价格或者理一次头发的价格。但不是所有的项目都能够很容易地进行对比定价。比如，一个贫穷家庭在农村的自建房屋应该定价多少？在城市贫民窟搭建的一顶帐篷又该如何定价？富裕国家存在着多层次的房地产租赁市场，然而在贫穷国家，这样的租赁市场还没有形成，因此定价极为困难。在美国，老年人医疗保险等由政府提供的国民服务都非常难以定价，而要对这样的服务进行跨国对比就更是难上加难。国民消费中的很大一部分也是没有市场价格的，对于这样的项目我们只能靠估算——这虽然是一种理智的选择，但是其结果也有可能失之毫厘差之千里。当然，这并不意味着应当回归通常的汇率计算方式，毕竟我们已经知道那种方法是错误的。我们只是要清楚，虽然购买力平价汇率更为准确，但是它也有不可避免的不确定性存在。

对不同国家可对比项目的价格统计，还有需要进一步反思的地方。以男士衬衫的价格为例，在美国，一个标准的统计项目或许是一个知名厂商生产的衬衫，比如一件布克兄弟（美国经典男装品牌）的牛津棉衬衣。拿着这件衬衣与玻利维亚、刚果（金）或者菲律宾等国家生产的男士衬衣进行对比，我们发现自己最终将面临两种无法令人满意的选择。在这些国家，一件标准衬衣的价格一般都会很便宜，但是质量也要比布克兄弟的差不少。因此，如果将两者进行对比，实际上并不是在对比两种同样的东西，如此一来，我们就会低估穷国的物品相对于富国的价格。另外一种选择就是在这些国家费尽全力找出和布克兄弟类似质量的衬衣再进行价格对比。这样的衬衣，或许只在这些国家首都最好的商场里有售。但是这样的对比又会有相反的风险：我们能够在这些国家找到这样的衬衣,然而,这样的衬衣只在这些国家最贵、最高档的商店中出售,且只有为数不多的权势人口才穿。这样,至少对于普通人来说,我们高估了这些国家的物价水平。如此,两个相互矛盾的目标之间开始进行拔河比赛:是只统计国与国之间可对比项目的价格呢,还是只统计人们购买的有代表性的商品的价格?极端情况下,如果在一个国家意义重大且使用广泛的商品在另外一国全然不存在,那么这种对比就会失效。比如,画眉草是埃塞俄比亚最主要的粮食作物,但在世界其他地区,这种作物非常少见;豆腐是印度尼西亚人的日常食品,但印度人就很少吃;因为宗教因素,很多伊斯兰国家都没有酒类产品出售。

即便所有商品的价格都可获得,不同国家的人对不同的商品也有不同的需求偏好,在不同商品上的支出也不尽相同。我在英国长大,如今却住在英国之外。这里就举一个大家都熟悉的例子:在英国,有一种几乎可以归为生活必需品的食物叫作马麦酱。这是一种非常咸的酵母萃取物,是酿酒产生的一种副产品,最早由路易斯·巴斯德发现,随后被授权给一家英国的啤酒生产商生产。在英国,马麦酱价格便宜且消费量很大,卖的时候都装在大黑罐里;但是在美国,也就是我现在住的地方,马麦酱也能买到,价格却很昂贵,而且包装也换成了小的。马麦酱是一种定义明确并且可以进行精确对比的商品,在英美两国,它的价格也很容易统计,但是,英国人对马麦酱的消费量要比美国人多很多。所以,若是以英国人的商品消费习惯来计算对比英美两国的物价水平,就会发现美国的价格水平要比英国的高;反过来,美国人热衷的全麦饼干和波本威士忌在英国没什么销量,价格也相对要高,若是以美国人的商品消费习惯来对比两国物价,那就会得出英国物价水平高于美国的结论。

英美这类富裕国家之间差距较小,所以无论是使用美国的商品进行比较,还是使用英国的商品做比较,其结果都不会有太大差异。但是，马麦酱这个例子说明了进行跨国物价比较的一个基本问题：每个国家都会消费更多在其国内相对便宜的商品，而对那些相对昂贵的商品消费较少。因此，如果用国内"一篮子"商品的价格为基准来评价国外的消费水平，就难免有高估国外生活成本的风险。如果我们以国外的"一篮子"商品价格为基准，则又可能高估了国内的相对成本。在实践中，统计人员往往折中，以求出一个平均值的办法来解决这个问题。

折中是一个明智的选择，但也不能解决所有问题。当我们将英国的物价水平同西非国家喀麦隆的进行对比时，这一点就清晰可见。和在很多非洲国家一样，在喀麦隆乘飞机旅行非常昂贵，因此使用航空旅行服务的人很少。但在英国坐飞机就很便宜，即便是相对不怎么富裕的人也可以乘飞机到国外度假。以喀麦隆的航空价格来衡量英国的价格水平，就会显得喀麦隆的物价极高。折中一下将对解决这个问题起到一定作用，然而无论如何，航空价格水平还是对喀麦隆的购买力平价产生了极大的影响。虽然喀麦隆的航空服务近乎为零，但如果将航空价格考虑在内，则喀麦隆的物价水平还是会高出 2%~3%。在包括贫困评估等在内的一系列情境中，跨国物价的对比常常要依赖一些没有什么意义的东西，这真是极为荒谬的。在这里，英国和喀麦隆的问题就在于两个国家的差别太大了，而英国和美国之间就没有这么大的差距。

不过，与中美之间的物价水平差距相比，英国和喀麦隆之间的差别绝对是小巫见大巫。依照世界银行的最新测算，2011 年，中国的人均国内生产总值达到了 5 455 美元，美国的则是 48 112 美元。也就是说，美国的人均收入是中国的近 9 倍。但是，这样的收入差距是以市场汇率计算的，没有考虑中国的物价水平只有美国的 2/3 这个现实。如果改用购买力平价汇率这个更好的指标，我们将会发现，美国人的收入只有中国人的 5.7 倍，而不是 8.8 倍。一个国家在世界上的影响力更多是依靠其资源总量，而要计算这一数值，就需要根据中国人口与美国人口的数量比例将中国的数值乘 4.31。这样我们就会发现，中国的经济总量为美国经济总量的 3/4。考虑到中国正在以比美国更快的速度发展并且会保持这种趋势，可以预测，在不远的将来，中国的经济总量将会超过美国。如果中国的经济增速能一直保持比美国高 5 个百分点，那么中国超过美国只需要 6 年。

在上面的讨论中，我们对于数据的使用建立在购买力平价汇率与市场汇率一样可获得的基础上。但是我们知道，马麦酱的问题、喀麦隆的航空旅行问题，以及对典型的可对比项目进行类比时所产生的不确定性，都会影响购买力平价数据，真实的购买力平价数据可能会比我们的数据更高或者更低。在与艾伦·赫斯顿展开合作研究时，我们发现，如果将类似马麦酱的问题考虑在内，或者更确切地说，如果我们考虑用中国或者美国的"一篮子"商品来对价格数据进行平均，则计算所得到的购买力平价数据将会有大约 25% 的误差。[2] 所以我们只能说，2011 年，按照国际元计算的中国人均收入为美国人均收入的 13%~22%，中国的经济总量是美国的 56%~94%。当然，这样的数据范围太大，如果做一些折中处理，得到的结果将更便于使用。但是我们需要清楚的是，折中毕竟是针对那些没有完美解决方式的概念性问题的一种比较武断的解决方案。

还有其他问题影响着最终结论的准确度，其中最为重要的可能是那个长期存在并仍未尘埃落定的争论：官方公布的数据是否可信？很多学者都有这样的猜疑。那么，如果数据真有问题，我们应该如何对这样的数据进行调整？

我不想给大家留下一种跨国对比难以展开的印象，也不想让结果总是存在太大的误差。1949 年，我当时的导师——剑桥大学的理查德·斯通问我："为什么我们要对美国和中国或印度等国家的相关情况进行比较呢？这里面有何可能的利益关切？谁都知道从经济层面看，一个国家非常富裕，另一个国家非常贫穷，但它们之间具体的差距是 30 倍、40 倍还是其他，这样的事情重要吗？"[3] 时至今日，中国和印度的经济水平已经大大高于1949年时的情形，不用说美国的五角大楼和国务院，就是大众媒体也一直在关注到底中国经济是否已经超越了美国。此外，同我导师的时代相比，如今我们在数据收集以及思考方法上都有了极大的进步，所以，我们现在的确想知道，富国和穷国之间的差距到底有多大。当然，不确定性还是存在的，当我们将富裕国家和中国、印度或者更为贫穷的非洲国家进行对比时，这一点更为明显。而富裕国家之间的经济结构类似，相互对比时不确定性相对较少，因此下结论时较有把握。比如对于加拿大、美国或者西欧国家而言，市场汇率和购买力平价汇率的差别就比较小，因此在对这些国家进行对比时，我们的立论基础就比较牢固。

全球增长

二战使得很多欧洲国家陷入经济和社会的混乱，但在战争结束后，较为富强的国家经济快速增长，战争的创伤被抚平，新的更高水平的繁荣出现了。经济增长使得这些富裕国家之间的社会福利水平也越来越相近，和富裕国家与世界其他地区之间的差距相比，富裕国家之间的差距已经变得非常小。图6-1显示的是24个富裕国家的国民收入变化（经过物价调整）情况。尽管目前关于国民收入的衡量标准远非完美，这些富裕国家的数据却相对可信，购买力平价汇率的计算也较为可靠。和第四章的图4-4一样，图6-1也是一个箱形图，其中，箱体顶部和底部到线须部分，分别表示的是收入水平位于顶端1/4和底端1/4的国家，而中间的箱体，代表剩下的一半国家；箱体中间的横线，表示收入中位数。线须长短表示的是数据的离散程度，而另外一些箱形图之外的小点，表示极端个例。

图6-1显示，同美国一样，世界其他地区的富裕国家也出现了经济增长放缓的趋势。在20世纪60年代的"战后黄金10年"，这些国

家的年平均经济增速超过了4%，这意味着只需要10年时间这些国家的国民平均收入就可以增长50%。但到了20世纪70年代，富裕国家经济增速普遍放缓，下滑至2.5%；到了80年代和90年代，这一数字又下降至2.2%；进入21世纪的第一个10年，这一数字则只剩下不到1%。图中各国经济增速下滑如此明显，原因在于这一数据的统计始自战后的追赶式的经济增长期（一旦修复工作完成，我们就不能再指望其继续发挥作用），而以这几年的金融危机结束。从废墟和混乱中走向复苏，虽然也非常艰辛，但和创造前所未有的收入水平相比，还是比较容易实现的。人们知道如何从头再来，要达到这样的目的，只需要重操旧技，而无须从无到有地创新。不过，一旦重建完成，新的增长就需要依赖新的生产方式，而开垦处女地比翻一遍旧沟渠要复杂得多。当然，在一个相互联系密切的世界，创新会很快从一个国家传播至另一个国家，尤其是那些国情相似的国家，因此，发明创造的重担也就由多个国家来共同承担。这样的密切联系本身就有利于经济增长。

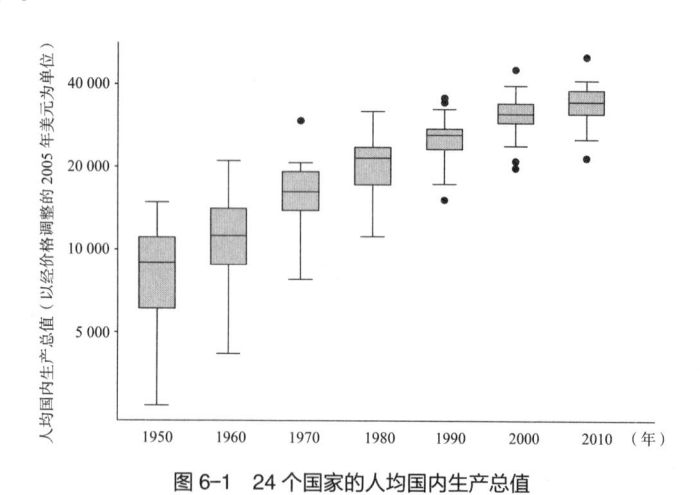

图6-1　24个国家的人均国内生产总值

注：24个国家分别为澳大利亚、奥地利、比利时、英国、加拿大、丹麦、芬兰、法国、德国、希腊、冰岛、爱尔兰、意大利、日本、卢森堡、荷兰、新西兰、挪威、葡萄牙、西班牙、瑞典、瑞士、土耳其和美国。

全球化使商品和信息的转移成本大大降低，商品和服务都得以在成本最低与效率最高的地区生产或完成；某个地区的新发现也可以在极短的时间内被其他各地采用。吸烟有害健康这种认知，或者降胆固醇药和降压药等新医疗手段，都会在极短时间内国际化，从而使得富裕国家的人口在健康和收入水平上越来越接近。对于这些国家而言，尽管进度各有快慢，但是良好的政治制度、医疗制度以及经济体系都会保证新技术得到应用，于是，国与国之间的收入差距就出现了一次显著缩小的过程。尽管近年来各国物质进步的步伐已然放慢，但新技术在实现了缩小健康差距的作用之后，仍旧在降低收入不平等方面发挥着作用。

但是，国与国之间平均收入差距的缩小并不能显示出一个国家内部的具体情况。从美国的例子我们已经看到，平均收入的增长其实并没有被广泛享有，国家之间的差距缩小，并不能说明富裕世界所有公民的收入差距也在缩小。比如有两个群体，原本是分离的，但如今融合在一起。如果这两个群体内部的成员都各自分化，那么这种内部的整体差距就会抵消甚至大于两个部分合并所引发的差距缩小效应。从整体上看，我们如果忽略国家之间的差别，将会看到人与人之间的收入差距是呈增长趋势的。后面我讨论全球整体的不平等时会再涉及这一话题。

对于生活在富裕国家、出生在1945年之后的人们而言，这个世界就是一个经济不断发展、国与国之间差距不断缩小的世界。他们会认为高水平的物质生活是理所应当的，经济也会持续增长下去，国与国之间的收入和健康差距缩小，旅行变得更简单、更便宜也更节省时间，信息也可以随时随地轻松获得。

但事实上，除了富裕国家，其他地方全然不是如此。图6-2也是一张箱形图，但与图6-1不同的是，图6-2不仅仅包括富裕国家的收入数据，还包括了所有贫困国家的数据。如预想的那样，当我们将贫困国家的数据包含进来时，平均收入水平的分布范围变大、所有的箱体部分变大、线须部分和小点所分布的范围也进一步变大。同之前部分国家的数据相比，整个世界范围的数据可靠性要低一些，而衡量标准存在的误差，也会导致收入的分布范围比真实情况要宽。一个不太明显却更为有趣的现象是，当观察全世界的平均收入分布时，我们发现，国与国之间的收入不平等状况并没有随着时代发展而出现缓和。图中，20 世纪 50 年代的箱体部分应该先忽略掉，因为当时很多国家没有相关数据，同时不少非常贫穷的国家被遗漏，造成这一时间段的箱体部分位置过高，长度也过短。1950 年之后，每个年代的箱体部分长短也几乎没有变化，如果我们看下面部分的线须长度，会发现实际上收入分化扩大了，尤其对于世界上的贫穷国家而言，情况更是如此。

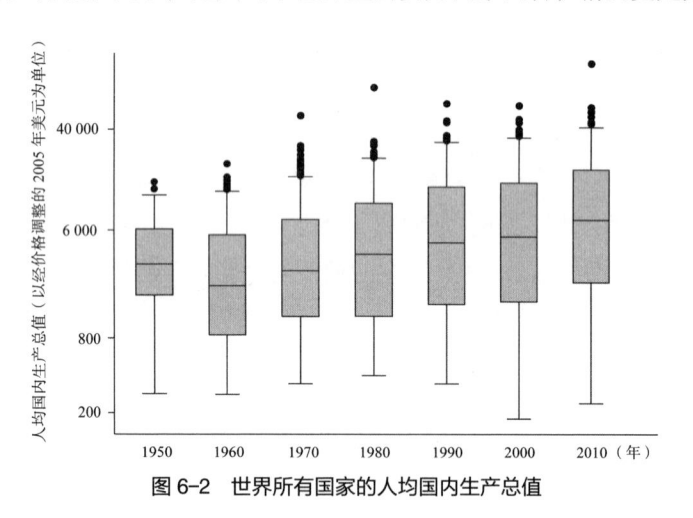

图 6-2 世界所有国家的人均国内生产总值

新的思想和新的生产方式推动了经济增长，新的思想理念也在世界范围内快速传播，富裕国家间的平均收入差距因此出现缩小。但是这一时期，一件更让人迷惑不解的事情是：穷国的经济并没有借这个机会追赶上来，而这正是图 6-2 和图 6-1 看起来如此不同的原因。技术与知识是富裕国家实现高物质生活水准的基础，而这些技术与知识也同样为许多贫困国家所获得。但是，占有同样的技术与知识却无法保证所有的国家都获得同样的生活水准。要想让生产像富裕国家那样运转起来，穷国也必须拥有富裕国家那样的基础设施，比如公路、铁路、电信、工厂、机械等，还必须具备与富裕国家同样的教育水平。但是，对于穷国而言，它们需要花费很长的时间和财力才能实现这样的目标。当然，富国与穷国之间的鸿沟会给穷国无穷的激励，让它们在基础设施与设备上加强投资。罗伯特·索洛在论文中提出了一个经济学的经典论断：随着时间的推移，全球平均物质生活水平肯定会趋向一致。[4]但是，这样的情况为何到现在也没有出现？这仍然是经济学的一个核心问题。对此最好的解释或许是：穷国缺少相应的制度体系，比如它们缺少有作为的政府部门，缺少可执行的法律和税收体系，缺少对知识产权的保障，缺少相互信任的传统等，而这些都是实现经济增长的前提条件。

贫穷国家的经济增速并不比这些富裕国家低，有些时候甚至比它们高。但是，当一些国家快速发展、日渐追赶上来之时，总有另一些国家被进一步地甩在了后面。各个贫穷国家间的实际发展情况差别巨大，一些国家能够抓住机会迎头赶上：从1960年至2010年，亚洲的一部分国家，包括中国、马来西亚、新加坡、韩国和泰国，以及非洲的博茨瓦纳，其经济都在以每年超过4%的速度增长。在过去的50多年中，这些国家的国民平均收入增长超过了7倍。与此同时，中非共和国、刚果（金）、几内亚、海地、马达加斯加、尼加拉瓜以及尼日尔等国2010年时的情况比它们50年前的还要糟糕。还有不少国家也是这样，只不过我们找不到相关的数据（比如阿富汗、吉布提、利比里亚、塞拉利昂和索马里等，20世纪60年代属于东欧集团的几个国家也是如此）。一些国家经济快速发展，与其他国家的差距本应不断缩小，却又在其他方面出现较大失误，使得它们在缩小与他国收入差距方面的努力以失败告终。

中国和新加坡是两个都在快速发展的国家，但是20世纪90年代中国的人口是新加坡的300多倍。另外一个大国印度的加速发展没有中国那么早，在发展速度上也未能与中国比肩，但是自1990年以来，其经济增速也一直保持在世界平均增速的2倍多。尽管中国和印度只是两个国家，但是它们在20世纪末的快速发展意味着，世界上约40%的人坐上了快速发展的列车。与之相反，在经济增速上出现倒退的很多国家中，出现了不少小国的身影。当然有很多例外，比如刚果（金）人口很多，同时经济发展也极其失败。

　　如果不看世界上有多少国家出现了高增长，而看有多少人享受到了高增长，那么全球的经济增长形势将更为乐观。在1960年以后的50年中，全球国家的收入年平均增长率为1.5%，但是全球个人的收入年增长率为3%。中国和印度人口众多，它们的发展速度也比一般国家要快许多。

　　要理解这一事实，不妨把全世界的人口想象成一支队伍，队伍里每个人都举着各自国家的旗帜，如同在参加规模盛大的奥运会开幕式。他们纷纷以各自所在国家的收入增速前进。结果我们发现，印度人和中国人作为一个梯队走得非常快，而刚果（金）人和海地人则在倒退。这时候我们观察整个群体，会发现其中2/5的旗子是中国和印度的，这一队人马一开始处在队伍最末的位置（在1960年时这两个国家都很穷），但他们稳步向前，虽然尚未到达最前方（他们离最前方的欧洲人和北美人还有很远的一段距离），但也已经到了队伍中间的位置。当然，并不是这两个国家的所有人都在以同样的速度前进，他们内部也产生了分化，一部分印度人走在了另外一部分印度人的前面，一部分中国人走到了另外一部分中国人的前面。但是，现实是，这两个国家很高的平均增速让亿万人民脱离了贫困。虽然全世界各个国家之间的整体差距没有出现任何缩小，但是由于人口众多的中国和印度快速向中等收入国家迈进，这就让整个队伍，也就是全世界的人口看起来都一起向前了。

当谈到全世界人民的收入差距是否缩小了这个比较宏大的议题时,我们经常因不确定性而给出模棱两可的回答。我们当然可以给出更确切的回答,但这需要解决很多关键衡量标准不确定的问题,比如中国的经济增速——有大量的专题文献试图解开中国国家统计那些令人费解的谜团。有的作者认为中国的官方数据被夸大了,但到底夸大了多少却不得而知。[5] 对于中国的购买力平价汇率,我们也无法进行合理估算。中国的购买力平价受到太多不确定因素的制约,中国政府也没有参与任何相关的物价收集统计。如果世界不平等趋势的扩大或者缩小速度非常快且明显,那现有衡量标准的不确定性倒是无关大局,但实际情况是我们对此一无所知。

至少在过去的1/4世纪里,中国和印度这两个世界上人口规模最大的国家可以跻身于世界上发展最成功的国家之列。这是巧合,还是因为它们的人口庞大所以发展迅速?其他一些大国,诸如巴西、印度尼西亚、日本、俄罗斯以及美国,在某一段时间的经济表现也会好于世界平均水平,然而却都不具备中印如此持久的增长动力。人口规模当然给"金砖国家"(巴西、俄罗斯、印度以及中国)带来了一些优势,毕竟人口众多,杰出的外交团队、有能力的官员、训练有素的领导层、一流大学所需要的教工队伍等都有人才储备。如果是一个人口极少的弹丸小国,这些发展所需的人才不可能同时得到满足。此外,如果科学发现——对于穷国而言更确切的说法是改造旧知识使之适应新环境——更多的是依赖科研人员的绝对数量,而不是其在总人口中的比例,那么,显然人口规模大的国家更具优势。

一位著名的物理学家曾经问我现在的研究方向是什么,我告诉他是全球贫困的衡量与评价。非常有趣的是,他又问我研究的是哪个国家,我回答说"印度"。这时他跟我说:"你在胡说八道,印度是世界上最先进的国家之一。"如果是以科研人员的总量而非人均收入或者

第六章 全球化与大逃亡

贫困人口的数字计算，这位物理学家是对的；而如果科研工作的溢出效应可以让每位国民都受益，那么人口规模大的国家显然更具优势。但是，这种规模优势是否足以推动经济的快速增长？人口多的国家经济增速快还有没有其他原因？这些问题都还没有确切答案。

  关于为何一些国家经济增长速度快，一些国家经济增长速度慢，仍有很多未解的谜团。事实上，世界上并不存在任何经济增长一直快或一直慢的国家。至少在过去的半个世纪中，在这一个10年增长较快的国家，到下一个10年或者下下个10年，往往未能保持快速增长的势头。日本曾经被认为是经济高速增长的永恒之地，但如今已风光不再。印度是现在增速最快的经济体之一，但是在其国家存在的大部分时间里，它的增长一直维持在低速水平，甚至出现过零增长的局面。[6]中国是当前的长跑明星，以历史的标准来看，中国当前的增长所持续的时间之长是极不寻常的。经济学家、国际组织以及其他的评论者都喜欢对几个高速增长的国家进行研究，试图找出它们的共同特征。这些共同特征会被列为"增长的秘诀"，只要未被证明失效，这些"秘诀"就会被一直大肆宣扬下去。[7]同样，很多人也会盯住那些失败的典型（指收入处在底层的那10亿人），然后总结出一些失败的特征来。[8]这两种类型的努力，就像一个进赌场玩轮盘赌的人，刚上来就押注赔率极高的零号，除了掩盖我们根本上的无知，毫无用处。

  这些研究上的愚蠢，不禁让我回想起自己年轻时在苏格兰的一幕。当我还是小孩子的时候，不太了解经济增长情况，当然也不关心这种事，我更多关心天气的变化。苏格兰通常寒冷潮湿多风，但在1955年和1959年，苏格兰夏季出现了长时间的温暖天气。在那些日子里，我们尽情在林间与水上玩耍，度过了一段美好的日子。是什么带来了那样的好日子？我经常思考这个问题。有一阵子我觉得这是因为我当时还在上小学，童年烂漫才是我感到欢乐的关键。但是大我几岁的表兄戴维却提醒说，当时他已经上中学了，也过得很开心，既然这样，那我所认定的小学关键论自然就是错误的。后来我又记起来，1955 年和 1959 年恰好都是保守党在台上执政，所以或许欢乐时光之关键，不是小学教育问题，而是政治问题。当然，很明显我这样的推论是在胡扯，但那些基于巧合就想为某种成功或者失败做出愚蠢概括的人又何尝不是在胡扯呢？这跟伊特鲁里亚人和罗马的占卜师用鸡的内脏来预测未来是一样的。

经济增长、健康发展以及人口爆炸

二战之后的 60 年间，世界人口死亡率出现了前所未有的下降，而人均预期寿命则出现了前所未有的增长（详见第四章），与此同时，人均收入也出现了快速增长。这些发展奇迹的出现，远远超出了此前人们的普遍预测，甚至可以说和人们的预测大相径庭。

细菌致病理论的传播使得贫穷国家也获得了病媒防治技术、清洁水的供应、疫苗接种以及抗生素，千百万人尤其是儿童因此得以幸存。儿童存活率的大幅提升带来了人均预期寿命的快速增长，也使得穷国人民的生存机会渐渐追赶上了富国人民，千百万原本会死去的儿童得以幸存。预期寿命的大幅增加人人乐见，但是它带来的全球千百万人口增长却并非人人喜欢。世界人口用了几乎整个人类历史的时间，才在 19 世纪初达到第一个 10 亿。1935 年左右，全球人口达到 20 亿，也就是说仅仅用了大概 125 年的时间，世界人口又增长了 10 亿。到 1960 年，即仅仅又过了 25 年，世界人口就增加至 30 亿。1960 年世界人口的增速达到了历史最高的 2.2%，而此后世界人口的增速并未出现下降，这样的增长速度意味着，世界人口在 32 年之后就可以翻倍。从这个角度看，人口正在爆炸性增长的说法并无任何夸大。

在 20 世纪 60 年代，人口的爆炸性增长引起了社会的普遍关注，发达国家的普通大众、政策制定者、学术机构、基金会以及国际组织等都开始对人口爆炸问题产生警惕。人们对此的关心多数是出于人道主义,毕竟很多穷国已经很难养活自己的国民,而更多人口的出现,肯定会让现实雪上加霜。这就好比一户贫困人家,省吃俭用才能够准备上一顿粗茶淡饭,结果发现还有一堆没饭吃的亲戚等在大门外。大规模的饥荒似乎近在眼前。在那些游览印度的游客看来,印度人口实在太多了,而当听说印度人口还会出现亿万数量级的增长时,他们惊骇无比。的确,对于那些第一次来到印度的西方游客,德里和加尔各答贫民窟里的穷困潦倒和疾病蔓延,满街的乞丐、麻风病人以及伤残儿童,在街上随地大小便的人们,或者仅仅是如此密集的人群,就足以让他们震惊。如果未来还有更多的人口出现,那这地方岂不是会更糟糕?

还有一些大众不太注意的问题,也引发了部分人士的担忧。比如,优生理论一直十分关注人口的"质量"问题。尽管纳粹德国失败之后,优生学的概念已经不太流行且不受重视,但还是有人担心贫穷而且未受教化的人口可能比富有且受教化的人口增长得更快,从而威胁人类的未来。更极端的是,还有人以肤色问题为借口,要求对非洲和亚洲的人口增长加以控制。为此,不少国家制定外交政策,国际组织也发放贷款,基金会更是提供援助,它们这么做无非是为了让这些穷国少生几个孩子,控制好人口规模。至于真正在生养孩子的贫穷国家是怎么想的,成了一件无关紧要的事情。

为什么人口越多就越贫穷这样的思维如此普遍?有一种看起来显而易见的解释是:如果这个世界上的人口增加,那么人均所享有的食物和其他商品就一定会变少。不过,在经济学家看来,这种解释可谓是一种基于总量固定论的谬误:信奉这种理论的人认为,某种事物的总量是固定的,因此,人口的简单算术增长会引发匮乏的发生——这就像一个穷苦家庭吃晚餐时突然来了一群不速之客,必然出现食物不够分配的情况。但是我们知道,如果这些不速之客是带着食物来的,那么，这次聚餐很有可能无论在营养还是在社交方面都超出我们最初的设想。所以说，人口增加是否会引发贫困，并不是一个简单的算术问题，而取决于人口增长所付出的成本以及收益对比。对这个问题做一个最简单的解释，那就是：多了一张嘴，但也多了一双手。这个解释虽然过于简单，但是与认定新增人口没有任何贡献的总量固定论相比，它还是更接近事实的真相。

我们还需要看到，亚洲和非洲在人口爆炸性增长期间所出生的孩子绝大多数都是父母主动选择的。但在当年，即便是这样的说法有时候也会遭到质疑，亚非的人们被看作性欲的奴隶，而孩子就是这种欲望之下不幸而又不可避免的后果。尽管在那个时候并非所有人都知道如何方便而又低成本地避孕，但是有绝对的证据可以证明（如果这个还需要证据的话），即便不是每个家庭都是如此，总体而言每个孩子的降生都是父母理性思考后的主动选择。所谓无限的欲望不过是我们西方人的一个借口，利用这个借口，我们对穷国进行所谓的"帮助"，让它们的人民减少生育。实际上不是他们不想要孩子，而是我们不想要孩子。没有人能证明这些国家的人真的想要得到这样的帮助，也没有证据证明减少生育就能对生活水平的改善有所帮助。事实上，一切恰恰相反。

父母想要多生孩子，并不必然意味着孩子越多这个社会越好；多生孩子的有些后果，父母也不清楚，而有的后果即使他们清楚，也可能会忽略。一个家庭的孩子增多，其他家庭的负担也会增加。当生养一个孩子的成本都是由这个家庭自己负担时，我们相信，父母们会仔细衡量其成本和收益，而只有收益大过成本之时，他们才会做出生孩子的决定。孩子的出生或许会减少家庭中其他成员享受到的资源，毕竟没有哪个孩子生来就能够为家庭经济做贡献。但是，如果考虑到未来的经济前景，以及为人父母的欢乐，完全可以说，多一个孩子就可以给家庭多增添一份幸福。我们或许会担心，一些父母生孩子不过是为了压榨或者虐待他们，即便有这个可能，也不能证明别人就能替这些孩子做出更好的选择。当多生孩子也会增加其他家庭的负担时，随之而来的是一些更为严肃的讨论：孩子多了，学校和医院可能更拥挤，公地、清洁水、能源会相对减少，全球变暖进程加快。这些被认为是由人口过多导致的后果，通常被称为"公地悲剧"。而长久以来，是否需要以控制人口的方式来解决公地悲剧问题，是人们争论的一个焦点。

围绕着公地悲剧解决问题，人们提出了多种多样的方法。经济学家倾向于使用价格方法来解决此类问题。有时候征税可以使人们关注某项活动的社会成本，而如果不征税人们就可能完全漠视这些成本的存在。一个经典的例子是在全球范围内征收碳排放税，这项征税活动将非常有助于解决全球变暖问题。但是此类策略也存在问题，因为要确定这样的税种，其前提是要达成一定程度的政治共识，但实际上这是非常难的。而诸如能源的获取、公地的使用以及水权的归属等地方性问题，也需要依靠地方性的政治协商来解决。虽然从来无法保证一定会有相适宜的制度建立起来以满足相关政治行动的需求，但是地方政府的政治商讨确实可以解决很多争端，同时阻止人们将成本转嫁给其他人。医院和学校的配给也可以通过地方或全国性的政治协商予以解决。一个恰当合理的政治体系，应当包含某种限制家庭规模的经济或者社会因素，而如果能以民主的方式进行人口控制，则可能是解决公地悲剧以及相似困境的较好举措。但是没有证据能证明外来者，包括外国政府、国际机构或者基金会等进行的人口控制会起作用。这些机构有自己的利益诉求，除此之外，对于那些所谓它们正在帮扶的人民的生活，它们的所知也经常极为有限。

很多以控制人口为名的活动都对穷国造成了伤害，甚至酿成严重的灾祸。印度就存在极为严重的滥用控制人口措施的现象。在印度，政府推行了所谓的自愿绝育政策，但事实上，这项政策常常变成强制性措施。虽然直接推行绝育政策的是印度的政客与官员，但是美国国际开发署和世界银行等机构不但鼓励这样的举措，还为之提供智力和财务支持，因此，对于这种人口控制手段的滥用，它们也负有很大责任。[9]

尽管世界末日的预言弥漫，但人口爆炸性增长却并未让世界陷入饥荒和贫困，正相反，过去半个世纪的真实情况是，人口死亡率大幅下降导致了人口爆炸，与此同时，全世界的人口实现了大规模脱贫。这样的结果是如何发生的？我们最初的预测为何会错得如此离谱？

当然，当时也有正确的预测。经济学家及人口学家朱利安·西蒙当初就不断地挑战"末日说"，他所做出的预言今天看来都非常正确，其大量的论证今日也广为人们所接受。在其著作《最终的资源》（*The Ultimate Resource*）中，西蒙称，土地和自然资源终有一天会被耗尽，它们都绝非繁荣的真正源泉，繁荣的源泉是人。[10] 每新增加一个人，虽然多了一张嘴，但也增加了一个未来的劳动力，从长期看，这将使得平均收入与人口规模失去关联性。不但如此，一个新人带来的还有创造性的思维。这些新增人口所带来的某些新理念，不仅可以为他们的雇主带来利益，也会造福全人类。如果说多了一倍吃饭的嘴同时多了一倍干活的手相当于什么都没有改变，那么这些新增头脑的新创意、新理念，则可以提高每双手的工作效率。当然，不是每个新生儿都能变成爱因斯坦、爱迪生或者亨利·福特，也并非每一种新的理念都能够造福全人类。但是，理念可以共享，所以不必人人都是天才，只要一种有益的理念在各地得到实践，那么受益的就是使用它的所有人，而绝非仅仅是这种理念的创造者本人。更多的婴儿诞生，意味着人人都要承受新增人口的成本，比如拥挤的学校和医院。但是，人的增加却可以带来新的思维方式与生产方式，而这些都是经济增长的最终基础，也是人类摆脱贫困与病痛的工具。这些新的益处累积起来毫无疑问将远远超过新生人口所需要的成本。如果这样的说法成立，那

第六章　全球化与大逃亡

么 20 世纪 50 年代和 60 年代的健康改善就为这个世界带来了双重好处：不但人均预期寿命增加，人口的爆炸性增长也带来了全球知识与创造力的爆炸性增长。

经济学家兼人口学家戴维·林在美国人口学会 2011 年的主席报告中指出，过去 50 年是全球历史上人口增长最为迅速的时期，这一时期全球经济发展也高度繁荣。[11] 这有赖于多种因素，其中一个因素就是生育率的下降：在儿童死亡率出现前所未有下降幅度的同时，家庭减少了生养子女的数量，而更关注生育的质量。在以前，那些可能生下来就死掉的孩子，如今再也"不需要"降临人世，这不但减少了妈妈生育的痛苦与危险，也使得父母双方都避免了可能的丧子之痛。之前我们总说，儿童死亡率降低的最大好处是避免了亿万儿童的死亡，但其实它也让人们得以有机会过上更好的生活。事实也的确如此，父母，尤其是母亲的生活方式因为养育子女的减少而发生了改变。她们有了参与其他活动的时间，比如接受再教育或者走出家门就业。她们也得以把更多的资源和时间投入现有孩子的养育和发展之中。

儿童死亡率下降意味着父母在减少子女生育数量的同时，其能够长大成人延续香火、继承财产的子女人数却没有减少，与此同时，父母们的付出和所经受的风险大大下降。生育率的下降并不是突然出现的，而是经过了大概 10 年的转变过程，否则也就不会有人口爆炸了。但也正因为生育率呈现下降趋势，所以人口爆炸也只是一个"历时较长的短暂现象"。这段历史大概是这样的：最初，出生人口和死亡人口基本平衡，然后是出生人口大大超过死亡人口，经过一段时间以后，出生人口和死亡人口重新平衡，但是新的平衡是建立在出生人口和死亡人口都比 1950 年大大降低的基础上。世界人口的年均增长率在 1960 年达到了 2.2%，到了 2011 年这个数字下降了一半。在死亡率大幅下降到生育率开始下降的这段时间内，大量人口出生，世界人口大幅增长。一开始，这些人处在儿童期，需求远远大于产出，然后他们进入成年期，开始有生产力和创造力，最后他们进入老年阶段。如今，他们中的很大一部分人已经退休。

戴维·林也强调，在人口增长的挑战面前，世界经济仍然取得了巨大成就。这也是本书一直在阐述的主题之一：社会本身会想方设法化解新问题。这一方面是依靠新的生产方式，毕竟人口爆炸性增长的同时也带来了更多创新的头脑；另一方面是依靠建立新型的激励机制。绿色革命以及其他的创新提高了农业的生产力，并使得食物的生产速度超过了人口的增长速度。全球化使得生产可以在全世界范围内进行有效配置，从而促进了全球的经济增长。有限的资源得到了保护，新的能源替代品也已出现。价格体系在建立激励机制的过程中扮演了核心的角色——如果非再生资源变得极度稀缺，其价格就会上升，于是人们要么减少使用量，要么寻找替代品，或者是推动直接的技术变革，找到一种无须使用这些能源的新生产方式。

不过，经济学家指出，盲目地相信价格机制会贻害无穷，事实有时候的确如此。但是，不管是经济学家还是批评家都一致相信，如果重要的资源没有与其价值相适应的价格，人们无需成本就可以使用，那将是更为危险的事情。没有价格，就不会有动力减少对这些商品的使用。这方面一个最为突出的例子就是全球变暖问题。如果这个问题得不到解决，全球变暖将成为对全球经济持续性增长最为严重的威胁之一。

绝大多数当年的社会学家和政策制定者都对人口爆炸做出了误判，由此做出的错误决策给数百万人造成了巨大伤害。20世纪人类有许多重大的知识性和道德性错误，在人口问题上的误判与政策失误，是其中最为重大的错误之一。

避孕本身并没有错。避孕行为使得夫妻可以控制生育，让自己和子女都从中受益。避孕用极低的成本实现了对生育率的有效管理，也让全世界女性受惠。和很多其他类型的创新发明结果一样，最早从避孕中受益的仍然是富裕国家的人们，而这也就同时带来了一项新的全球不平等。于是，在全世界范围内普及新的避孕手段以缩小不同国家之间的差距，就顺理成章成为一项需要优先考虑的事情。如同抗生素和疫苗接种的普及极大地促进了世界进步，避孕措施也被认为有同样的作用。不过，那些建立在强迫之上、以牺牲千百万人的自由为代价的政策和手段是极其错误的。而那些富裕国家，也在帮助穷国的名义下做了帮凶。富裕国家本应该帮助穷国，将它们所造成的不平等消灭掉，结果却是在全球造成了更大的不公。有的伤害是由错误的判断所造成，很多的政策制定者和科学家都过于盲目地相信自己的诊断和处方的可靠性。但是，这些错误的根源恐怕还是在于富裕国家本身，它们惊恐于一个可能有更多穷人的世界，更担心人口爆炸会引发全球性的社会动荡。

全球贫困状况

正如我们在之前的章节所见，国家的繁荣发展并未降低美国的贫困程度，至少在1975年之后的确如此。但是从整个世界来看，人类的确变得比以前更加富有，人均工资快速增长，其中，中国和印度的发展最引人注目，特别是在1975年以后，这两个国家为降低世界的极端贫困率做出了卓越贡献。在中印两国，尤其是中国，亿万民众摆脱了长期的贫困状态，堪称有史以来人类最为伟大的逃亡。

这一段历史的发展过程大致是清晰的，而由其所得出的结论也未遭受到严重挑战。但是我对这段历史的发展及其后果却有两方面的忧虑：一是对于全球贫困状况的评估和衡量，我们缺乏明确有效的方法；二是我们还并没有搞清楚那些每天生活费用在1美元或者1.25美元以下的人群到底是哪一部分人。

在地方社区中区分贫富较为容易。持发展观点的实践者经常引入

"参与式农村评估"的方法来对当地的生活水平进行评估。运用这种方法,当地的村民会被召集到一个地点——比如一棵大榕树下——由他们将村庄的基本情况,如粮食收成、村民的主要职业和活动、村庄的饮水情况、主要的交通工具以及村民的构成等告诉数据收集者。如此,残疾人员以及孤寡老人就经常会被认定为贫困人口。富裕国家的情况也类似,对于一个家庭需要多少钱才能生存下去,社区的民众总是乐于给出热情的答复。设立贫困线则要比这种数据调查更为复杂,因为贫困线的设立意味着某些人会得到特殊的对待,比如补贴之类就只会给处在贫困线以下的人。不过,美国的例子已经告诉我们,贫困线是有办法计算的,同时经由政治辩论程序,也会得到定期或不定期的修订或调整。印度的情况与此类似,在对当地居民的生活水平做出评估之后,该国的专业学者提出了最初的贫困线标准,后来这一标准被印度政府采纳,然后不定期地进行修改。在印度,官方贫困线的确定由印度计划委员会负责,每当现有的贫困线显得过时或者不再为大众认可,印度计划委员会就会通过一个被称为"专家委员会"的机构对贫困线进行调整。

无论是印度的贫困线还是美国的贫困线,都是在民主体系中经由讨论产生的,此外,媒体和相关利益集团也会参与贫困线的制定。这些因素使得贫困线具备了非常高的国内合法性。然而,其他很多国家的贫困线,甚至大多数国家的贫困线,都不具备这样的合法性。对很多政府而言,所谓减少贫困纯粹是一种口号或表面文章,这些国家的贫困线都是在世界银行或者其他国际机构以及非政府组织的鼓动下才设立的,并非基于针对国内实际情况的商讨,而经常是出自世界银行善意提供的指导。

由世界银行所设定的贫困线或者依据世界银行的方法所设定的贫困线相对来说是可靠的,至少外部的专家对此非常认可。但实际上,依据这种方法制定的贫困线,通常表示的是一个普通家庭仅仅满足温饱所需要的收入水平。这样的贫困线存在的问题，不是缺乏合理性，而是缺乏合法性。我们没有任何办法保证一国的国民会认可这种对自己贫困与否的划分，而贫穷人口对此的异议更大。实际上，国际机构设定这些贫困线的初衷，不过是为了统计方便，其对贫困状况的评价，也多是源于自身的需要。

世界银行确定的贫困线是这样计算的：首先从世界上最贫困的国家中选出一部分代表，然后将这些国家的贫困线加以平均，进而得出全球贫困线。这个贫困线最初的标准是1美元一天，不过，2008年，世界银行将这个标准提升到了1.25美元一天。由于各个国家的贫困线都是以本地货币为单位制定的，因此在计算平均数时，这些贫困线数字就必须先换算为同一种货币单位，这就用到了我之前所说的购买力平价汇率。20年前，世界银行最早制定的贫困标准是一个人每天生活费用不超过1美元（以1985年美元计），或者是一个四口之家一年的生活费用不超过1 460美元。由于选取的国家样本变化等因素，最新的标准是每人每天的生活费用不超过1.25美元（以2005年美元计），或者是一个四口之家一年的生活费用不超过1 825美元。贫困线制定出来后，会再依据汇率换算成不同的货币，这样就可以采用与国际标准等值的本地货币来计算各国的贫困人口。依据这种方法，世界银行可以计算出各个国家的"全球性"贫困人口数量，继而算出一个地区的贫困人口数以及整个世界的贫困人口数。

1990年以后，世界银行的贫困线计算方法和标准基本没有改变，我们现在可以在世界银行查阅到1980—2008年的全球贫困情况变化数据。这一数据我们在第一章中已经提及。从第一章中图1-6我们可以看到，全世界每日生活标准低于1美元（2005年美元）的人口，已经从1981年的约15亿降到2008年的8.05亿。由于同一时期数据所统计的国家人口增加了近20亿，因此，贫困人口占总人口比例的下降速度要比贫困人口绝对数的下降速度快许多，从原先的42%下降到了 14%。这一成就可以说完完全全是由中国的经济发展奇迹推动实现的。如果我们将中国的数据排除在外，那么在 1981 年时，全球每日生活费不足 1 美元的人口是 7.85 亿，到了 2008 年，这一数字是 7.08 亿。同样，如果不包括中国人口，这一时期贫困人口占总人口的比例由 29% 下降到了 16%，相比于包括中国人口的下降速度，这一数据变化实在没什么惊人之处。

印度是另外一个创造了经济奇迹的大国。同一时期，印度每日生活费用不足 1 美元的人口从 2.96 亿下降到了 2.47 亿，贫困人口比例则由 42% 下降到了 21%。中印两国的经济发展非常成功，这两个大国的快速发展对减少世界贫困产生了重大影响。但是撒哈拉以南的非洲国家在减贫问题上却遭遇了重大失败：2008 年，每日生活费低于 1 美元的人口占总人口的比例仍高达 37%，而在 1981 年，这个数值为 43%；并且由于非洲的生育率并未和亚洲一样出现下降，这一地区的贫困人口总量从 1.69 亿增加到了 3.03 亿，几乎增加了 1 倍。

非洲虽然幅员辽阔，在地图上非常显眼，但是相比于南亚和东亚，其人口密度要低得多。因此，虽然在减贫方面表现相对较差，但是由于总人口少，非洲对全球减贫的拖累远不能抵消亚洲国家的正面作用。我们也要注意，不能总是贬低中国的成就，不能老犯这样的错误。贫困问题的悲观主义者，尤其是援助行业内的人士经常说，如果将中国排除在外，则全球化和经济增长并未对全球减贫做出多大贡献。贬低中国的想法是完全错误的。中国所发生的改变不是一出独角戏，而是一场涉及十几亿人口的巨变，任何对中国减贫贡献的轻视不过是在说中国人没有埃塞俄比亚人、肯尼亚人抑或塞内加尔人重要罢了。每一个国家都理应得到与其地位和价值相称的研究及评价，当我们在关注全球生活变化并试图做出评价之时，每个人，不论生于何地，其价值都是一样的。不能说一个人生活在一个小国就应该得到褒奖，生在一个大国就要受到贬低。全球贫困概念本就是一个世界性的理念，对它的衡量与评价都必须建立在全球的基础上。

那么，这些贫困数据究竟是否可信？我之前已经简单介绍过世界银行的评价体系：除了缺乏各国当地的民主商讨意见，这个评价体系是基本可信赖的。当然，这种方法一直存在很多问题，我们中的很多人虽然参与了这些数据的创建，但同时对这些数据一直有所批评。和很多数据创建者一样，在使用这些数据时，我们比绝大多数人都要小心谨慎。尽管如此，我还是认为我们对全球减贫总体性特征的把握是正确的。中国与印度的快速发展绝对真实，尽管这两个国家的国民收入增速可能被夸大，然而这绝不会影响到贫困减少的总体方向，尤其是在中国，贫困人口的减少是一个不争的事实。非洲数据的真实性往往较差，不确定性非常多，但是其贫困状况并无好转的结论完全可以被我们所掌握的其他证据证明。例如，非洲国家的国民收入增长相对缓慢，非洲人口生育率的下降也较为缓慢。不过，除了这个大体的趋势，世界贫困状况的确不是一个可以说清楚的问题。

全球贫困评估体系的一个缺点是它过于依赖购买力平价汇率，因为购买力平价汇率存在"马麦酱问题"等多种不确定性，这就使得依赖这种汇率的贫困评估极易招致批评。另外一个缺点是每个国家对贫困线以下人口的统计都可能存在误差。贫困线本身是否合理也是一个不容忽视的问题。

对购买力平价汇率的统计计算并非每年都有，而是不定时地开展。过去的三次统计分别是在1985年、1993年以及2005年，截至写作本书，最近的一次统计是在2011年，但结果尚未出炉。并非所有国家都会参与这一汇率统计。中国在2005年之前都没有参与到这一统计之中，而我们知道，以中国的经济规模而言，它参与与否对结果影响巨大。也就是说，前期的购买力平价估测是基于一个不完整的数据，虽然这比胡乱猜测要好很多，但可靠性还是远远不够。这些原因的存在，或者仅仅是评估方法本身的问题（对此我们无法确认），导致每次购买力评价汇率被修正时，全球贫困人口的数量都会产生一种令人警觉的趋势性变化。这种变化影响单个国家的贫困人数已经够糟糕了，更何况它还会影响整个地域的数据。1993年的购买力平价汇率修正使得非洲国家显得更为穷困，而拉美国家的贫困程度则被降低。这引起的绝对不是无关紧要的变化：在撒哈拉以南的非洲，贫困人口比例一下子从39%增加到了49%。

2005年，随着数据的再次更新，世界银行估算出的世界贫困人口又增长了1/3左右，更多的亚洲人和非洲人被定义为贫困人口。这主要是因为世界银行调整了贫困线。贫困线的变化也反映出贫困人口数字的不可靠，与此同时，世界银行将自己设定的贫困标准作为判断减贫是否成功的唯一标准也引发了不满。当然，所有的变化都是统计上的，而不是事实上的，在这个世界上没有人会因为统计口径的变化而变得更穷或者更富有。但是，这样的数据变化会使得国际组织或者非政府组织的行动方向与口号都转向新的为它们所"见"的最为贫困的地区，而这也是贫困数据统计非常重要的诸多原因之一。在1993年数据更新之后，非洲成了新的最受关注的贫困地区。贫困数据的调整导致全球的贫困地图像一条变色龙，不断变换颜色，而所谓救助与注意力向最贫穷国家的转移或许只是在追逐一个完全不存在的幻象。

不过，基础数据的修订并未对全球贫困状况的发展趋势产生明显影响。尽管如此，中国和印度的贫困下降速度仍然可能因为数据的修订而被低估，真实的贫困人口比例下降速度可能比官方所公布的还要快。这个问题一直悬而未决，其中既有技术原因，也有深刻的政治因素。

即便贫困线已经划定，要弄清楚每个国家到底有多少贫困人口，仍然是一件极难的事情。相关的统计往往采取家庭调查方式，即随机选取一些家庭样本，了解其收入与支出状况，然后得出生活在贫困线以下的家庭人口数量。国民收入核算部门对整个国家的总体支出和收入有一个独立的估算，它们会将家庭调查得出的结果与其独立的估算进行对比。不过，在很多国家，对比的结果常常是两个数据大相径庭，家庭调查得到的总收入往往大幅低于统计人员所估算的数额；而更糟糕的是，这两个数据的差距正变得越来越大。换句话说，如果开展入户调查，人们会说，他们生活水平提升的速度并没有赶上国民收入增长的速度。从某种意义上说，美国的实际情况就是如此：国民收入一直在增长，但是一般家庭的收入却增加很少甚至没有增加。之所以有此问题，一个主要原因就是美国贫富差距的扩大，而对于印度和世界其他国家而言，不平等也几乎必然是问题的根源之一。但是，与美国有很大不同的是，印度的家庭数据一直和总体数据相矛盾。这两种统计数据不统一的问题不仅仅在印度存在，在其他国家也同样存在。[12]

在印度，这种数据相互矛盾的问题所引发的讨论极为尖锐。右翼人士认为总体的数据是可信的，世界银行和印度政府所使用的贫困数据统计方法都低估了贫困人口的下降程度。他们称，调查者存在作弊行为，没有真正地深入调查，其所得到的数据不过是坐在树下或者茶馆里胡编乱造出来的。左翼人士则更认可样本调查数据，他们称，如果被调查者不认为贫困减少了，我们就没有理由认为贫困真的减少了。这一派认为印度的国民收入核算存在多种缺陷，此外，也没有证据证明家庭调查的数据都是弄虚作假得来的。毫无疑问，这两派的观点都有其合理之处，但是，他们的争论提醒了我们，关于贫困问题的讨论往往缺乏坚实与充分的事实基础，人们不过依据自己的政治倾向对事实做出了偏好选择。这一现象背后的事实是，印度政府至少在言辞上变得越来越亲近商业阶层而越来越疏远穷人。[13]因此，印度政府必然要大力证明其经济增长使得人人受益，而绝非只是少数城市、少数地区的中产阶层得到了好处。而否认这些调查数据的有效性就可以使富人直接无视穷人的存在。

细微的变化可以有巨大的影响，关于这一点，我所熟知的一个印度事例就是极好的证明。印度统计研究所有一位伟大的经济学家兼统计学家名叫 P. C. 马哈拉诺比斯，他在家庭调查的理论设计与实践方面都做出了重要贡献。在经过数次实验后，马哈拉诺比斯确定在进行家庭调查时，应当询问每个家庭在过去 30 天的具体消费情况，比如吃掉了多少米和面等。在 20 世纪 90 年代，印度的全国抽样调查一直沿用马哈拉诺比斯的 30 天调查规则，不过，其他很多国家将调查期缩短为 7 天，因为它们认为受访者很难准确记住很久之前的消费情况。不少人认定，正是因为 30 天的调查期过长，很多人忘记了自己的一些消费支出，所以贫困的问题被夸大了。这样的观点使得 7 天调查期得到认可并被采用，而结果果然如之前所料，依据这种方法统计到的家庭平均日常支出额增加了。这一微小的统计技术变化直接让印度的贫困率降低了一半，也就是说，有 1.75 亿人因为这个统计方式的变化而脱贫。但是，调查天数的变化肯定只能让统计人员兴奋，按此说法，受调查者报告期缩短可以让统计者获得更多的细节。这样一个小小的技术问题就可以完全改变对贫困的统计与认知的确让人激动：只要改变统计手段就能实现减贫，这比靠改善人们的生活水平减贫要简单多了！

不过，7 天报告期的调查手段在印度并未得到长期使用。马哈拉诺比斯后来又改进了 30 天报告期的统计方法，使其准确度有所提高，并且还经常优于 7 天报告期的统计方法，于是 30 天报告期又重新被印度采用，这也让左翼人士欢欣鼓舞。但对于印度这样的贫困人口占比较高的国家，还有比找到一种好的统计方法更为基本也更为重要的问题：在这样的国家存在着大量接近贫困状态的人口，他们的生活水平可能位于贫困线以下，也可能刚刚高出贫困线。若贫困线稍微降低一点，就有千百万原先被计为贫困的人口脱贫，而如果贫困线稍微上调一点，就有千百万人从非穷人变成穷人。也就是说，贫困线的任何变动，或者贫困评估方式的细微改变，都会对贫困人口的统计结果产生极为重大的影响。贫困线如此敏感，影响了整个贫困评价的效用。而正是因为这条贫困线的位置有如此重要的影响，我们也就不清楚这条贫困线到底应该设在何处。说得更粗暴一点，真实问题是我们根本不知道自己在干什么，把这么多重要的事情都交由贫困线这样一个数字来决定显然是一个错误。

在狄更斯的小说《大卫·科波菲尔》中，米考伯对贫困线的作用有着自己的理解，他发现："年收入 20 英镑，如果每年花销 19 英镑 19 先令 6 便士，结果是幸福。年收入 20 英镑，如果每年花销 20 英镑 6 便士，结果是痛苦。"这段话非常有名，有名的一个原因是这段话太蠢了。为什么我们要把那么多的事情寄托在如此细微的差别之上？为什么有些人的支出只是稍微比贫困线低了那么一点，就可以得到特别帮助或者是世界银行的关照，而有些人的支出只是比贫困线高出一点却完全得不到帮助，只能依靠自己？当我们对贫困线到底是什么还不够了解时，当我们在收入的衡量上还有很多困难时，做出米考伯式的判断便是蠢上加蠢。我们应该关心那些更穷困的人，但绝不应该以任何的分界线为界，对处境相近的一类人给予截然不同的对待。

最后要注意的是全球贫困线问题。多数人认为在美国或者欧洲是不可能一天仅靠 1 美元生活下去的。尽管从来没有人希望这样的事情发生，欧美也不在全球贫困统计范围之内，但认定人们不能以一天 1 美元的标准在欧美甚至其他国家生存，的确削弱了这条国际贫困线的权威性。毕竟千百万印度人每天的生活费用不过 22 卢比，以购买力平价汇率换算，还不足 1 美元。购买力平价汇率的意义在于平衡不同国家的购买力。所以，假使印度人可以一天靠 22 卢比生存，并且这还不算是最差的境况，那为什么美国人不能一天只靠 1 美元生存？

对于这个问题，我也不确定是否存在令人全然信服的答案。在美国，有三样重要而且价格昂贵的东西是印度的贫困线所未能包括的：

住房、医疗以及教育。此外，像印度这样的国家基本不需要供暖，同时，人们在穿着上的花费也较美国少很多。在自己居所附近工作的印度人，其交通花费基本为零。如果在美国这三方面的花费都能排除，那么一个"没有水、电、通信、与世隔绝"的美国四口之家，一年靠 1 460 美元也能活下去。当然，这些钱只能用来买足够便宜的食物，比如散装大米、燕麦、豆子以及少量的蔬菜。最近的一项研究还列出了一份"最低需求清单"，依照这个标准，一个美国人可以每天靠 1.25 美元生存下去，或者说一个四口之家一年有 1 825 美元就能生活下去。[14] 不过，全球贫困线的支持者也须注意，即便是在印度，一天仅有 22 卢比也只能让人过着悲惨的生活，印度的穷人及其子女，即便能够靠这点钱维持日常温饱，也无法不成为世界上营养不良最为严重的人。

全球收入不平等

经常有观点认为，全球化让世界变得更加不平等了，富人抓住了新的机遇而变得更加富有，穷人却没有得到多少益处。这种观点有一定的合理性。我们这些人运气足够好，能够生活在欧洲或者北美这样的发达地区，享受到这个崭新的、相互密切联系的世界所带来的种种好处；而与此同时，贫穷内陆国家的人们却无法得到良好的教育，健康状况也不佳。全球化的种种好处，完全没有在他们身上得到体现。

也有人持完全相反的观点。全球化使亚洲劳动力获得了前所未有的融入发达国家市场的机会，即便他们无法移民至发达国家，以前那些只存在于发达国家的就业机会如今也已经大量转移到了亚洲地区。如果这种情况大规模出现，那么亚洲人的工资水平就会上升，而美国人和欧洲人的工资水平则会下降，这样，世界整体上的工资差距将会缩小。全球化也使资本拥有者获得了更多的投资机会。如果富裕国家资本相对丰盈，穷国资本相对稀缺，则世界的开放会使得富裕国家的资本家更为富有，穷国资本家的富裕程度则可能下降。而如果资本家变得更为富有，工人阶层变得更为穷困的话，在富裕国家内部，收入不平等的现象就会增加，在贫穷国家内部，不平等现象则会出现收缩。（当然，收入不平等不仅仅是工人和资本家之间的分化。）

在本章的开头，我所提供的数据就显示出各个国家间的平均收入差距正在扩大，或者说得温和点，各国的平均收入差距没有显示出任何的缩小趋势。因为几个人口最多的国家发展迅速，全世界有几十亿人口的工资水平正在远离贫困，向中产阶层的方向靠近。对于缩小全世界范围的贫富差距而言，这几十亿人口是可以缩小全球贫富差距的重要力量。但是，我们不能仅仅用一个平均数来衡量全世界人口的贫富程度，因为这忽视了每个国家内部的不平等。中国人和印度人平均收入的快速增长并不能保证中国和印度内部的所有人都享受到了快速增长的好处。用我之前奥运会的比喻来说，虽然中国人和印度人在从游行队伍的尾端向中间部分进发，但这并不能说明所有举着中国旗子和印度旗子的个体都已经走到了队伍的中间。印度高科技城市中的巨富可能早已经站在整个队伍的最前端了，但贫穷的农村劳动者可能还在原地踏步。国家内部的不平等如果已经发展到很严重的地步，就可能使得整个国家所取得的进步成绩黯然失色，而世界整体的收入不平等也会因此扩大。

第五章告诉了我们美国国内不平等的发展情况。虽然美国只是个例，但是一些影响美国国内贫富分化的重要因素，比如新科技和全球化等，也会在其他国家或者至少在其他富裕国家存在。另外有证据显示，在贫穷国家内部，并非所有人都享受到了全球化带来的新机遇。虽然全世界很难有两个国家的不平等状况全然相同，但很清楚的一点是，从总体的趋势来看，全世界的收入差距正在变得越来越大，尤其是近年来，这一趋势更为明显。美国的情况有自己的特点，其贫富差距的总体水平以及近期贫富差距的爆发性扩大，尤其是顶层人群收入的快速增长，都与别国有不同之处。在其他一些富裕国家，顶层1%人群的收入占比在20世纪多数时候是在下降的，且这一趋势一直持续到了20世纪80年代，它们近期出现的顶层人群收入增长现象在规模级别上不及美国，出现的时间也较美国要晚。但即便如此，美国也绝非唯一收入差距持续扩大的国家。

中国的经济增长存在地区不平衡问题，城市的经济发展水平远远高于农村地区。城乡居民之间的差距推动了人口的迁移，这当然会有助于降低巨大的收入差距，然而由于中国的人口迁移受到一定的限制，有超过1亿的外来打工者为了获得更好的工作机会而不得不和家人分离。在印度，像南部和西部这样的地区发展得要比其他地方好很多，但其全国性的贫富差距扩张特征并不十分明显。对两个国家收入所得税的研究显示，中国和印度收入最高的1%人群所占有的财富，虽然数额只有美国同类人群财富数量的1/3和1/2，但增速非常快。[15] 当然，有证据显示，其他几个大国都出现了贫富差距缩小的情况，比如阿根廷和巴西，这两个国家在传统上都是贫富差距较大的国家。这样的情况使得整个世界的图景变得更为复杂。

在不少富裕国家，贫富差距也在近几年变得更为严重。在20世纪前半期，由于战争、通胀以及税收等吞噬了富人阶层的大部分财富，多数国家的顶层收入人群收入都出现了下降。而在过去的几十年中，英语世界的几个富裕国家，比如美国，其收入最高的1%人群的财富出现了迅猛增加，但是一些欧洲国家（除挪威外）以及日本却并未出现这样的情况。当收入最高的这1%人群变得越来越富有时，意味着其他99%的人的财富可能连国内平均值都没有达到。在不同的国家，收入最高的1%人群所占财富的比例各不相同，这意味着，如果我们要对各国其他99%人口的生活水平进行排序，那么这个顺序可能与以全部人口平均收入为准所做的排序有所不同。

法国与美国的比较就是一个有趣的例子。近年来，法国的经济增长远不如美国迅速，但是如果对两国占 99% 比例人群的平均收入进行对比，会发现法国的增速远远快于美国。[16] 换句话说，除了收入最高的那 1% 人群，剩余的法国人要比剩余的美国人过得好。

英语母语者与非英语母语者之间也出现了贫富差距，这种情况的出现，可能是由于美国顶级薪酬的爆炸性增长推动了全世界薪酬市场的发展，而英语母语者可以在这样的市场中轻易谋职，法国、德国或者日本的管理者则无此优势。一个更为温和的解释是，全球化为英语国家的顶级人才创造出了一个庞大而多金的市场。比如，如今，歌唱家和体育明星也进入了 CEO 的全球俱乐部。按照这样的逻辑，美国以及其他英语国家人口的超高收入是他们开拓新的全球市场所获得的回报，而不是美国的 CEO 们拿钱太多，以至于其他英语国家的人纷纷仿效所致。

对于所有的富裕国家来说，技术变革与来自低工资水平国家的竞争是它们要面对的问题。虽然并非所有的国家都和美国一样有国民收入差距扩大的趋势，但最近也有不少国家出现这种迹象，尤其是收入水平在中位数以上的人群出现了收入差距的扩大。就业与收入出现两极化现象，并且在富国越来越普遍：很多中等收入的工作为机器所取代，或者被外包出去，而低收入的服务性岗位则大量存在。[17] 这种崭新的两极化限制了底层收入分配中的不平等扩张。另外，底层收入人群中单亲家庭增多，顶层权势人群中权势夫妻的数量也在增加，这些都是新的趋势。欧洲在税收体系和再分配体系方面较美国更为全面，也更注重限制贫富差距的发展，但是这些似乎都未能阻止不平等的持续扩大。

这些国家各不相同的情况，对于世界整体的贫富差距而言意味着什么？国家内部的贫富差距扩大是否会抵消几个人口大国在减少财富不平等中所取得的成就？如果各国的平均收入差距正在扩大，同时一般国家内部的贫富差距也在扩大，是不是意味着世界在整体上变得更为不平等了？

这些问题，只有最后一个有确定的答案——世界并没有变得更为不平等。不同的国家大小规模千差万别，近些年来，几个人口大国经济迅速增长，增速超过了平均水平。当按照国别进行研究时，我们将几内亚比绍这样仅有150万人口的小国与拥有10亿人口的印度等而视之。几内亚比绍和很多其他的非洲国家整体表现不佳，这只能说国家与国家之间的差距在扩大，但我们要研究的是人与人之间的差距是否在扩大，因此，这种国家间的对比所产生的结论对我们毫无用处。

那么，国家内部的不平等是否会影响世界整体的不平等？国家内部的不平等是世界不平等一个非常重要的影响因素，尤其是对处在世界整体收入分配顶层的这部分人而言。但是对于世界上绝大多数人而言，这并非决定性因素，因为世界上多数的不平等来自国家与国家之间而非这些国家内部。比如我们再以中国和印度这样的人口大国为例。相对于其他地区，这两个国家的经济实现了快速的发展。这样的发展虽然也带来内部贫富差距的扩大，但更是一项巨大的成就，整个世界也因此变得更为平等。而只要中国的收入水平仍然低于世界的平均水平，这个结论就会一直成立。详尽的估算以及多项证据都说明事实就是如此。尽管国家与国家之间的差距在扩大，尽管各国内部的贫富差距也在扩大，但是全球贫富差距并未恶化，或者说正在缓慢减弱。[18]尽管还有很多东西我们不能全然确定，但这样的结论却极有可能是正确的。一个巨大的不确定性就是关于增长的数据是否真实，将各国进行对比的难度放大了这种不确定性。

最后我们应该问问自己：真应该关注全球的贫富差距吗？如果应该，原因何在？就一个国家而言，内部的贫富差距事关公平：一个国家的公民，不管自己愿意与否，都要缴纳赋税、遵守法律、执行政策，他们理应得到与其义务相对应的合理回报。哲学家罗纳德·德沃金曾经写道:"一个政治共同体要想对其公民实行统治,要求他们效忠并遵守其制定的法律,就必须对所有的公民采取不偏不倚的公正态度。"[19] 应当承认,对于收入分配如何才算公平,不同的人有不同的观点。对于美国严重并且在持续扩大的贫富差距是不是一种不公平,也众说纷纭。但是在进行事关收入差距这样的讨论时,关注是否需要有所行动以及如何行动,应该是一个极为重要的组成部分。

整个世界的情况则有所不同。世界上不存在一个统一的为人们所拥戴的政府,对于全球的收入差距,虽然也会有人认为不公平,但是没有这样一个统一的政府出面应对。对国内收入差距的评估可以为国内政策的制定提供数据参考,但是对全世界的收入差距评估并不能为国际政策的制定提供数据参考。实际上,关于全球个人的收入差距,并无任何官方数据,而这样的话题或许有待对此感兴趣的学者进行研究。在这个领域,有很多共识,也有很多争论。虽然没有世界政府,但我们的确有世界贸易组织或世界银行之类的世界性机构。这些机构的政策会影响到很多国家民众的收入,它们也确实经常像一个政权一样,用行动支持那些公平权利受到损害的人。这些机构都没有权力、没有能力进行全球征税,也无法建立全球性的再分配体系,但是它们的确有行善或者作恶的潜能,而这足以使得它们至少对全球的收入分配情况进行持续监督。这个世界并非一个联合体,然而也绝不是由一些相互隔绝、毫无联系的国家所组成。

第三部分

救助与全球贫困

第七章

如何救助落后者？

今天，世界上仍有近10亿人生活在物质匮乏的环境中，仍有千百万儿童因为出生在物质匮乏之地而死去。在印度，消瘦型营养不良与发育障碍仍在损害着近半数儿童的身体，这些人在大逃亡中掉队。极端的不平等会催生出消灭不平等的方法。科学与技术的进步使所有人都可以参与大逃亡，而逃离贫困与匮乏的益处以及掉队的可怕之处，无须我在这里赘言。在南亚和东亚，一些国家已经抓住机会奋力追赶了上来，千百万的人口因此得以摆脱贫困与早夭的命运，但是严酷的差距依然存在。

第二次世界大战结束以来，富裕国家尝试以对外援助的形式去缩小差距。对外援助以改善贫困人口生活状况为目的，是一种从富裕国家向贫穷国家的资源流动。早先资源的流动是反向的，富裕国家以战争掳掠和殖民剥削的方式，把资源从贫穷国家转移到富裕国家。后来，富裕国家的投资者向贫穷国家输送资本以寻求收益，但仍不会把改善当地人的生活状况作为目标。经由贸易，原材料从穷国出口至富裕国家并被制造成工业品，但是极少有贫困国家能够依靠原材料的出口而脱贫致富。很多贫穷国家的最终境遇，不过是一方面为外国资本所控制，另一方面在自己的内部出现了不平等。与上述历史相比，对外援助的性质全然不同，它的设立目标很明确，就是要让受援者获益。

以前，落后者所期望的不过是学习先行者的经验。对他们而言，既得利益者没有把落后者前行的道路堵死已是万幸。认为走在前面的幸运者应该回头去帮助掉队的群体是一种新的理念。对外援助是实实在在加快了人类的大逃亡进程，还是因为里面掺杂了各种动机、政治因素或非预期后果而起了全然相反的作用，这是本章力图阐明的问题。

物资援助与全球贫困

关于全球贫困的一个惊人事实是，如果我们能够像变魔术一样把钱转入世界上贫困人口的银行账户中，那么贫困就可以轻而易举地被消灭。2008年，世界上大约有8亿人每天的生活费少于1美元。这些人实际的平均生活费是每天0.72美元，即相较于1美元的贫困线标准，他们只要每天多赚0.28美元就算脱贫。[1] 0.28美元乘8亿只有2.2亿美元，也就是说，每天我们只要付出不到2.5亿美元就能让他们的生活标准达到每天1美元。如果美国以一己之力来做这件事情，算上孩子在内的每个美国人只需要每天拿出0.75美元即可，如果不算孩子，则需要每人每天拿出1美元。如果英国、法国、德国和日本的成人也参与进来的话，那每人每天出0.5美元就足够了。这点钱并不算多，而消灭贫困实际所需的钱数其实更少。世界上几乎所有贫困国家的食物、住房或者其他生活必需品的价格都低于富裕国家，比如对于生活在印度的穷人来讲，1美元能买到的东西抵得上在美国2.5美元能买到的。[2] 考虑到这些因素，我们可以得出一个令人震惊的结论，那就是，如果每个美国成年人能够每天捐出0.3美元，就可以消灭贫困；如果能够让英国、法国、德国和日本的成年人都加入进来，那想要解决全球贫困，只需要每人每天捐出0.15美元。

但人们很难相信全球贫困的持久存在仅仅是因为我们不愿拿出这

一点点钱。这一章的主题之一就是要让大家认识到，类似这样的计算其实完全没有找到消除贫困的正确途径。我们将看到，贫困问题的根源绝不在于区区 0.15 美元，就算我们将每人拿出的钱增加到 0.3 美元甚至 1.5 美元，贫困问题也不会因此就被消灭。

每天 1 美元这个贫困线标准只能满足养活一个人的最基本需求，改善健康状况或者疾病治疗等更重要方面的花费都没有被包括在内。一些网站会就一笔善款在某些特定方面的效用做出自己的估算。比如由哲学家托比·奥德经营的网站就声称，如果一个年收入 15 000 英镑的人能够每年拿出收入的 1/10，也就是 1 500 英镑，就能每年拯救 1.5 条生命，或者每年能够为将近 5 000 个得了热带病的儿童提供治疗费用。[3] 稍后我会对这些数字的立论基础进行质疑，但是应该说，这些数字都是经严肃估测而来，是经过仔细计算的，而且相对于成效而言，1 500 英镑这个数字的确也不大。但更多粗枝大叶的慈善倡导者给出的数字就常常太离谱，比如男演员理查德·阿滕伯勒（我们在引言中提过这个人）在 2000 年的一篇新闻报道中声称，联合国儿童基金会只要 17 便士（大约 0.27 美元）就能资助一个莫桑比克孩子的生活。[4]

以上这些计算，以及我在本章开头提到的那些认为轻而易举就能消除贫困的例子，其实都可以归为一种类型，我将它们称为援助错觉。这些错觉认为，只要富裕的人或者富裕的国家多给予穷人或者贫困国家一些金钱援助就能够消除贫困。而在我看来，援助绝非消除贫困的良方，恰恰相反，它其实是阻碍穷人改善生活的一块绊脚石。

我们是怎么计算出每天只用 0.15 美元就可以消除世界贫困的？既然消除世界性的贫困只需要花这么少的钱，那为什么贫困还一直存在？这里有四个可能的原因：

- 道德冷漠：富人对穷人漠不关心。
- 缺乏理解：人们关心穷人，但是并没意识到为消除贫困做点儿事其实很简单。
- 援助本可以是有效的,但是它被误用了,当前的援助是无效的。
- 援助通常是无效的,甚至在一些情况下是有害的。

我将讨论以上所有的原因。不过让我们先从道德冷漠和贫穷是否容易消除这两个问题入手。

也许有这种可能:富人的确冷酷无情,他们拒绝做出哪怕是微小的牺牲去拯救那 10 亿完全陷入贫困的人。如果贫困降临在他们的朋友或家人身上,他们可能不会那么无情,但对于那些与他们完全不一样或者生活在千里之外的人,他们或许觉得自己根本没有提供帮助的义务。

不过,亚当·斯密并不这样认为,在其著名的《道德情操论》中,他提出这样的问题:如果中国发生了大地震,那些没有生活在中国土地上的人,是否会拒绝动动小手指,去拯救那 1 亿从未谋过面的中国人的性命?他自己的结论是:"即使在一个腐败堕落至极的世界,也绝不会存在这样对他人之苦漠不关心的恶棍。"[5] 与斯密同时代的大卫·休谟则说,(18 世纪的)全球化让人们更加富有同情心并且更加愿意去帮助千里之外的人。如今的时代,全球化程度更为深广,人们的同情心和为他人提供帮助的意愿也理应更为强烈。[6]

有观点认为,距离会导致人们在道德责任感上的差异。一个过路人会拒绝救助落入浅池中的孩子,哪怕救这个孩子只要付出稍稍弄坏自己衣服这一点点的代价。人们拒绝救助非洲儿童的理由也与此类似。但哲学家彼得·辛格一直反对这一观点。他认为,对于欧美人而言,一个非洲儿童虽然远在天边,但应当施以援手的道德责任并不会因为距离远近而有所不同。因为现实中有诸如牛津饥荒救济委员会这样的国际慈善机构存在,它们能够代表我们战胜距离。

如果我们认为牛津饥荒救济委员会和其他的援助机构有效,那么拒绝援助和拒绝帮助一个快淹死的孩子这两件事在道德层面上便是等同的。在1971年孟加拉国从巴基斯坦分离出来的那场战争中，辛格记录了当时战争难民所遭受的苦难，并总结说："我觉得，对于我们可以做点什么这一点，没有大的争议，我们的分歧在于，是应该用传统的物资救济方式来解决饥荒，还是通过控制人口的方式，或是应该两者同时进行？"[7]辛格近年来的著作仍然坚持距离不应该造成差异这一主张[8]，而如今的一些网站也在帮助潜在的（同时可能也是非常小心谨慎的）援助者审核国际慈善机构，它们会选出那些在减少饥荒和改善健康方面卓有成效的组织，然后将其推荐给潜在捐款者。关于援助责任的伦理讨论自然没有什么争议，但真正的问题并非道德层面的，而是现实层面的，即"我们"（世界上非贫困群体）是否有能力去救助"他们"（全球的贫困群体）？

显而易见，这一章开头部分所说的只要每天捐0.15美元就能消除贫困的观点无论如何都是站不住脚的：事情不会这么简单。实际上，许多人对这个估算的第一反应是0.15美元过少，因为捐助过程毫无疑问会产生损耗和管理费，所以要消除贫困，我们可能需要一天捐助0.5美元甚至1~2美元。在这里，我们的道德责任并不是体现在0.15美元这笔小钱上，因为相对于所拥有的，我们所付出的其实只是很小的一部分。道德责任应该有更高的标准，那就是不能做伤害别人的事情，尤其是那些已深陷如此困境的人。认为出钱就可以消除贫困的观点，不论出钱多少，其实都是基于一个假设：只要穷国得到更多的钱，它们的情况就会更好。但矛盾也在这里第一次出现了，我的观点是，如果我们给予穷人比目前水平更高的援助或者继续以现有的水平进行援助，他们的情况不但不会变得更好，还会变得更糟糕。

同很多富裕国家相比，美国的人均对外援助额占人均国民收入的比重的确较小，但仍比每人0.15美元的标准要高出许多。2011年，全部富裕国家所提供的官方对外援助总额达到了1 335亿美元[9]，这意味着世界上每个穷人每天能得到0.37美元的救助。按照贫穷国家的购买力计算，这笔钱相当于只比1美元稍微少一点。这还没有把私人慈善机构和国际非政府组织的巨额援助款（大约有300亿美元）考虑在内。如果能够把这些来自富裕国家私人和政府的钱直接交给那些生活在全球贫困线以下的人，其金额将足以消除世界贫困。可这一切并未发生，这是为什么？我们只有先弄清楚这一点，才能对援助这件事情有更为正确的认识。

我们前面最开始的计算实际上是将对外援助理解为一种"液压流动"：如果在一端注水，那么水就肯定会从另一端流出来。[10]治理全球贫困与拯救垂死儿童的生命被简单地当成了一个工程学问题，很多人以为这跟修水管或者修汽车一样。修车是这样的：我们要换一个新的变速器，算算多少钱；换两个新轮胎，算算一个多少钱，工时费多少钱；等等。这些问题只要给钱就能解决。以此类推，他们以为只要知道一顶经杀虫剂处理的蚊帐（可保护儿童免于患上疟疾）价值几美元，一剂口服补液价值几美元，接种一次疫苗需花费几美元，然后设法提供相应数额的资金，孩子们就能够得救了。正如在工程、项目和机械装备上的投资可以促进经济增长那样，经济增长才是消除贫穷的最好方法。统计分析显示，经济增长与投资占国民收入的比例高度相关，如此一来，我们就可以很简单地计算出一个国家若想要经济更快增长并更快地消除贫困，到底需要投入多少新的资本。

很多人到如今还对这样的计算方法深信不疑，但实际上这种计算本身长期以来一直存在争议。彼得·鲍尔在1971年就做出了重要的论断："如果除了资本以外，其他所有发展条件都已经具备，那么资本会迅速在本地自发生成，或者通过商业合作方式从国外流入国内的政府或私人部门，然后通过税收增长或企业的利润增加而进一步增长。如果发展条件并不具备，那么援助将成为仅有的外部资本来源，而它必然是不会有产出的，因此也是无效的。"[11] 今天的国际私人资本流动，无论在有效性还是在规模上都已绝非鲍尔当年所能想象。如果鲍尔的说法在 1971 年是对的，那么现在就更加毋庸置疑。

在这里，对外援助存在的一个核心困境凸显出来：当受援助国经济发展的内部条件都具备之后，援助就不是必需品了；而当其内部条件不足以支持经济发展时，援助也不会起到任何作用，并且援助还有可能使某些不利于发展的内部条件固化，从而帮倒忙。对这一困境的忽视会导致很多后果。各类援助开发机构一次又一次地发现自己陷入了两难之中：只有当援助被需要最少的时候援助才是有效的，而援助者总是坚持让那些需要最多援助的人获得援助。虽然鲍尔只是在谈资本之于投资与增长的作用，但其观点适用面其实更广。如果贫困不是缺乏资源和机会的结果，而是由于失败的体制、失败的政府和独裁政治，那么给贫困国家更多的钱，尤其是给贫困国家政府更多的钱，就可能固化贫困，而不是消除它。以液压流动的理论去理解援助是错误的，治理贫困跟修理汽车完全是两回事，跟在浅水池里救落水儿童也完全是两回事。

援助的真相

在今日之世界，援助之所以没能消除全球贫困的一个重要原因，在于其实它根本就没想要消除贫困。世界银行举着消除贫困的大旗，但是它的大部分援助资金都不是通过像它本身这样的多边组织来发放的，而是从一国流向另一国的"双边"援助，而且各个国家对所接收到的援助也有不同的具体投向。近年来，一些援助国已开始强调援助的目的是消除贫困，比如英国国际发展部（DFID）就是其中最早提出此目标的组织。但是在大部分情况下，援助的具体投向并不是根据收受方的需要确定，而是根据援助国的国内与国际利益确定。这当然无可厚非，毕竟这些援助国是民主国家，它们花的都是纳税人的钱。尽管在许多国家的内部，比如英国，其民众对消除国际贫困表示了强烈支持，但在进行具体援助时，它们必须平衡许多因素。比如，需要考虑政治联盟的利益；又比如，援助国在它们的前殖民地国家仍有重要的利益，因此在援助时需要考虑维系好与它们的关系。援助国有国内利益考量，不仅要回应国内公民的人道主义关切，还要权衡国内的商业利益，因为对国外施以援助既包含机会（可以更好地销售商品），也存在风险（需要面对发展中国家的竞争）。不过，即便有各种利益纠葛，包括日本、美国在内的几个国家还是宣称要实现一些总体的目标，例如要创造一个繁荣民主的世界，这些显然和减少全球贫困的目标一致。[12]

先期制定的援助目标其实并没有看起来的那么重要。援助经常会被用到另外的地方去。所以，即便是原定要购买坦克飞机的军事援助也可能被拿来建设学校或诊所。援助向其他方向的转变其实更值得关注。发展经济学的先驱之一保罗·罗森斯坦·罗丹在20世纪40年代就说过：你以为你是在建立一个发电厂，其实你是在资助建立一个妓院。[13]如果美国为了获得政治支持而对一个盟友提供援助，那么这些援助既可能被用在减贫上，也可能被用在健康事业或者教育事业上。因此，根据援助目标将援助进行分类的做法其实没有意义。

对外援助最大的组成部分是政府开发援助（ODA），这个项目旨在通过富裕国家为贫穷国家提供资金来提高穷国的福利水平和经济发展水平。根据经济合作与发展组织的发展援助委员会（DAC）记录，2011年，各富裕国家政府开发援助的总额为1 335亿美元，23个发展援助委员会成员国的援助金额占其国民收入的比例都在0.1%（希腊和韩国）到1%（挪威和瑞典）之间，平均比例略低于0.5%。政府开发援助在20世纪60年代到70年代发展迅速，从60年代到80年代，该项目的实际援助额增长了1倍。冷战结束后，政府开发援助额出现了实质性的削减（这本身就是援助意图的一种反映），到 1997 年其整体水平已低于 1980 年。不过，之后政府开发援助又出现了超过 50% 的增长。从 1960 年至今，政府开发援助累计的援助金额约为 5 万亿美元（按 2009 年物价水平）。

美国目前是政府开发援助最大的出资国，其次是德国、英国、法国，日本紧随其后。以援助额占国民收入的百分比这个指标来衡量，美国的援助占其国民收入的比例还不足 0.2%，排名处在倒数位置，而斯堪的纳维亚国家、荷兰、卢森堡等则处在这个榜单的领先位置。要注意这种衡量方式评测的是各国对援助承诺的履行情况，而并不是以穷国人民的需求是否得到满足为标准。

关注援助额占国民收入的比重这个指标的确令人困惑。为什么联合国再三敦促各国的援助额度要占到其本国国民收入的 0.7% 呢？我们要从池塘里救一个落水的孩子，这跟救人者的收入多少有什么关系？对此有一个类似于液压流动理论的解释：全世界要实现诸如千年发展目标[①]这样的发展计划，就需要富裕国家拿出其国内生产总值的 0.7%。这个计算和我在本章开始时提到的那个计算相似，一样无意义。还有可能是联合国认为捐款越多越好（对联合国很多成员国的政府来说的确如此，但对这些国家的人民倒未必），而国内生产总值的 0.7% 这一数额是最有可能实现的。另外还有一个更重要的解释：接受 0.7% 这一比例目标的国家，其国内选民有强烈的要求帮助贫困人民的呼声，但是这些选民无法控制援助的结果，于是只能监督捐款数。在这种情况下，所谓援助不过是更多地满足了选民自己乐于助人的愿望，而没有考虑其能否切实改善众多贫困人口的生活。

在官方援助以外还存在着众多的对外援助形式。成千上万的慈善

[①] 千年发展目标：联合国千年发展目标，是在 2000 年的千年首脑会议上联合国各成员国一致通过的一项旨在将全球贫困水平于 2015 年之前降低一半（以 1990 年的水平为标准）的行动计划。——编者注

机构和非政府组织都在参与全球人道主义与经济发展工作，其中规模最大的机构同样体量庞大，年度预算超过 5 亿美元。它们本身独立运营，同时也为国内机构和国际机构提供代理。据说，它们的活动使得富国流向穷国的援助资金增加了 25%~30%，不过，在透明度与效力方面，它们之间差异巨大。还有部分非传统的援助国，比如巴西、中国和沙特阿拉伯，它们的援助不向发展援助委员会报告，也没有被计入发展援助委员会的统计。

大约 80% 的政府开发援助都是双边援助，其余的援助则通过世界银行、联合国开发计划署，或者抗击艾滋病、结核病和疟疾全球基金等多边组织来进行。有观点认为，多边援助因为较少受到国内相关考量的影响，要比双边援助更具透明度，更有效率；但实际上，世界银行是不能轻易违背其最大出资国的意愿的，而联合国开发计划署早就被认为是透明度最低并且最无效率的援助机构之一。[14] 援助者与援助机构数量庞杂，如今，即便是在一国之内，官方援助也时常要通过各类独立运行的政府机构来推动（比如在美国有 50 个这样的机构），这不仅给援助总量的统计造成麻烦，也给各类合作带来了巨大问题，而各机构之间也经常出现相互抵触的政策。

如今对外援助已经覆盖众多国家，一些援助者在同时向 150 多个受援国提供援助资金。援助者似乎更倾向于向国家而不是个人提供援助，他们倾向于尽可能地向更多的国家提供援助，而对穷人到底身在何处并不关注。这导致的结果就是，无论从个人受援额度还是受援额度占其收入的比重来看，小国所接收到的援助都要比大国接收到的更多。但是，世界上大部分的穷人实际上是生活在大国之中，于是，这种援助者自身引发的"援助分裂"，就成了援助不能有效针对穷人的另一个原因。

根据世界银行的数据，2010 年，人均接受援助最多的前三位国家分别是萨摩亚（802 美元）、汤加（677 美元）和佛得角（664 美元），而印度和中国两个人口大国，所接受的最多人均援助分别仅为3.1美元（1991年）和2.9美元（1995年）。前面已经说过，世界上大约一半的穷人（至2008年末为48%）要么生活在印度，要么生活在中国，而中国和印度在2010年仅仅从政府开发援助中获得了35亿美元的援助，这一数额只占政府开发援助总额的2.6%。世界上一半的穷人只得到了世界政府开发援助的1/40，这绝对是世界上最为不平等的举措之一。

当然，中国和印度正在快速发展，它们有可能被认为有能力自己解决贫困问题，而不需要太多的政府开发援助。不过，流入印度的私人投资是政府开发援助的6倍，流入中国的私人投资则是政府开发援助的57倍，即有人可能希望捐款能够直接投向这样能产生最大效能的国家。但我们依然不明白，为什么萨摩亚和汤加会得到那么多的援助，它们的经济增长率并没有任何令人印象深刻的地方。那种液压流动论观点认为，给予这些国家的人民如此多的援助就可以使之脱贫，又或者通过援助资金刺激其经济增长就可以消除贫困，然而真实的情况很难印证这些观点。

对援助进行国家与地区之间的分配，反映的是不同援助国所采取的不同政策。法国的援助主要投向它的前殖民地。美国的援助则一直反映其外交政策：在冷战期间它支持同盟国对抗社会主义国家；在戴维营协议[①]签署以后则支持埃及和以色列；在伊拉克和阿富汗，其援助主要投向两国的重建。有些国家会为援助捆绑上附加条件，比如要求援助款必须花在援助商品上（包括粮食援助），或者援助商品需要用援助者自己的船去运输。根据一些估计，美国70%的援助从来没有到达受援国，至少不是以现金的形式到达。这种带附加条件式的援

---

① 戴维营协议：该协议于1978年9月17日在美国华盛顿签署，是埃及和以色列达成的关于和平解决中东问题的一项原则性协议。——编者注

助增加了援助国选民对援助的支持，但是也降低了援助对受援助者的效用。近年来，这类捆绑式援助开始大量减少，例如在英国这已属于违法的规定；但是在世界范围内，它依然广泛存在。一项最近的估测显示，从1987年到2007年，捆绑式援助占政府开发援助总额的比重（包含粮食援助与技术援助这两个价值较低的项目）已经从80%降到了25%。[15]

与其减贫使命完全矛盾的是，许多政府开发援助甚至不会流向低收入国家，更不要说到达那些穷人生存的国家。当然现在这种情况已经有了明显的改善，但是这种改善的起点是非常低的。那些最不发达国家所占有的政府开发援助额度，从1960年的仅1/10多一点增长到了今天的1/3左右。不过即便是在今天，还是有超过一半的政府开发援助流向了中等收入国家。这并不像听起来的那么糟糕。由于中印两国近年的经济增长，世界银行将中国定位为中等偏上收入国家，将印度定位为中等偏下收入国家，两国或许都有能力自己解决本国的贫困问题。在今日世界，目标贫困人群与目标贫困国家是两回事。

一些政府对提高民众福祉毫无兴趣，也从未在此方面有所行动，但它们仍能获得大量的官方援助和非政府组织的人道主义援助。出于政治目的，援助者经常会向它们伸出援助之手。例如，美国曾经长期支持扎伊尔①的蒙博托·塞塞·塞科，最近则开始支持埃及与埃塞俄比亚。再比如，法国一直对其前殖民地予以援助支持，其中就包含实行独裁统治、政府腐败的几个国家。虽然有证据显示转变为民主体制的国家获得的援助大幅增加，但目前仍有大约一半的政府开发援助流向了专制政权。[16]

仅举一个例子。2010年，罗伯特·穆加贝统治下的津巴布韦得到

---

① 1971年10月，刚果民主共和国改名为扎伊尔共和国，至1997年5月恢复。——编者注

的政府开发援助超过其国民收入的10%，若按人均计算，相当于每个人获得了60美元的援助。在这种情况下，援助者面对着一个严峻的"鲍尔困境"①。如果援助是以那些人们最需要援助的地方为目标，那么，援助多哥和津巴布韦这样的国家可能是正确的。但是因为这些国家的统治体制，援助对这些国家的人民是不可能发挥作用的，它实际上只会帮助那些独裁者巩固自己的统治，或者让独裁者中饱私囊，更可能两者兼而有之。援助可以由不受政府控制的非政府组织管理，但那也至多算是一种补救方法，仍然会有漏洞。因为援助的实际用途是可以被改变的，非政府组织用来建立学校和诊所的资金也可能被当地政府拿走。政府可以用各种名目向非政府组织征税来占有这些援助资金，甚至直接掳走这些钱。比如它们可以向非政府组织进口的货物和设备征税，也可以对非政府组织征收昂贵的运营执照费用。同样的事情也会发生在人道主义紧急援助事件中，特别是在战争期间，援助者为了救助军阀统治下的民众，甚至不得不出钱收买这些军阀官员。在一些极端情况下，可以说非政府组织给这些国家送去了粮食，也送去了武器；那些嗷嗷待哺的孩子的照片被用来吸引援助，然而筹得的钱却有一部分被拿来继续打仗；更有甚者，非政府组织的援助营地也成了施行种族灭绝的民兵组织的培训基地。[17] 关于援助这件事，一种是向那些治理良好的国家提供援助，援助能够在这些国家发挥作用，但这些国家又并不急需援助；另一种是向那些治理无能的国家提供援助，然而在这样的国家，援助能起的作用有限，甚至还有作恶的风险。这两种情况之间总是存在一种紧张关系。

以上只是对援助资金如何流动做了一个简单描述。实际上，富裕

---

① 发展经济学家彼得·鲍尔（Peter Bauer）曾发表批判对外援助的著名言论，他认为对外援助实际上转移了富国纳税人上缴的资金，让穷国的精英阶层富裕起来。——编者注

国家会在很多方面对贫穷国家施加影响，其作用好坏参半，而援助的确是这些影响之中最不重要的一个。富裕国家以私人投资方式为贫穷国家提供了发展资本，与世界银行的援助相比，这些资金更为稳定而且也更少受到政治干扰。如此一来，如今的贫穷国家，尤其是中等收入国家对世界银行援助的需求已经不像以前那么迫切。另外，从富裕国家流向贫穷国家的私人资金，如移民给家人的汇款之类，也已经是政府开发援助的 2 倍。在基础科学方面，那些新发明的药物和疫苗，或者关于疾病机理的新发现，几乎都诞生自富裕国家，而这些新的发明发现的确也为贫穷国家带来了福利。手机和网络这些新发明也同样如此。不过与此同时，贸易限制也会阻碍贫穷国家的市场发展，而医药专利保护也可能使贫穷国家难以享受到好的医疗方法。富国与穷国之间的这种非援助类联系虽然也有利有弊，但经常比对外援助要重要得多。这一点我将在本章的最后继续讨论。当然，这不是要否认对外援助在个别国家的重要性，因为对于有的国家而言，援助是它们与富国之间的一项最为重要的联系。

援助有效吗？

我最初展开援助和经济发展关系的研究时，以为援助对经济的作用是清晰可见的。像大多数人一样，我的研究也是从援助必然有用这一假设开始的。试想如果我是穷人，你是富人，你对我进行救助，而且是年复一年不断的救助，那最终我肯定不会像当初那样穷困。作为一种直观的判断，很多人以为对外援助的作用也是如此，他们对此深信不疑，所以绝不会想到这种看法有可能是错误的。然而这种本质上把援助看成液压流动的直觉判断，确实是错误的。

援助不是人对人的，大部分援助都是政府对政府展开的，而且很多援助的目标也并不是让人们脱离贫困。我对真实援助体系的简要描述已经说明了这些，但是还没有说明援助的效果如何：在过去的50年里，援助是促进了经济增长、减少了贫困还是相反？从发展援助委员会和其他地方，我们掌握了大量关于援助的数据，同时我们也拥有大量关于经济发展和贫困的信息。不同的国家得到的援助待遇不同，有一些国家得到的援助会比其他国家多，此外，各个国家受援助的额度也每年都在变化。我们确信可以依据这些数据发现援助起到的作用吗？或者更具体地说，那些得到了更多援助的国家（不论是人均所得额度还是受援额度所占国民收入的比重）真的发展得更快吗？当然，减少贫困和经济发展是不同的事情，但无论理论还是经验都告诉我们，经济发展才是解决贫困最为可靠持久的方法。

从前面部分的描述我们就已经清楚地知道，援助对于经济增长的作用是一个难以简单回答的问题，至少我们不能简单地说援助对于经济增长具有积极作用。中国和印度得到的援助和其经济规模相比实在太少，然而这两个国家的发展却很成功；而一些非洲小国，相对于其经济规模，得到的援助非常多，但经济发展却难有起色。相关机构在展开援助的时候希望能对每个国家都有切实的帮助或影响，因此小的国家得到了比大国更多的援助，但是如果援助对经济发展真有那么重要，小国就应该发展得更为迅速才对。单从这一点看，援助就是一项彻底失败的行动。当然，我们不能这么快就下这个结论。人口大国能发展得更快可能源于一些和援助无关的因素，这一点在第六章中我们已经有所了解。不过这依然无法正面证明援助能促进一国经济的加速发展。

另一种研究援助有效性的方法是观察在援助过程中得到特别待遇的国家，这包括那些有强殖民关系的国家（比如法国的前殖民地）、因为政治原因而得到额外援助的国家（比如因为戴维营协议而获益的埃及），甚至还有那些在冷战期间被视为"对抗社会主义壁垒"的国家（比如蒙博托统治下的扎伊尔）。不用说，这些国家在减少贫困方面有着最差的记录，原因不言自明。在埃及、多哥和扎伊尔等国，援助并不是用来促进经济发展的，而是为了保障那些得到援助国认可的政权可以继续执政——即使这样做会伤害到这些国家的民众。

有人可能会说，那些对腐败和专制政权提供的援助不是我们所讨论的事情，因为它们根本不能算作发展援助，这个理由太过牵强了。对这些政权的援助大部分都是以无限制的形式输入当地的，如果当地政府愿意，这些钱是可以用于经济发展的。并且，很多这一类援助也的确流入了民众有迫切需求的国家。当然，这些例子不能证明，即使援助目标很明确，或者援助对象非常合理，援助也起不到很好的作用，但是它们足够清楚地表明，即便对于那些人民急需帮助的国家来说，给予无条件的援助也算不上一个好主意。我想指出的是，即便援助不是给了腐败专制政权，而是给了一些政治环境更为健康的国家，其所能起到的效用也仍旧是值得怀疑的。

对撒哈拉以南非洲国家的真实援助效果或许能够给我们更多的启示。在世界上最穷的40个国家里，只有阿富汗、孟加拉国、柬埔寨、海地、尼泊尔和东帝汶不在非洲。非洲即使不是穷人的摇篮，也是穷国的摇篮。因此，从过去到现在，有巨量的援助资金流入了非洲；但是，如果援助真的有助于经济发展，那么非洲的经济便早就不该是今天的样子。

图7-1显示的是非洲国家自1960年以来的经济增长情况，图中数据以5年为一个间隔，统计时间则从1960年持续到2010年。在世界银行的统计中，撒哈拉以南的非洲共有49个国家。从科摩罗、马约特岛到埃塞俄比亚、尼日利亚和南非，这些非洲国家和地区在规模大小和重要性方面都非常不同，所以取一个简单的平均数并不恰当。因此，我以每个时间段的中位数为准。中位数就是处于所有数据的中间位置数值，其中一半的国家经济增速高于此数值，另外一半的国家经济增速低于此数值。

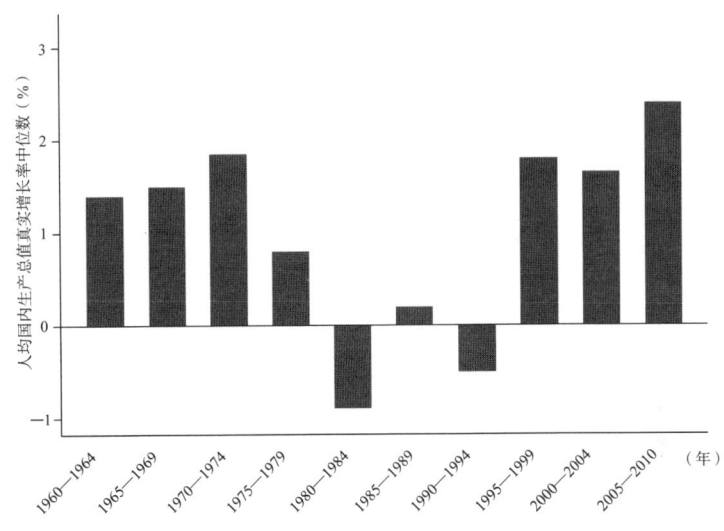

图 7-1 非洲人均国内生产总值（真实购买力平价）的增长率中位数

在20世纪60年代和70年代初，这些国家的人均国民收入年增长率为1%~2%，用任何标准来看，这都不是什么了不起的增长，但至少意味着非洲人的生活在逐步改善。在20世纪80年代和90年代早期，非洲国家的经济出现了负增长。这不但与同时期经济增长很快的亚洲国家相比大为失色，与其自己之前的表现相比，也是一种绝对倒退。以其80年代至90年代的衰败表现，非洲在独立之后经济低速增长的岁月简直称得上是一个黄金时代。在20世纪60年代的时候，韩国比加纳富裕3倍，到了1995年，这一数字变成了19。1960年，印度的人均国民收入只有肯尼亚的40%，而到了1995年，印度则比肯尼亚高了40%。

1995年之后，非洲的形势有所好转，其经济增长率转负为正；而在2005—2010年，非洲的经济增长达到了有史以来最好的水平。

这种经济增长—下降—再增长的过程可以认为是对外援助带来的变化吗？图 7-2 显示了撒哈拉以南的非洲人均获得援助额的中位数

第七章　如何救助落后者？

（以美元计），考虑到非洲较低的物价水平，这些美元的实际作用需要乘2。图中的这些数字并未根据通胀情况进行调整，若进行物价调整，图的基本走势也将与此类似，只是数据增速会放缓。以购买力计算，在最近几年里，一个人均获得援助额处在中位数的撒哈拉以南的非洲国家，其居民一年所接受的援助大约等同于100美元，这个数字相当于这个国家人均国民收入的约20%。

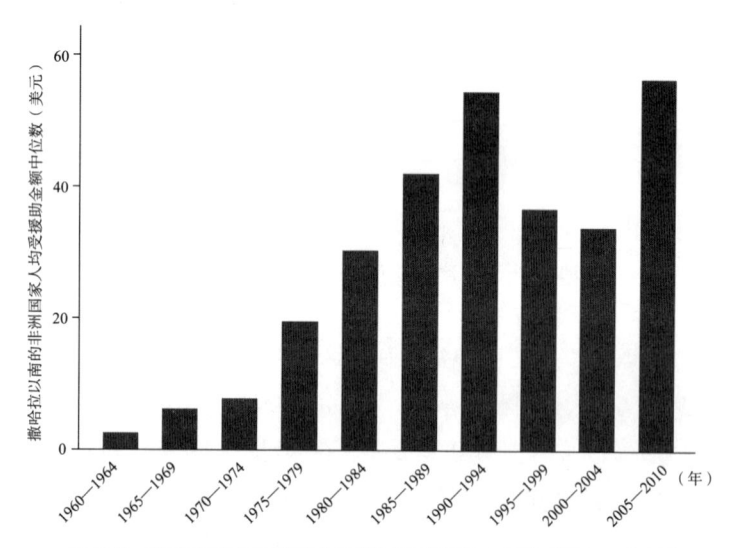

图 7-2 撒哈拉以南的非洲人均获得捐助额的中位数（以每5年计）

关于援助对非洲经济增长之影响，这两张图告诉我们的是什么呢？显而易见，影响经济发展的还有很多其他因素，但这里先有个大致的观点也是自然而然的：我们再次注意到，援助看起来的确没起什么正面作用。随着援助金额的持续增长，非洲经济却持续衰退；而当冷战结束，援助减少时，非洲经济却开始起飞。冷战的结束使得向非洲提供援助失去了一个重要理由，而非洲经济却在此时出现反弹。以前有个苦涩的笑话说"冷战结束让非洲迷惘了"，然而这张图却告诉我们，这个苦涩笑话的真正笑点在于"冷战结束竟然让非洲获益了"，而且是因为西方的援助减少了。"冷战结束让非洲获益"这样一个结论对个别的人和国家，比如对蒙博托和扎伊尔来讲是适用的，但是作为一个一般结论，的确有些过于绝对。

  冷战终结让援助乐观派认定，当今的援助将不再会被用于反共和扶植独裁者，而是用于当地的经济发展。他们强调，现在的援助更具开化作用，所以援助越多，经济增长就越有前景。这个观点也许是有道理的。不过，蒙博托虽然被推翻了，但是另一个专制政府——埃塞俄比亚的梅莱斯·泽纳维政府却在2010年得到了来自美国、英国、世界银行和其他国家超过30亿美元的援助。梅莱斯·泽纳维死于2012年，是非洲最臭名昭著的独裁者之一。[18]埃塞俄比亚有近4 000万人每天的生活支出在1.25美元以下（其中2 000万人每日生活开支在1美元以下），因此，那些坚信援助可减少贫困的人士一直对埃塞俄比亚青睐有加。梅莱斯是宗教极端主义的坚定反对者，这又让他得到了美国政府的好感。美国当然有权去选择它的盟国，但如果其援助只是出于自己国内安全考虑，是为了满足国内选民对贫困国施以援助的呼声要求而不考虑实际的援助效果，那么这种援助实际上是为了"我们"自己，而不是为了"他们"。

  非洲经济增长的一个关键因素在于大宗商品价格的变动。许多非洲国家的经济发展长期依赖于基础大宗商品的出口，而且至今仍然如此。这些基础大宗商品多是些未经加工的矿物或者农作物，比如博茨瓦纳出口钻石，南非出口黄金和钻石，尼日利亚和安哥拉出口石油，尼日尔出口铀，肯尼亚出口咖啡，科特迪瓦和加纳出口可可粉，塞内加尔出口花生。众所周知，基础大宗商品的全球价格一直不稳定，当作物产量减少或者国际需求增加时，价格会猛涨，同样，价格暴跌的情况也经常出现。这些商品价格的起伏涨跌没人能轻易预测。许多非洲国家拥有矿山、矿井和种植园，那些在财政上依赖对可可粉和咖啡征收出口税的国家，会因为这类商品价格的剧烈震荡而出现政府财政收入上不可控的剧烈波动。在本章稍后部分我会就大宗商品销售收入和对外援助进行对比，现在我强调的只是，原材料的价格在20世纪60年代和70年代初期是逐步上涨的，但是从1975年开始，就出现持续下降，不过，石油、铜之类的商品价格在过去的10年再次反弹。由这些商品价格上涨所带来的收益，是这些国家国民收入的一个组成部分，因此，当大宗商品出口欣欣向荣之时，这些国家的经济就必然增长，至少会出现一段时期的增长。更多的推导证据也证明，非洲国家收入的增长是大宗商品市场繁荣的一种体现。[19]

物极必反，1975年以后，大宗商品的价格盛极而衰。私人外国借款对非洲政府的治理失败则推波助澜，世界银行的发展建议也非常失策，因此当大宗商品价格的崩溃来临时，其后果比应当有的更为严重。[20] 这样的情况导致这一时期的非洲出现了图7-1中所呈现的经济负增长。冷战后非洲经济的增长还有另外一个更富于争议但也具有一定道理的因素，那就是这个时期的非洲国家拥有比以前更好的财政和货币政策。这些好政策要部分归因于20世纪80年代的结构性政策调整，同时也是因为非洲拥有了一批更为训练有素的财政官员和中央银行家。如果要评估援助的效果，我们需要把包括商品市场的繁荣和萧条在内的各种其他因素都考虑进去。

大宗商品价格崩溃以后的数年中，非洲经济都表现得很糟糕，但是这一时期对非洲的援助却增长极快。这某种程度上或许是在告诉我们，援助的确没有对非洲的经济增长起到作用；不过从积极的角度来看，这或许说明，正是为了应对贫困，对非洲的援助才出现了增长。事实上，至少有一些新援助是为了让这些国家能够偿还以前的债务，让它们不会违约。当援助伴随着经济的失败而来，我们看到的只能是经济增长和援助之间的负相关性，人道主义援助就是一个明显的例子。虽然如此，援助流向经济增速低的国家并不意味着援助的失败，相反，这说明援助是成功的，因为援助被用到了它需要的地方。当救生队员救起了即将溺毙的海员时，虽然海员仍旧全身湿漉漉并继续沉浸在刚才的濒死体验中，但我们不能因为其现在的状态大不如落水之前而去责备救生队员。

为了搞清楚援助对经济增长的影响到底如何，研究者们耗费了大量的精力，甚至做了很多蠢事。他们将很多同时发生的其他变量纳入研究，并且试图将经济崩溃对援助的反作用考虑在内。将其他因素纳入研究相对简单明了，但即使考虑到影响经济增长的其他重要因素，援助（作为国民收入的一部分）和经济增长的关系仍然是负相关的。这一结论并不是决定性的，但不可否认，这个结论很重要。我们在研究投资之于经济发展的作用时会发现，在机械、工厂、电脑和基础设施以及所有可以支持未来繁荣的事项上，其作用都清晰易见。[21] 援助和投资的作用机理本是截然不同的，但是液压流动理论的观点却一直认为，贫穷国家缺乏为未来发展进行投资的资金，而援助正可以补上这个资金缺口。对此我只能再次强调，无论援助能起到什么作用，都不包括促进经济增长这一项。

那么如何看待经济崩溃对援助的反作用？可能援助对促进经济增长的确有效果，但是这种效果被援助所需要去解决的灾难给抵消了。这就是一个经典的鸡生蛋还是蛋生鸡的问题，几乎无解。虽然许多研究尝试做出解答，但是没有一个结论能够让人信服。实际上，我们已经看到对这个问题惯常的研究方式。如果能够发现一些国家之所以被援助并不是因为本身存在经济问题，我们就可以排除掉经济衰败对援助作用的影响，进而对援助之于经济发展的效果有一个更为明确的结论。我们有这样的例子吗？有，大国得到的援助比小国的要少便可作为例子，相关政治盟国和前殖民地得到的援助更多也可作为例子。但正如我们所见，从这两种角度去看援助，还是得不到援助能够促进经济增长这样一个正面的结论，而且这两种角度本身也很容易遭到质疑。

最后的结论是什么？采用不同的方法，每一个学者都能够给自己的结论找到理由。一种说法认为这种统计分析太笼统，因此不会有结果，跨越时间和国家去考察援助和经济增长之间的关系肯定不能得出任何结论。我个人倒是对现存的数据稍有信心，不过对于援助的作用的确更多是抱负面的看法。许多援助者仍旧坚持液压流动理论的观点，认为应该向贫穷的国家提供更多援助，并认为这样能够给它们带来更好的未来。但相关数据反驳了这一观点，因为援助和投资不一样，而且私人国际资本可以为贫穷国家所用，所以援助是否有效就无法得到单独的评估。小国以及因政治利益而受到扶持的国家都没有出现经济快速发展的局面，这也成为援助对经济发展无效的证据。当然这不是决定性的证据，因为无论是大国的快速发展，还是因政治利益而受到扶持的国家表现糟糕，都可能有其他因素在起作用，但这两个证据仍颇具暗示性。除非我们能够证明，在那些"不算腐败"的国家援助所产生的效果有所不同，否则我们就不能以很多受援助国非常腐败来作为援助对经济增长无效的理由。这个话题我会在下面继续讨论。

发展项目的效果

许多人不是根据援助对经济发展的效果去评价援助的，在这一点上内行和外行相差不多。对他们来说，援助就是一些项目：提供资金去建一个学校、一个诊所，或者把援助款项交给那些能提供经杀虫剂处理过的蚊帐的组织，以及那些向人们提供艾滋病预防信息及成立小额信贷的组织。在他们眼里，援助可能就是一条能改变一个村庄人生活的公路或者能为数千人带来生计的水坝。包括非政府组织、联合国开发计划署和世界银行在内的每一个致力于国际发展的组织都有其成功案例。那些参与者都拥有直接的经验，他们不会怀疑自己所做的一切的效果。他们也会承认失败，不过他们把失败看作通往整体成功的必要代价。但这样的看法显然与统计证据所显示出的援助效果甚微甚至有害的结论相悖，这是为什么？

一种可能性是非政府组织和世界银行对援助所做出的评估过于乐观。批评者指出，非政府组织有强烈的瞒报失败与夸大成功的动机，毕竟它们除了分配资金，也同样要去募集资金。批评者也指出了这些评估在方法上所存在的缺陷，尤其是那些受援助的人要是当初没有获得援助结果会怎样，难以评估。世界银行和联合国的各个机构在对援助进行评估时也存在类似的问题。世界银行经常在项目完全结束前就已经对这个项目做出了评估，因为不断会有压力要求这样的评估早点完成。世界银行的董事会成员会定期更换，工作人员则会在各个职位之间轮岗，因此对于世界银行的人而言，他们更积极去做的是如何把援助的钱派发出去，而不是去证明那些长期项目完成的结果有多好。援助项目最后是否成功与他们的个人职业发展毫无关系，因此，他们也就不会操心如何做出令人信服的效果评估。

这些争议使得如今对援助效果的评估变得更为小心仔细，而随机对照试验的方法也常常被重点采用。这种方法被认为是判断某个项目是否起作用以及哪些一般规律在起作用的最好方式。（在随机对照试验中，一些人、学校或村庄等会得到援助，而另外的对照组则没有得到援助，所有参与试验的对象都是以随机的形式被分到两个组中。）即便之前的项目都经过了认真评估，以随机对照试验这种方法得出的结论仍然显示，援助的实际作用比之前所评估的要小得多。这种观点认为，如果世界银行将其所有的项目都予以严格评估，我们就能知道哪些项目有效，哪些项目无效，而世界性贫困也可能在很早以前就被消灭了。对于非政府组织的那些自我评估，随机对照试验学派，即那些支持随机对照试验的人也总是持怀疑态度。如今，他们已经和那些乐于合作的非政府组织联手，以进一步完善这些组织的评估程序。他们也说服了世界银行在一些工作中运用随机对照试验模式。

判断出某个具体项目是不是成功固然重要，但是对于哪些有效、哪些无效的一般规律，这样的个别项目试验还很难透露出非常有用的信息。通常来说，试验组和对照组的样本量都是非常小的（做试验会很贵），这就导致了结论不够可靠。更为严峻的是，没有理由能表明在某地有效的项目在其他地方仍能有效。即使一个资金援助项目改善了人们的生活，并且我们肯定这是事实，援助通常也不是单独地在起作用，它需要各种各样的其他因素加以辅助才会产生效果。面粉可以说是做蛋糕的条件，从这个角度说，做蛋糕没面粉肯定比有面粉要糟糕，而且我们能用很多试验来证明这一点。但是只有面粉而没有膨松剂、鸡蛋和黄油也不行，因为对于制作蛋糕而言，这些辅助的配料也必不可少。[22]

与之类似，教学创新可能会在一个地方的试验中获得成功，然而在其他的村庄或者国家就可能会失败或者不够成功。一个小额信贷计划的成功与否可能得看有多少妇女被组织了起来，也得看男性会给这些妇女多大的自主权。农业教育服务可能会在农民聚居并且可以经常交流的地方获得成功，然而在那些农民分散居住的地方，这样的服务就可能遭遇失败。如果不能认识到事物的作用机制，就像只知道蛋糕好吃，却不知道它是怎么做出来的，我们就不可能从某个产生效果的具体项目上发现是什么在起作用。同时，如果对什么在起作用判断错误，其结论也是无益的。如果对一种项目或模式的复制不是以对作用机制的具体研究为指导，那这样的简单复制就不能解决问题，因为会有很多辅助因素的变量存在。因此，当援助机构宣称以它们的方式运营的项目非常成功，而整个世界也因此变成了一个更好的世界时，我们须明白，这种说法本身并没有告诉我们消灭全球贫困的真正秘诀。

还有一种可能性：资金援助的项目很成功，而援助本身却是失败的。即便存在一个理想的援助机构，它只会在某个项目通过了严格的评估之后才提供资金，这样的援助也同样可能失败。很多的项目在试验时非常棒，但是真正实施时却未必如此，这样的情况非常令人恼火，但是的确经常发生。产品模型与制成品是不能等同的。在现实中，政策是由真实的官员执行的，出自他们手中的政策效果不可能和学者及世界银行工作人员所设计的一样完美。同时在现实中也会出现很多在评估中始料未及的事情。这方面的一个重要例证是，援助资金导致的某些私人服务的增加会削弱政府对同一种服务的供应。即便政府的产前护理体系不是很好，即便护士和医生经常怠工缺勤，那些非政府组织运营的诊所也需要从其中招聘医护人员，并且通过高薪挖角，它们会逐步将公共医疗系统的资源掏空。如此一来，援助的净效益也就低于没有考虑这方面问题时所做出的评估。另一个被广泛争论的例子是对大坝作用的评估，因为我们很难对大坝建设造成的直接和间接影响进行鉴别。

以试点项目来评估某些新的理念经常是有益的，然而当项目规模扩大后，其结果往往会与试点结果有所不同。一个教育项目或许可以帮助人们从高中或者大学毕业，然后在政府部门中找到一份好工作。在很多贫穷国家，政府工作人员属于最为人青睐的职业。但是如果这样的项目扩展至所有人，而政府的规模并没有相应扩张，那么这样的项目就没有带来净效益，至少从到政府就业这一指标来看是如此。农业援助项目也有类似的问题。一个农民可以因为援助而提高生产率，但是如果所有的农民都做到了这一点，那么粮食的价格就会下降，而原本是对一个人有利的事情，最终可能对所有人都没有好处。几乎所有涉及农业、企业或者贸易的援助项目在进行独立测试时都不会有问题，可一旦规模扩大，相关商品和服务的价格就会受到影响。所以，一个援助项目可能本身是成功的，但是当其规模被扩大至全国范围时，就可能遭遇失败。完美的项目评估与全国整体上的援助失败并不矛盾。

援助机构经常会给那些本已顾此失彼的政府带来沉重的行政负担。政府机构不得不批准援助项目，不得不对非政府组织的活动进行监控，不得不与在其国内工作的大量国外机构进行会面商谈。很多贫穷国家缺乏行政与监管能力，这些都限制了其国家的发展与减贫进程。本身意在助人的援助项目，却使得当地政府官员无法专注于更重要的任务，并对成功发展所需的国家能力造成了破坏，这绝对是一种讽刺。援助让政府的时间与精力转向了对外援助机构而疏忽了本国公民，这样的例子还有很多。一个国家越小，一个政府越无能，得到的援助金额越大，这样的政府转向就可能产生越严重的后果。

认真仔细地评估援助项目，搞清一个项目是否实现了其最初目标，尝试寻找也适合其他地区的经验教训，是值得大力肯定的工作。一个成功的、令人信服的评估，可以发现让资金发挥作用的确切机构或领域以改善民众的生活，尽管这样的结论常常只适用于某个地区而难以一般化，其作用仍值得肯定。但是，项目评估本身并不能告诉我们什么有用、什么无用这样的一般规律。那些成功的项目评估也不能保证现实的援助就一定会有效，因为从根本上说，对援助的效果判断需要从整体的经济情况出发，它不是以某些具体的项目为准，也不是要去区分项目的好坏。在谈论项目的评估时，一定要从整体的角度去思考援助这件事，一定要思考援助给一个国家带去的整体后果。

援助与政治

要理解援助如何发挥作用，我们需要研究一下援助与政治之间的关系。社会繁荣与经济增长需要相应的环境，而政治与法律制度在环境的建设方面起着至关重要的作用。对外援助，尤其是大量的对外援助，会影响这些制度的运行与变迁。政治经常会成为经济发展的桎梏，而且在援助出现在这个世界之前，政治制度就有了优劣之分。对外援助的大量流入，使得地方的政治生态变得更为恶劣，同时，经济长期增长所需的制度体系也遭到了援助的破坏。援助还会削弱民主和公民的社会参与度，除了经济增长受到影响，这是又一个直接损失。援助有很多正面作用,比如它让那些原本会失学的儿童得到了受教育的机会,那些本可能逝去的生命也因为援助而得以幸存。不过,我们还是需要对援助的正面作用及其带来的危害进行权衡对比。

发展经济学将二战之后开始的经济增长与贫困下降视作技术问题,这一派的经济学家总是向我们解释那些新近独立的国家及其统治者是如何给民众带去繁荣的。即便也曾对政治的影响有所思考,这些发展经济学家依然认为,出于提高社会福利的目的,政治家会扮演一个民众保护者的角色。而政治本身作为社会发展的一个目标、公民参与社会的一种手段以及管理社会冲突的一种方式,根本没进入这些学者的视野。这些发展经济学家也没有认识到政府在其运转之中也有自己的利益,因此在一种长远的经济发展中不可能扮演一种可信的伙伴角色。对发展经济学这种看法的反对意见一直以来都没有停止过,但是直到近几年,主流的发展经济学家才开始关注政治体制等制度问题的重要性,同时也开始关注政治政策本身。

如果执政者和被统治者之间没有达成某种形式的契约,经济发展就不可能出现。政府要想维护领土完整,保持对暴力机关的垄断,或者仅仅是为了建立法律体系、维护公共安全、保证国防安全以及提供其他公共产品,就需要具备相应的财力。而要想具备这样的财力,政府就需要从被统治者身上抽税。正因为政府需要税收,如果没有纳税人的参与,整个征税过程就难以完成,所以政府在需要得到约束的同时也要在一定程度上保护纳税人的利益。在一个民主政体中,对政府使用纳税人资金实施的一些项目进行评估,可以直接反映出选民对政府表现的满意程度。这样的反映方式在民主政体中可以充分发挥作用,因为政府在方方面面都有筹集资金的需要,这就常常对执政者造成一种约束,使得他们需要关注纳税人的诉求或者至少是其中某一部分人的诉求。人们对大规模资金援助最为强烈的反对理由之一,是认为援助会削弱政府在筹资方面所受到的约束,因为一旦约束被削弱,政府就无须民众同意也能实现资金筹集，而在极端情况下，它还使得本应普惠人民的政治体制变成了一种危害人民的体制。[23]

在富裕国家，政府保护公民理所应当；而在贫穷国家，如果税收能力不足，国家就会拒绝向公民提供更多保护。法院不作为或者官员腐败，人民就得不到法律保护，警察也不再保护民众，甚至可能骚扰、剥削穷困百姓。债务无法偿还，契约难以履行，或者政府公务员屡屡索贿，这些都可能导致业务无法正常进行。人民还会面对来自匪帮和军阀的暴力威胁。本地特有的病媒传播疾病本来是可以预防的，然而它们仍可能会威胁民众尤其是孩子的生命。人们可能会用不上电，无法上学，或者得不到完善的医疗服务。对于世界上的多数地区来说，若具有以上这些风险，意味着此地可能仍然处在贫困之中。所有的这些风险都会导致贫困，而这一切都源于国家能力的缺失。任何破坏国家能力的事项，都与改善穷人的生活这一目标格格不入。

持援助会威胁制度体制这种观点的人认为，援助的破坏性取决于援助额度的大小。中国、印度以及南非近年来所接受的政府开发援助数额一直低于它们国民收入的 0.5%，并只是偶尔占到政府支出的 1% 以上。在这些国家，援助并没有对政府的行为或者体制的发展产生多大影响；但是在非洲大部分地区，情况则大不相同。在将近 30 年甚至更长的时间中，撒哈拉以南非洲的 49 个国家中，有 36 个国家接受的政府开发援助至少占到了其国民收入的 10%。[24]

如果考虑到政府开发援助主要流入了当地政府手中，非洲这些国家所接受的援助占其政府支出的比例就更高了。在贝宁、布基纳法索、刚果（金）、埃塞俄比亚、马达加斯加、马里、尼日尔、塞拉利昂、多哥和乌干达等国，它们接受的援助占其政府近几年运行支出的比例已经超过了 75%。在肯尼亚和赞比亚，政府开发援助占其政府支出的比例分别为 1/4 和 1/2。由于多数的政府支出都是提前设定并且在短期内无法更改的，因此这些国家的政府可自由支配支出几乎全部来自国外的援助。稍后我们就会知道，这种情况并不意味着援助者就能够左右政府的支出分配，事实绝非如此。但是，援助的存在和援助的规模的确从根本上影响了援助者和受援者的行为。

执政者无须协商认可便可自由支配的东西并非只有援助一种。大宗商品价格上涨所带来的收益便是另外一种。在这方面，最好的例子来自19世纪中叶的非洲。当时世界正处于工业革命之中，对棉花的需求十分强劲，而棉花的主要来源，一个是美国南部，另一个就是埃及。那时候埃及与外部世界最为主要的贸易品种就是棉花。当时的埃及统治者，即被后人称为"现代埃及奠基人"的穆罕默德·阿里，以大大低于全球水平的价格从埃及的农民手中收购棉花，然后转手出口到海外，他和他的宫廷因此变得富甲一方。美国内战的爆发使得全球棉花的价格在3年内翻了3倍，与此同时，在阿里的继任者伊斯梅尔治下的埃及，也被不久之后的一篇英国报道形容为"极尽奢华"：在埃及，"巨额的资金被投入公共工程与生产性的工程，这种投入是东方式的，不是进展过快，就是方向错误"。而其中，就包括苏伊士运河的修建。[25] 但是，这种资金支出的规模过于巨大，因此即便是战时的棉花价格也无法支持其进行下去，于是伊斯梅尔就到国际资本市场上筹措借款。而当战争结束，棉花价格也出现崩盘，埃及境内随之出现了叛乱与军事入侵事件，最终埃及被英国占领。

棉花的价格在1853年是每112磅9美元，到了1860年，上升至每112磅14美元，1865年则飙升至33.25美元的高点，然后在1870年回落至15.75美元。有人会说，即便伊斯梅尔没有预料到这样的后果，外国的借款人也早就应该知道会有这样的麻烦出现；但当时的情况和现在是一样的，借款人可以指望另一个新政府，即英国来保护和恢复他们在埃及的投资。当然，这样一个悲剧故事也不是没有光明的一面——无论怎么说，苏伊士运河都是一项非常有价值的投资，其所带来的收益绝对不能忽视。

第七章　如何救助落后者？

大宗商品价格猛涨和对外援助有很多相似之处。[26]首先，现金的进进出出完全与国内需求和国内政治脱节。棉花价格的大幅上涨是由美国的内战所引起的；而援助的决定因素，则是援助国的经济和政治条件，或是冷战之类的国际事件，抑或是反恐战争之类。援助的增加会刺激政府支出，这样的事例数不胜数；而在埃及的事例中，我们也看到政府在花钱时完全无须咨询民众或者获得他们的同意。只要矿业国营，世界价格高企，而且廉价劳动力供应充足，统治者即便没有民众的认可也能维持统治。而即便没有矿石这样的天然资源，充足的外来援助照样可以让统治者高枕无忧。扎伊尔的蒙博托就是一个例子。国外的援助被拿来维持蒙博托政权的统治，并且大量的资金被源源不断地消耗在这上面，最终，当这个政权垮台的时候，那些存在瑞士银行或者其他地方的援助款也被糟蹋得所剩无几。[27]当然，有人会认为蒙博托政权之所以得到支持要归因于冷战时期的地缘政治，而其他的援助则需要受援国政府对援助国负责，因此，援助者会把这些受援助人民的利益放在心上。然而，我们很快就会发现，在现实当中，这样的事情并没有发生，援助者的意愿所起到的作用比人们想象的要小很多。

跟大宗商品的价格猛涨一样，援助还会对当地的制度体制造成其他不良的影响。如果没有无限制的资本流入，政府就需要征税以维持运行，但是要征税就需要先得到纳税人的支持。中东很多石油生产国的民主制度发展不健全，部分要归因于石油所带来的巨额收入。非洲国家多数实行总统制，因此那些得到外部资金援助的总统就可以依靠资助或者军事镇压来维系国家管理。在这样的国家，议会权力受到限制，总统也极少会询问它的意见；无论是议会还是司法机构都无法限制总统的权力。[28]这些国家不存在对权力的制衡。在极端情况下，援助或者大宗商品出售所带来的大量外部资金流入还会增加内战的风险。这是因为有了外部资金撑腰，统治者就会拒绝分享权力，但与此同时，国内对立的两方也会为了争夺这些资金而大打出手。[29]

为何对援助者负责不能代替对当地民众负责？如果统治者拒绝咨询议会，放弃对腐败的警察机构进行改革，或者用援助资金来巩固自己的政治地位，援助者为什么不停止这种援助？一个原因是，援助政府及其选民——真正的援助者，无法实地体验援助的真实效果，因此无法做出正确的决定。即便危机出现，援助者最终了解到了发生的一切，停止援助也并不是一个符合他们利益的行动。即便受援国极为恶劣地违背了最初的援助协议，即便援助国曾经非常想早点结束援助，最终援助仍然不会被停掉。

那些用援助资金建设的项目到底如何，只有当地民众有直接的体验，也只有他们能做出判断，而援助者做不到这一点。对援助效果的判断不可能总是非常准确的，关于因与果，关于政府某些具体行为的价值，国内总会有不同的声音。这些都是正常的观点分歧，是可以通过政治程序来调和的，但是，援助国或者不生活在受援国的选民却没有这样的体验与判断。他们不掌握关于援助成果的直接信息，必须依赖负责分配援助的机构的报告来做出判断，因此他们的关注点是在援助的数额而不是效果上。反过来，那些援助机构也因此只对真正的援助者负责，即便受援者出了问题，他们也不会负责任，因为没有相应的机制。我曾经问一位在一家著名非政府援助机构工作的官员："你在世界上哪个地方待的时间最长？"没想到这位官员给出的答案并不是非洲，而是美国西海岸，而这里正是这家援助机构几个最大的出资人居住生活的地方。我们之前提到过，对于世界银行的工作人员而言，当他们原本负责的项目终于有了看得见的效果的时候，他们本人早已经被调去负责其他的事情了。所以，援助者根本不会对受援助的人负责。[30]

有时候，援助机构也知道援助出了问题，会为他们亲眼见到的事实所震惊，但是他们对此却无能为力。一位国家援助机构的主管曾经

第七章　如何救助落后者？　　265

向我讲过援助资金是如何落到一帮杀人的匪徒手里的。这是一个令人毛骨悚然的故事：这些匪徒已经进行过一次屠杀行动，如今又继续接受训练和武装，以便再次进行此类行动。我问这位主管，既然如此，为何还要继续给他们提供援助？他回答说，因为援助国的国民觉得进行援助是他们的责任，他们绝对不会接受援助别人就是伤害别人这种说法。他能做的，最多也就是尽量减少援助所造成的各种伤害。

虽然援助者很清楚哪些援助的限制条款是必须遵守的，但他们还是不乐意处罚那些不遵守相关限制条款的受援国政府。援助者经常会威胁受援国：必须好好表现，否则就惩罚你。但是当这个国家真的表现得非常糟糕的时候，他们又不愿意采取实际行动，因为一旦采取行动，将有可能伤害到他们自己或者他们的选民。对于那些会杀人的武装组织，他们当然不会坐视不管，但如果受援国的情况没有这么糟糕的话，他们的确可能不会采取任何行动。实际上，援助限制条款存在"时间不一致性"的问题。时间不一致性是经济学家钟爱的一个术语，指的是在事前想要做的事情，在事后并非一个最符合利益的选择。那些接受援助的政府对此了如指掌，清楚援助者的底牌，因此敢将这些事先的援助限制条款全然不放在眼中。

那又为何不去强力执行这些援助限制条款？

1992年，经济学家拉维·坎布尔担任世界银行驻加纳的代表。当时，加纳政府违反了此前的协议，擅自给公共部门的工作人员加薪80%，于是坎布尔按照要求准备执行援助限制条款：冻结一笔之前已经答应发放的贷款。这笔款项数额巨大，几乎相当于加纳进口额度的1/8。但这样的举措遭到了包括加纳政府在内的各个方面的反对。若贷款取消，很多无辜的人肯定会受到伤害。加纳人不用说，那些外国的承包商也会因此拿不到工程款。更为重要的是，援助者与政府之间原本正常良好的关系也会因此中断，这不仅对政府有害，也伤害到了整个援助行业的运营。"援助者的援助资金关系千头万绪，一旦援助被停掉，尤其是突然被停掉，会给经济带来严重的破坏。"实际上，援助行业的主要工作就是分配援助资金，这个行业的人主要就是靠分配援助资金以及维持与受援助国家间的关系为生。这件事情最后的结果是双方共同妥协，面子保住了，而贷款照常发放。[31]

肯尼亚的例子则展现了援助者、受援国首脑以及议会之间的关系。援助者时常被该国首脑及其亲信的种种腐败行为激怒而停掉援助。这时候，该国首脑就不得不召集议会，并就政府该如何提高收入以保证职责履行进行商讨。对此，援助者发出一声深深的叹息，因为他们知道如果援助停止，他们就会受到不再被需要的威胁，于是只得恢复援助。而政府这边，一旦任务完成，议会就会被解散，直到下次需要的时候再组建。[32] 然后，那些受援国的部长、大臣会长长松一口气，之后拿着援助的钱去订购德国最新型号的奔驰汽车。在当地，人们把这帮依靠援助大发其财的人称为"奔驰一族"。

1984—2005年间，毛里塔尼亚总统马维亚·乌尔德·西德·艾哈迈德·塔亚可谓是在这方面最会见风使舵的人才。为了获得援助，他转向亲西方立场，并于1991年放弃了对伊拉克萨达姆·侯赛因政府的支持。但即便如此，他在国内镇压人民的行为还是惹怒了援助者，导致所有的援助被取消。但这位总统很快又有了绝妙新招：他宣布毛里塔尼亚承认以色列，从而使毛里塔尼亚成了最早承认以色列的阿拉伯国家之一；然后他又宣布进行政治改革。援助因此再次对其开放，然而当这位总统拿到援助之后，毛里塔尼亚的这些所谓改革就立马停止了。

援助国的国内政策也常常让援助易开难停。那些充满善意但是显然又不了解内情的国内选民，会给政府内的援助机构施加压力，让他们必须对全球贫困"有所作为"。在这种情况下，即便那些机构的援助人员确实知道自己在好心办坏事，也难以停掉援助。援助国和受援国的政客对此都了然于胸。于是，受援国的政府会将本国的那些贫困民众作为"从援助者那里榨取钱财的人质"[33]。塞拉利昂是这方面一个最为恶劣的例子。当联合国开发计划署将塞拉利昂再次定为世界上最贫穷国家并保证给予其新一年的援助之时，该国政府官员竟然开派对大肆庆贺。[34]

另外，当援助国的政客因为某些不相关的原因丧失支持率时，他们也会采用开展对外援助这种手段为自己捞取政治美誉；即便援助明显是在被滥用，为了自己的目的，他们也会反对结束援助。当这种情况发生时，非洲的穷人就成了西方政客沽名钓誉的牺牲品。2001年，英国给当时正值选举的肯尼亚提供了援助，而这些钱都被用在了破坏选举以及维护一帮贪腐之辈的统治上。[35] 林登·约翰逊曾对一场几乎不存在的印度饥荒大肆宣扬，而这样做是为了转移公众对越战的关注，更是为了从美国农民手里购买粮食，从而获得他们的政治支持。[36] 援助者和受援者即两个国家的政府，在背弃自己民众这方面结成了同盟。对民众的榨取从未消失，自殖民时代以来唯一发生了改变的，只是被榨取内容的性质。

还有一些现实的原因，也限制了援助者执行援助限制条款。援助项目是可变更的，受援者可以表面承诺把援助用于医疗，但实际上把钱挪用到很多未经许可的项目上。对于援助者而言，要想监督这样的挪用行为通常非常困难。援助行业本身也充满竞争，如果这个国家拒绝提供援助，另外的国家就会立即补进来，而其援助的限制条款也会有所不同。那些想要执行限制条款的援助者会因此被挡在门外，而这或许意味着他们将失去对受援国家的政治影响以及相关的商业机会，并且得不到任何补偿。

近年来援助机构试图改变以设定限制条款作为援助条件的做法，转而希望和贫穷国家建立一种伙伴关系，受援国根据自身需求提出受援计划，而援助国决定该如何予以资助。然而事情却没有发生任何改变：富裕国家的援助政府仍然需要对其选民负责；而受援国对此了如指掌，所以在规划自己的受援计划时，也会从援助政府的角度去考虑问题。这一过程被恰如其分地形容为"腹语表演"。[37]在一方拥有资金而另一方一无所有的情况下，谁也不知道到底怎样的伙伴关系能长久地保持下去。

政治和政客以其惯有的方式破坏了援助的效用，反之，援助也会起到破坏政治的作用。很多事情本应由受援者自己拿主意，但都被援助者代表了。即便援助国政治民主，也不应该替非洲决定是抗艾滋病重要还是产前护理重要。为援助设定限制条款侵犯了一国的主权。如果一个资金雄厚的瑞士援助机构跑到华盛顿对美国政府说"只要你们废除死刑并让同性婚姻完全合法，那么我就会帮助你们还清所有债务并且为老年人医疗保险出资50年"，美国政府会同意吗？若是有哪些国家的政府认为这样的政策对本国国民无害，那也太不正常了。让另外的国家来干预一国政治，绝不能使政府和被统治者之间建立起一种有利于经济长期发展的契约关系。从某个国家的外部来促进此国家的经济发展是一件绝对不可能的事情。

前面我们已经看到，目前仍然很难找到足够的证据让人们相信，援助能够促进受援国经济的增长。同样，援助对于民主制度或者其他制度的影响也很难被证实。通过数据统计我们发现，很多小国实际上拿到了大量的援助，但是政治却变得越来越不民主。撒哈拉以南的非洲国家和地区是世界上最不民主的国家和地区，同时又是接受援助最多的国家和地区。那些从其前殖民者身上获得援助的国家，也并非世界上最为民主的地方。最为有趣的是一项与图7-1和图7-2相对应的发现：自冷战之后对非援助减少以来，非洲不但出现了经济上的增长，民主程度也大幅提升。与其他的情况一样，出现这样的结果自然还有其他可能的因素，但是如果对外援助的确会对民主有破坏作用，那么出现这样的结果就是可预期的了。

援助者曾长期认为，援助与经济发展本身都只是技术问题而非政治问题，这样的观念反而加重了对外援助的反民主作用。依照液压流动理论（我们只是在修水管子），在对方真正需要什么这个问题上我们不可能有任何真正的争论。这样的观念使得援助者和顾问们对地方政治愈加忽视或者不耐烦。人口控制就是一个最恶劣的例子。很明显，对于援助者而言，如果人口总数更少，则每个人得到的援助就会更多，生活也会变得更好，但是对于受援国而言，相反的情况才是千真万确的。西方所倡导的人口控制经常需要非民主政府或者那些得到很多援助实惠的政府协助才能开展，而把援助资金用于人口控制，则是援助会产生反民主并压迫民主效果的一个最为臭名昭著的例子。他国在良好意图掩盖下的专制只能靠有效民主这剂药来解。[38]

人类学家詹姆斯·弗格森的《反政治机器》一书是援助与经济发展方面最为重要的著作之一。弗格森在书中阐述道，20世纪80年代，加拿大在非洲的莱索托援助了一个规模巨大的发展项目，然而这个项目却对经济的运行方式有极深的误解——现实中，那里是可以为南非矿业发展提供丰富劳动力资源的地方，然而外人却将那里假想成了一种教科书式的自给农业经济。如此一来，那些照着这种假想而设计的农业投资项目，自然也就如同在月球上搞花草种植一样，不可能成功。执政党操控了这些项目，将其变成了实现自己政治目的同时打击对手的工具，而那些忙着修理水管的项目管理者却对此一无所知。结果，发展没有出现，贫困也未减少，唯一的效果是当地政权对政治的垄断控制进一步增强了，而那些靠榨取援助款而存活的精英分子对民众也更加漠视。[39]

发展型援助的技术解决方案一直在变化。最初，工业化、战略规划以及基础设施的建设是重点，继而宏观经济结构的调整以及健康与教育被重视，直到最近重心又回到了基础设施建设上。即便如此，对于发展援助的主流看法仍旧是技术性的而非政治性的。主导这些项目的人，对这样的看法几乎仍无任何怀疑与自省；而第一世界国家中政治潮流的风云变幻，似乎也没有动摇"援助是技术性的"这一定论。在林登·约翰逊担任美国总统时，世界银行的口号是"与贫困作战"，而到了罗纳德·里根执政时，口号就变成了"理顺价格"。在美国内部，这样的政治变化思路非常符合经济发展要求，然而对于受援国，我们的思路就完全错误了。

毫无疑问，援助和资金援助项目成就了很多事情。正因为有了援助，道路、大坝以及诊所才会在这些受援国出现。但是，援助的负面作用也一直在那里。即便是在良好的环境中，援助也会损害制度、伤害地方政治、破坏民主。如果说贫困和不发达是体制落后的主要后果，那么大规模的援助流入实际上会进一步削弱体制或阻碍发展，这与其最初目标背道而驰。如此也就不难理解，尽管援助经常带来一些直接的正面影响，对援助的统计却没有显示出其能带来任何整体性的正面作用。

通过对外援助来减少全球贫困与一个国家内部对穷人的救济截然不同。许多人反对福利救济，在他们看来，对穷人的救济只会鼓励穷人的行为方式，对贫困有固化作用。但全球援助与减贫的逻辑并不在此。关于对外援助的讨论，其焦点并不在于它们对全世界的穷人贡献几何（实际上的确没什么贡献），而在于其对穷国政府到底产生了何种影响。对外援助之所以会让贫困状况恶化，是因为它会导致受援政府更加漠视穷人的需求，从而给穷人带来伤害。

即便援助存在正面影响，其负面作用还是带来了非常复杂的伦理问题。哲学家莱夫·韦纳对彼得·辛格的看法（我在本章开头部分有提到）持批评意见，他说："救助贫困可不是从池塘里拉上来一个溺水的孩子。"辛格的比喻是没有意义的。[40]那些赞成给予穷国更多援助的人需要解释清楚，援助为什么要受到政治约束，他们也应当认真思考援助和之前的殖民主义到底有何相同与不同。如今我们都把殖民主义看成坏东西，因为它牺牲了别人而使自己受益，我们把援助看成好东西，因为这是牺牲自己（尽管非常轻微）而帮助了别人。但是这样的理解太肤浅，也是对历史的无知，更是一种自我陶醉。其实当年殖民主义的口号也是帮助别人，并号称是为那些尚未充分开化的群体带去文明与启蒙[41]，而这或许只是对抢夺与剥削的一种掩盖而已。《联合国宪章》那慷慨激昂与鼓舞人心的序言是由曾任南非总理的扬·史末资所写，史末资当时将联合国视为保存大英帝国与白人"文明"的最有力希望。[42] 当然还有比这个更糟糕的，即后来很多国家脱离了殖民主义，然而这些国家的新领导者，除了出生地和肤色之外，其本质与之前的白人殖民者并没有任何区别。

时至今日，倘若人道主义的言辞还只是政治家收买人心的口号，而援助也只是为了体现我们在减贫方面的道德责任感，我们需要自问：这么做有没有伤害到那些受援助的人？如果我们正在做伤害他们的事，那么援助就只是为了满足"我们"自己，而不是在帮助"他们"。[43]

医疗援助是否有所不同？

外部援助拯救了贫穷国家千百万人的生命。联合国儿童基金会和其他机构为千百万儿童送去了抗生素和疫苗，婴儿与儿童的死亡率因此而下降。对携带病菌生物的控制与消灭，让不少曾经的危险之地成为安全之区。在国际合作努力之下，天花被消灭，脊髓灰质炎的消灭也近在眼前。援助机构为上千万的儿童提供了口服补液疗法。疟疾每年会夺走100万非洲儿童的性命，如今援助机构也在为他们提供经过杀虫剂处理的蚊帐，以使他们远离这种疾病的侵扰。1974—2002年，在世界银行、世界卫生组织、联合国开发计划署以及联合国粮农组织的共同努力之下，盘尾丝虫病这种曾经在非洲肆虐的疾病也几乎被完全消灭。[44]

近年来，数十亿美元的援助资金被投入了艾滋病的治疗，当然，在这方面，非洲仍然是最主要的受援国。截至 2010 年年底，接受抗逆转录病毒疗法（这一疗法无法治愈艾滋病，但可以保住患者性命）的艾滋病患者已经从 2003 年的不到 100 万人增加至 1 000 万人。[45] 抗击艾滋病、结核病和疟疾全球基金是这方面最主要的援助组织，而这个组织的最大出资方是美国和总统防治艾滋病紧急救援计划（PEPFAR），前者主要是以多边形式为各国的艾滋病防治提供资金支持，后者则通过双边方式为美国认定的那些最需援助的项目提供援助。除此之外，这些机构也积极推动有关艾滋病预防与治疗的研究，比如它们尝试使用抗逆转录病毒药物来预防病毒传播与感染。此外，男性包皮环切手术对于预防艾滋病的作用也得到了论证。对于艾滋病，目前仍无有效的预防疫苗，但是相关研究一直在进行之中。犬儒主义者会说，如果不是美国人也遭受到了艾滋病的侵扰，美国恐怕不会这么投入地去做艾滋病的相关研究。这种对于动机的质疑，抹杀不了美国在这方面所取得的成就。

如果这就是全部，那援助在健康提升方面，也就没有什么值得大书特书的丰功伟绩。当看到别人濒临死亡，而我们又无须付出多大的代价就可以施以援手时，我们的道德责任感会特别强烈。伸出援手，只不过是一个文明人应该做的事情而已。我们自己早已经摆脱了这样的困境，现在所做的，不过是要让其他国家的人也同样早日免除死亡的危险。

当然，我们知道仍然有很多人，尤其是孩子，可能只是因为生在了一个"错误"的地方，就死于那些原本不至于致命的疾病，比如呼吸道感染、痢疾、营养不良等，但这样的现象只能说明我们应该为此提供更多的援助。而健康水平的提高，或许就是援助想要达到的一个总体目标。修建道路、浇筑大坝、搭建桥梁，这些扶助工程对人们生活的改善作用往往难以清晰衡量，而"理顺价格"或者是政府财政体系的修正之类，其效用更难评估。与这些相比，拯救人的生命的确是一个更为清晰的目标，也更容易量化计算。不过，前面所说的这些类型的援助肯定也同健康援助一样发挥了作用，只不过不易觉察而已。此外，我们之前所言及的"援助会造成政治腐化"可能也有夸大之嫌，或者相比于援助的种种益处，政治腐化只是付出的一个相对合理的代价。

　　但是，就健康方面而言，援助也并非完全没有问题。与现在所起到的作用相比，援助还能发挥什么作用？对于这一点，我们很难有清晰的论断，而如今所取得的成就也付出了一定的代价，只不过从目前来看，付出的代价是值得的。

　　全球人均预期寿命的延长，多数是得益于一系列成功的健康援助计划，我们将它们称为垂直卫生项目。这些项目由国际机构（如联合国儿童基金会）自上而下地推行，并且也得到了地方卫生当局的配合，同时还会招募一些地方卫生人员参与其中。早期的一些疫苗接种就属于此类项目，而像控制蚊虫防治疟疾这样的杀虫行动，以及消灭天花和脊髓灰质炎的行动也属此列。不过，对艾滋病的防控则与此不同，虽然为了治疗艾滋病经常需要建立专门的医疗机构，但要推动抗逆转录病毒药物的使用，就需要地方医疗机构与当地医疗卫生人员的大规模介入。

　　还有一些项目，比如"单病种项目"以及"疾病专门项目"等，与垂直项目的说法有重合部分，不过，这些项目不仅仅是指那些旨在消除某种疾病的卫生项目，也可以用来指代总统防治艾滋病紧急救援计划以及抗击艾滋病、结核病和疟疾全球基金这样的项目。这些垂直项目或者疾病专门项目与那些水平项目或者地方性医疗保障系统形成了鲜明对比，因为后者所指的不仅仅是那些提供日常医疗服务的医生、诊所以及医院，还包括很多公共卫生举措，比如提供洁净的水源、良好的卫生设施、基本用药、健康所需的营养以及对地方性流行病的防控等。垂直项目的成功往往伴随着水平项目的失败，而后者最主要的失败原因，通常就是不能构建一个完善的基本医疗体系。举世闻名的1978年的《阿拉木图宣言》就强调"人人享有健康"的重要性，同时也强调基本的医疗保障是实现这一目标的手段。在贫穷国家，政府、国际组织以及援助组织都被要求加强对基本医疗的物质和技术支持。对于那些期望得到非垂直型健康援助的国家，这个宣言仍然是它们高举的一面旗帜。

要实现基本医疗保障，需要的是一个有为的国家，而不是一个垂直项目。垂直项目可以靠"从天而降"直接输送，但基本医疗保障依靠这种方式是无法实现的。实际上，垂直项目有时候甚至会阻碍地方医疗体系的建设，比如，垂直项目需要抽调护士和护理人员，使他们脱离日常岗位。这些人原本从事产前护理工作或者疫苗接种工作，而现在却要被派往遥远的乡村去跟踪刚暴发的脊髓灰质炎。日常医疗体系的建设和维护都非常复杂，不仅在穷国是这样，在富裕国家也同样如此。我们在第三章中已经提到，建设这样的医疗体系需要相当的国家能力，而这是很多贫穷国家所欠缺的。这提醒我们，援助与受援国的国家能力经常是相互对立的。但是，一件非常清楚的事情是，如果援助想要帮助穷国解决目前存在的健康问题，并拯救那些因为"生错地方"而面临死亡威胁的孩子，那么健康援助就不能再仅仅是针对某种疾病的援助。不过，这里存在一个与之前类似的问题：穷国的这些困难，真的是依靠国外的资金就能解决的吗？

这个世界上的很多政府对本国基本医疗的建设花费投入甚少，甚至，按照世界银行经济学家迪翁·菲尔默、杰弗里·哈默和兰特·普里切特的说法，这些政府"用于健康卫生的公共预算，基本上都被公立医院拿走了。通过高昂的公共支出培养出来的医生用昂贵的医疗手段为城市精英服务，而在同一国家，却有孩子因为花不起很少的钱看病或者没有良好的卫生习惯而死"。那些腐败的官员经常把本该用于健康卫生的资金掳走，而这却极少引起公众的激愤情绪。以上三位学者就举了一个例子：一家报纸曾经指控当地卫生部门挪用了500亿美元的外部援助资金，当地卫生部门竟对该报纸提出强烈抗议，声称这家报纸应该去搞清楚，挪用已经是经年累月司空见惯的事情了。[46]海伦·爱泼斯坦曾经写过在乌干达流传的一个笑话：有两种艾滋病，分别是肥艾滋病和瘦艾滋病——"那些得了瘦艾滋病的人，会变得越来越骨瘦如柴，最终离开这个世界；肥艾滋病则会让负责发展事务的官僚、外国顾问以及医疗专家等遭受折磨，他们要前往各种富有异国情调的地方参加奢华的会议和研讨会，还要拿高工资，于是就变得越来越胖了"。[47]缺乏基本医疗资金与对医疗支出的贪腐是贫穷国家经常同时出现的两大现象。

在不少国家，用于医疗的公共支出已经少得无法满足全体人口的基本医疗需要，而这通常会让人们觉得，要弥补医疗的这一资金缺口，对外援助将必不可少。医疗支出太少常常千真万确，但这并不意味着在医疗体系上投入更多就能产生更好的效果。单纯扩张医疗系统往往只是带来更多非正常营业的诊所、更多挪占援助的官员以及更多只拿钱不干活的医疗工作者。

尽管垂直项目对于促进"人人享有健康"没有起到很重大的作用，尽管大量健康援助资金的流入和其他的援助一样带来了各种各样我们不曾预想到的副作用，但是，只要对生命的拯救确实有帮助，我们就应该把这种援助继续进行下去。不管是想通过公共部门还是管理良好的私人部门来实现高质量的医疗服务，我们都应该意识到，实现这样的服务的前提是拥有一个有相当能力的国家或政府，因为在任何情况下，这样的医疗服务都无法直接通过对外援助实现，而这样的政府是那些收入处在最低水平的国家所不具备的。当然，这样说并不意味着那些不具备能力的国家就不能提供一些有效的健康医疗措施。比如，低收入国家也能提供一些传统的公共健康产品，像安全的水源、基本的卫生设施以及害虫防治等。虽然要提供这些产品也并非易事，但是这些国家有相对足够的理由来进行这方面的尝试：至少私人部门没有能力提供这些健康产品，而对于政府而言，相对于建立一个个人医疗体系，这些事情看起来也似乎简单易行。

我们能做些什么？

我们之所以要开展援助，或许是觉得应当为此做些什么，又或许是有一种道德责任感在提醒我们，必须为此做些事情。但是，这种援助驱动力恐怕恰恰是错误的，并且提出这样的问题本身就是错误的一部分，而绝非提供解决方案的开端。为什么我们必须有所作为？是谁将我们摆到了这样的位置？[48]我在本章从头到尾想表达的观点是，对于穷人的需要及期待，以及他们的社会是如何运行的，我们拥有的常常仅是极为贫乏的理解，这导致我们所做的努力都是以自我为主，简单轻率，对受援者造成的伤害往往大于对其的帮助。只要我们行动，就几乎一定会出现负面的意外后果。而即便出现了失败，我们也会固执己见，坚持不改：因为这是"我们"的援助产业，我们有大量的职业人口依靠这个产业生存，而援助更能为我们的政治家带来名望与选票，如果不把援助进行下去，我们的利益会受到威胁。总而言之，我们必须有所作为。

但贫穷国家真正应该做的是那些已经在富裕国家被证明有效的事情。这些已经富裕起来的国家，以其各自的方式，在各自的时代背景和独有的政治与经济结构之下实现了发展。没有任何人给过它们援助，也没有任何人出钱让它们去推行维护出资人利益的政策。我们现在需要做的，是保证没有挡住这些贫穷国家发展的道路。我们需要让贫穷国家自我发展，不予干涉，或者说得更明确一点，我们不要再做那些阻碍它们发展的事情了。走出贫困的先行者已经告诉后来者，摆脱贫困的大逃亡不但是可能的，而且也有相应的方法。即便是在不同的社会条件下，这些逃离贫困的方法很多（即便不是全部）也是可行的。

与初衷极为矛盾的援助就是我们所做的阻碍贫穷国家发展的事情之一。在撒哈拉以南的非洲国家以及其他一些国家，国外的援助规模巨大，这不但破坏了当地的体制制度，也熄灭了它们的长期繁荣之火。为了建立反共或者反恐联盟，很多对外援助被用来维系当地榨取型政客或政治制度的统治。这样带附加条件的援助只是为了实现我们自己的利益，而让贫穷国家的普通人遭到剥削和伤害。我们对此视而不见，并假装是在帮助他们，令他们的处境雪上加霜。来自外国的大量援助，足以瓦解腐蚀那些本可能对人民有益的政治家和政治制度。

所以，现在需要做的就是不要再问我们应该做什么，要帮助那些富裕国家的公民认识到援助可能有益，但也可能造成伤害。不考虑援助资金是在作恶还是行善就规定将国内生产总值的1%或者0.75%用于对外援助，是极其荒谬的。正是这种盲目的目标设定导致了国家纷争与生灵涂炭，大使们不得不去谈判协调，促使战争停火，而援助管理者的职业内容，也从帮助别人变成了为别人抚平创伤。

援助不是富裕国家在穷国摆脱贫困道路上所设置的唯一路障。通过贸易、协议，以及诸如世界贸易组织、国际货币基金组织、世界银行、世界卫生组织以及联合国等国际组织，贫穷国家与富裕国家在政治和经济上建立起了相互依赖的关系。这些机构以及国际事务间的种种规则，都对穷国的富强之路有深刻的影响。我会在后面阐述这个问题。

援助的支持者经常会对一些反对意见做出让步，但却辩称，虽然过去援助没有起到效果，有时候甚至产生负面影响，但未来可以甚至一定能做得更好。他们坚信，援助可以变得更有智慧，更为有效，而且援助的实施可以避开以前的种种陷阱。过去，这样的说法也经常会进入我的耳朵，这就像一个酒鬼老对我说，"再喝一杯，以后就再也不喝了"。这些说法本身实际上并没有排除援助之外的其他能够提供帮助的可行方法，就像要戒除酒瘾，除了依靠自觉，还有很多有效的方法。

认为援助需要更有智慧的另一个原因是，虽然我们认为没有世界银行或者英国国际发展署世界会变得更美好，或者认为最好的援助就是没有援助，但现实却是援助不可能在短时间内消失。世界上不存在一个可以关闭所有国际或国家援助机构的全球性权威机构，也不能把大量的非政府组织关停。既然如此，如何让援助富有智慧？

经济学家、联合国顾问杰弗里·萨克斯长期坚持认为，问题不在于援助太多，而是太少。[49]萨克斯推崇我所说的液压流动式的援助方式，即先找出现实中需要解决的各类问题，比如农业问题、基建问题、教育问题以及健康问题，然后算出每个问题的解决需要多少钱，最后进行合计。以此方式最后得出的总额，要比如今援助的真实数额高出很多倍。如果萨克斯的方法是正确的，则做成一件事，所有相关的问题也必须马上解决，而解决的方式就是我们几十年前的所谓"大推动"①方法。想要解决全部问题，援助的规模就必须扩大。但是，历史显示，现今这些进入富裕行列的国家并没有依靠任何形式的大推动，更不需要从外部来的大推动。同样，也没有证据显示，联合国以萨克斯思想为指导所设立的千禧村就比同一国家其他的村庄发展得更好。为液压流动式的援助所忽略的就是我所说的：这样的援助资金会瓦解当地的政治体制，使得当地的发展更为艰难，而这就是问题的核心所在。仅依靠一张家居建材超市的购物清单，哪怕花再多的钱，也不可能从一个国家的外部给这个国家的人民帮上什么忙。

提供更好的援助这一理念在《巴黎宣言》中得到了体现。该文件由111个国家和26个多边组织于2005年签署。[50]《巴黎宣言》就像

---

① "大推动"是发展经济学的一种理论模型，主要认为要想为工业产出创造市场，必须推动所有的工业同步发展。——译者注

一份新年的愿望清单，其中列举了很多想要实现的目标，比如实现合作、维护受援助国的自主权、提供高质量的援助结果评估、明确责任以及增进援助预测性等。这份宣言的实质意义当然也和新年愿望差不多。换个比喻就是，这份宣言像为一个病人列了一份如何才能恢复健康的清单，却对他为什么生病以及该如何进行治疗只字不提。在这一章中我们早已提到，合作关系的失败、责任归属的不明确、国家自主权的丧失以及对援助结果评价的偏颇等，都源于援助的现实。当所有的资金都只属于合作的一方时，真正的伙伴关系是不可能建立起来的；而当所有的责任都归于那些心地善良却不明真相的外国人时，受援助国家不可能有自主权。实现美好愿望这一类事情，写进宣言非常容易，但是那些与援助面临的政治现实不符的善意，很难对援助的开展起到促进作用。

如果提供援助能够附带一些限制条款，或许能起到更好的作用。不过，前面已经说过，这并不是一件容易的事情，坎布尔担任世界银行驻加纳代表时的所见所闻就是一个极好的例子。它说明即便受援助者背信弃义，援助者也很难或者无法停止援助的发放。并且一个援助者停止了援助，还会随时有其他的援助者出现，这些新的援助者或对于政策善恶的理解不同，或无心干涉受援国的内部事务。不过，由于整个援助产业最终还是要对富裕国家的援助者负责，所以这些新的援助者也必然会提出某种形式的限制条款，但这些限制条款是否能够得到有效执行才是问题所在。

一种办法是让受援国的政府承诺会在未来实行普惠大众的德政，然后再让这些国家成为援助的候选者。这便是通常所说的遴选机制，我们也可以将其视为限制条款的一种。美国千年挑战公司的运行机制与此类似。受援国家需要先展现其善意，援助者才会提供合作机会，然后一起朝着共同的目标努力。遴选机制会让那些维系压迫统治的国家政府拿不到援助，但是如果一个被选中的政权在受到援助后还是偏离了正义的轨道（援助本身经常会导致这种事情发生），那么我们就又回到了是不是要停止援助的两难之中。

遴选机制的致命弱点是它会将很多最需要援助的人排除在外，比如那些生活在当政者完全漠视民众福利的国家的人。对于视提供援助为道德责任的人而言，向这些人提供援助是最为紧要的。在那些民众有强烈援助责任感的国家（美国不在此列），民众的压力使得援助机构几乎没有可能忽略那些生活在没有德政的国家中的人们。在有德政的国家，贫困问题完全可以依靠本地力量解决，无须外部援助；在无德政的国家，外部援助则可能会让事情变得更坏。通过非政府组织提供援助也不是一个好的解决方案，因为当地的政权照样可以像盘剥当地人民一样将这些非政府组织榨干。

另外一种办法来自全球发展中心（CGD）。该中心是位于华盛顿的一家智库，掌握着关于经济发展的大量信息，同时在改进援助方面有着丰富的资源。全球发展中心的主席南希·伯索尔以及卫生经济学家威廉·萨维多夫提出了一种他们称为"货到付款"的援助方法。[51]按照这种方法，援助者和受援助国家会首先制定一系列双方都认可的目标，比如在一个给定的时间之内为80%的儿童接种疫苗，或者在5年之内将婴儿死亡率降低2%，或者实现干净水源的提供等。等到这些目标都实现之时，援助者再拨付援助资金。不过这一方法的支持者已经察觉到，货到付款式的援助会使得穷国业已脆弱的评估系统雪上加霜，同时也可能会刺激受援国在各项目标数字上作假。并且，很多目标并非全然能为受援国政府所控制，比如恶劣的气候会影响分娩，突发流行病会增加婴儿的死亡率等。如果不考虑这些因素，那么援助本身的激励作用就会打折扣，而如果援助者缺乏弹性，不对各种意外酌情考量，受援国的政府就可能不会为了一项自己本身支付不起而做了又可能得不到补偿的政策去冒险。

货到付款式的援助也不能解决我们熟知的那种有德政权与无德政

权之间的两难困境。那些发展态势良好的国家，根本就不需要我们鼓励去从事一些它们不想干的事情。如果我们的优先目标与它们的优先目标一致，那么就无须我们给予援助；而如果双方的优先目标不一致，则把我们所认定的优先事项强加到它们头上是不道德的。想想我之前举的那个例子：瑞士援助机构会资助美国政府，前提是美国要取消死刑以及将同性婚姻合法化，这种强加就是不道德的。而对于那些榨取型和压迫型的政府而言，用钱收买它们或许会有作用——它们会像盘剥自己的民众那样，很高兴地从我们身上榨取资源。只要能拿到援助，它们乐见自己的百姓被伤害。这种与恶魔打交道的事情本来也可以忍受，但现实情况是援助机构为了能够被允许为这些国家提供人道主义援助，还要为它们提供武器，即援助资金被用来武装那些过去杀过人、未来还要杀人的暴徒，而只有这样，援助机构才有机会去帮助这些人的家人。这就是卢旺达种族大屠杀之后在戈马所发生的真实事情。

大规模的援助不能产生效果是因为它们不可能有效果，而那些想要对此进行改革的人，一直围绕同样的基本问题一遍又一遍地打转。桥修起来了，学校也建起来了，药物和疫苗拯救了很多人的生命，但是负面作用却始终存在。

当援助资金减少时，以非洲国家为主的部分国家的表现最引人注目。在这些国家，外来援助占据了它们国民收入的大部分，几乎相当于其政府支出的全部额度。援助国的国民加强对援助问题的重视是极为重要的，那种认为给予金钱就能消灭贫困的观点看起来逻辑清楚，事实上是明显错误的。援助之所以会造成如此大的伤害，主要是因为援助错觉的存在，而援助国内部的政治压力也使得援助制度的改革非常艰难。那些具有奉献精神与道德情操的援助国民众，实际上让受援国那些本就陷入困境的人们雪上加霜，这是援助造成的一大悲剧。

也有一些例子能说明援助是有益处的，或者至少能证明援助是利弊平衡的。健康方面的援助就是这样一个例子，而这样的例子在其他的领域也存在。例如，在一些政府表现较好的国家，援助只占其经济总额的一小部分；还有一些地方的政府，突破各种困难与障碍，最终没有变成外来援助的俘虏，把这些援助用在了实现当地的合理发展目标上。

经常有人问我：援助多少才算多？应该把援助减少到什么程度？我们如何知道应该在何时停止援助？这些都是没有意义的提问，因为这里不存在一个"我们"的问题，世界上不存在一个可以对援助喊停的超国家机构。就目前而言，最为紧急的任务是停下那些业已展开的援助，并且让富裕国家的人民知道，大量援助有害，而且援助越多越有害。我们应让他们了解，不提供大规模的援助是帮助世界上穷人的最好方法。那么，想要成功做到这一点，并且切实减少援助，我们具体应该怎么做，以便卸去身上的援助责任？

减少伤害将是一个良好的开端。除了削减援助，还有其他一些我们可以停止做的坏事，以及一些我们应该考虑做的好事。

援助的种种问题，多是源于其在受援国内造成的种种意外。如果我们能置身事外，远离这些国家，或许很多意外就可以避免。经济学家贾格迪什·巴格沃蒂曾指出："我们很难想象，大量增加的援助会在非洲本土得到有效使用，把更多的资金投在其他领域，则有可能会为非洲带来更有成效的帮助。"[52] 我们已经见识了很多这样的事情。很多基础知识，比如细菌致病理论、高产种子的品种、艾滋病的传播途径、疫苗的作用以及抗逆转录病毒疗法，都在世界上的贫穷国家产生了巨大影响，而且和接受援助不同的是，它们都没有副作用。

我们不能在这里坐等某些创新的救助方法出现，也不能等着富裕国家有自身需求了再采取救助行动。对那些已不再威胁富裕国家但仍伤害贫穷国家人民的疾病，比如疟疾等，提供防治药物和手段，就是一种新型的对外援助。如今，富裕国家的医药公司通常靠药物销售来收回其研发的投入。依靠当前的药物专利保护，它们通常可以将药物高价出售给病人或者病人的保险公司以及政府，但是贫穷国家的病人难以支付这些处于专利保护期的高价药品。在商业利益的压力之下，富裕国家的政府也会通过制定国际规则，使得贫穷国家无法突破专利保护的限制。这些规则属于与贸易有关的知识产权（TRIPS）范畴，尽管对这些规则的遵从并不符合贫穷国家的利益，但只有遵从这些规则，贫穷国家才能得到它们想要的东西，比如可以加入世界贸易组织等。医药公司声称知识产权应当在全球范围内得到保护。与穷国居高不下的药物价格相比，穷国的制药商会不会无成本仿制它们的药品然后再将其卖回富裕国家，是这些制药公司更为担心的事情。

在抗逆转录病毒药物的使用过程中，尤其是在大约10年前这些药物还只存在于富裕国家的时候，与贸易有关的知识产权和高昂的药物价格经常引发争论。现在我们看到，虽然这一问题仍未得到解决，但已经被认真对待。如今，全球获得抗逆转录病毒药物治疗的艾滋病患者已经超过了1 000万人并仍在持续增加。对于艾滋病之外的一些疾病，比如第三章表3-1所列举的一些致死性疾病，相关的治疗药物多数都已经过了专利保护期，因此价格便宜，很容易购买。除了治疗艾滋病的药物，药物的价格并不是主要问题。

缺乏有效的疫苗或者药物则是另外一个问题。比如疟疾或者肺结核这样的疾病在富裕国家已经极不常见，市场对这类药物的潜在需求已经非常低，因此，制药企业也就没有研发相关治疗药物的动力。一方面是穷国还有需求，另一方面是只有富国的药企才能生产相关药物，两者之间无法衔接。因为缺乏生产动力，新的技术也就无法在正确的方向上得到运用。如果援助者可以通过援助提升穷人的购买力，为制药企业创造出研发动力，那么新的治疗药物就有可能被生产出来。

哲学家托马斯·博格提出了一个名叫"健康影响力基金"的方案：如果制药企业为人们带来了健康福音，那么这个基金就会按照贡献比例对该企业予以奖励。[53]这样一个基金或许能够解决药价高以及制药企业无动力研发新药的问题,从而让全世界的人们都能够低价获取各种新老药品,而制药企业也可以从该基金获得资金奖励。这是一个非常有野心的宏伟计划,它的巨大优点在于可以让制药企业以最大限度造福全球人类健康为目标来选择它们要攻克的疾病难题。但这里也存在一个我们在本书中已经多次提到的问题:我们很难将健康水平的提升归因于某一具体类型或领域的创新,更不要说是某一种具体的新药物。尽管所有的数据都摆在那里,对于疫苗和新药在过去两个世纪中所起的作用,医学史家仍然争论不休。我们对全球多数地方的人口死亡率和发病率数据掌握得并不完整,而即使所掌握的数据非常齐全,我们也不能确切说明健康改进或者恶化的原因。而没有相关的数据,我们就很难对每家制药公司应该得到多少资金奖励做出令人信服的判断。

另外还有一个预先市场承诺方案。所谓预先市场承诺,是指政府与国际机构结成联盟,同意以一个预先设定的价格向制药企业订购某种具有指定属性的新药物。相对而言,这种方案的野心较小,却更为具体可行。[54] 预先的承诺会让制药企业产生研发药物的动力。目前,肺炎球菌疫苗的预先市场承诺已经取得了成功。肺炎球菌每年会造成全球50万儿童的死亡,但如今有10个国家的儿童因为此承诺而获得了对肺炎球菌的免疫。该疫苗的主要资助者是加拿大、意大利以及英国,其次是挪威、俄罗斯以及盖茨基金会。该计划由全球疫苗免疫联盟运营,在该联盟网站上,我们可以查找到相关制药商的详细资料,同时,该计划对于制药商和援助者的各项规定也登在该网站上。[55]

援助不见得非要提供贷款,提供建议也是一种形式。对于世界银行而言,现有的结构导致它很难提供除贷款以外的实质性技术援助,而贷款实质上只是为援助出钱。因此,贫穷国家对于技术知识的渴求,单靠世界银行很难满足。尽管随机对照试验并不是一种能正确认识事物运行原理的方法,也不能简单将以此得到的结论复制使用,但是那种认为世界银行的援助项目应该提供丰富而有价值的实践真知的观点则是正确的。一个政府想修建一座大坝或者考虑将供水系统私有化，就会想要知道那些走过类似道路的政府的经验与教训——不仅仅是最终大致的效果，也包括在这一过程中会遇到的困难，谁会因项目受益、谁会受损，以及应该注意哪些问题，等等。当然，世界银行和其他援助机构的经验也并非总是可靠的，很多事件都证明它们非常自大无知。

国际组织亦可以通过国际谈判，尤其是以贸易协议的方式来增强穷国的国力。美国和其他富裕国家会同贫穷国家展开双边贸易谈判，但是由于这些国家缺乏代理律师或专家，这类谈判往往不是建立在公平的基础上。世界银行则可以帮助这些国家找到相关的专业人士。当然，这也并非易事。例如，如果世界银行的建议会给美国制药业所认可的某些意向造成实质性的阻碍，美国政府肯定会向世界银行董事会的执行董事施加压力。不难理解，若想让世界银行最大的股东美国容忍其相关政策和决定，世界银行就不能动真格地去帮助穷人。虽然这听起来太过讽刺，但全球贫困问题之所以迟迟难以解决，在很大程度上就是因为存在这样的障碍。

援助并非发展的唯一障碍。对于富裕世界的国家而言，只要有人付钱，它们就十分乐意为其提供武器装备。我们也总是很急切地要与那些明显对发展民众福祉毫无兴趣的政权结识，开展贸易，甚至借贷给它们。在这方面，也已经有不少的应对建议。比如经济学家迈克尔·克雷默和希玛·贾雅昌卓安就呼吁对那些"恶"政权进行国际贷款方面的制裁。一旦某个政权被认定是恶的，那些为这个恶政权提供贷款的组织或机构将无法通过国际法庭向其继承政权追讨欠款。[56]这样的措施会切断对恶政权的贷款，或至少让贷款流向恶政权的难度更大，成本更高。国际社会也会降低从这类政权国家购买石油或者其他大宗商品的意愿，即便还是要从这些国家购买相关产品，在何时购买以及在什么前提下购买也会变得更为透明。[57]在美国，最新的金融改革已经要求石油、天然气、采矿业上市公司必须公开其与各国政府之间的交易记录。[58] 当然，在这一方面我们仍需要进行全面的协调，很多没有签署相关协议的国家仍旧会从这些恶政权手中购买大宗商品自用或再出口。

富裕国家的贸易限制常常会伤害穷国农民的利益。在非洲，农业活动吸收了将近3/4的就业人口，与此同时，富裕国家每年要花费数千亿美元来补贴自己的农民。以糖和棉花为例，富裕国家对本国生产者的补贴压低了这两种商品的全球价格，同时也让穷困国家的农民失去了以此谋生的机会，富裕国家自己的消费者也因此利益受损。这种情况的存在，证实了组织严密的少数人的确在用政治权力对抗大众的利益。如果穷国是食品等农业产品的纯进口国，那么富裕国家的补贴措施降低了食品的全球价格水平，将可以使得穷人受益。但美国的生物燃料补贴却因为消耗了大量的农产品以及其他资源而对穷人有害。如果国际社会能够联合起来限制或者消除此类有害的补贴政策，则必将有助于消除全球贫困。

移民对减贫的影响远远超过了国际贸易。成功从穷国移民到富国的人生活得以改善，而他们寄回祖国的钱即海外汇款也可以帮助自己的家人提高生活水平。海外汇款的作用和援助所起到的作用大不相同，它可以让人们对政府提出更多的要求，从而有可能改善当地的各项治理情况而非产生破坏作用。但与自由贸易的问题相比，移民的问题更加棘手，即便在那些扶助外来人口呼声最为强烈的国家也是如此。为外来人口尤其是非洲籍的本科生或者研究生提供奖学金，以便让他们可以在西方短期停留，不失为一种有益的方法。如果运气好，这些学生不需要依靠援助机构或者国内政权就能找到一条新的发展道路。即便今后不会返回祖国，这些离散各地的非洲人也是一种丰富的资源，可以为其祖国的项目发展提供帮助。

援助不能减少全球贫困，但以上种种策略却有此效果。在某些情况下，富裕国家只需要以极少的代价甚至零代价来实施这些策略，其中的某些策略要比另外一些在政治上更为灵活可行，而诸如预先市场承诺这样的措施，已经开始在小范围内实行。所有的这些策略都不会像流向穷国的援助那样产生无数的后续问题。当普林斯顿的学生过来对我说要把这个世界变成一个更美好、更富饶的地方时，我总愿意这样劝告他们——不要想着把自己未来收入的多少多少捐出去，也不要老想着雄辩地说服别人增加对外援助，而应该去影响自己的政府或者自己去政府工作，让这些政府不再施行伤害穷人的政策。我们要支持各项国际政策，以使全球化更有利于穷人，而不是对穷人造成伤害。在我看来，要帮助那些仍未挣脱贫困的穷人实现大逃亡，这将是最好的方法。

后　记

未来将会怎样？

我在本书中所讲到的大逃亡是一个有着正面结局的故事。通过这场大逃亡，亿万人口逃离了死亡与贫困。尽管不平等仍然存在，尽管仍有千百万人未能摆脱死亡与贫困之苦，但这个世界已经是有史以来最好的一个世界。当然，"大逃亡"这个比喻的出处——电影《大逃亡》，并没有一个完美的结局。在电影中，只有少数几个人成功逃出，大部分逃狱者最终又被抓了回去，更有50人被处决。电影如此，我们如何确信我们的大逃亡结局会截然不同？

未来，或许仍有众多不确定性，但是我们有足够的理由去憧憬未来。

在我们之前的诸多文明大都毁灭于某些强力，所以我们的后代绝不能认为，我们这次就可以成为例外。在欧洲和北美，我们已经渐渐将"明天会更好"当成了一种必然。诚然，在过去的250年中，我们取得了前所未有的进步，但与以往人类历史中一些文明持续的时间相比，250年只是白驹过隙，那些曾长久存在的文明也曾经以为自己会永存于世，最终却都消失了。

现在有很多威胁足以毁灭我们，气候变化是其中最为明显的一个，但直到如今，关于气候变化也没有一个在政治上可行的明确解决方案。私欲可以战胜公共需求，这一点在贾雷德·戴蒙德的著作中说得很清楚。他发现，是对树木的盲目砍伐导致了复活节岛文明的最终毁灭，而他所思考的是，那个砍掉岛上最后一棵树的人，当时到底在想些什么。[1]

战争并未停止，政治的危机无处不在。

科技革命和启蒙运动为人类带来了物质生活与健康水平的持续提升。但是，如今在包括美国在内的世界很多地方，科学受到了宗教极端主义者的攻击。很多宗教极端主义者都握有政治权势，而且也获得了那些利益遭到科学知识威胁的群体的支持。

科学不能让人完全免于疾病，新的传染病随时都会出现。最厉害的病种会引发一部分人死亡，然后力量耗尽，再回到它们的动物宿主身上。但是，艾滋病的大流行警示我们，任何可怕的结果都会出现，艾滋病绝对不是最为严重的一种。虽然艾滋病导致了3 500万人死亡，是这个时代最为严重的灾难之一，我们还是迅速地确认了病毒并研发出相关的治疗方案。未来，比艾滋病更难确认、更难治疗的疾病很可能还会出现。如今，全球的医疗系统都普遍使用抗生素，然而，由于农业上的滥用和抗药性的进化，抗生素的作用也受到了威胁。在与病菌的斗争中，我们目前所取得的胜利绝非最终的胜利，这场斗争更像是一场持久战，双方会各有胜负。现阶段是我们占了上风，但这只是战争中的一个阶段，而并非战斗的尾声。进化会伴随人类活动而进行，病菌终会发起对人类的反击。

经济增长是人类能够逃离贫困与物质匮乏的动力所在，但如今，富裕国家的经济发展步履蹒跚，经济增长速度已经逐渐放缓。在经济增速放缓的同时，几乎各地都出现了不平等扩大的现象。比如美国，当前公民收入与财富的极端不平等是过去100多年未曾发生过的。财富的急剧集中会损害民主和经济增长，而经济增长所需要的创造性破坏也会受到压制。这种财富的不平等让跑在前面的人截断了落后者追赶的道路。

曼瑟尔·奥尔森曾预测，日渐扩大的主要既得利益群体会以牺牲多数人的利益为代价来追逐自身利益，而这样的寻租行为将会导致富裕国家的衰落。[2]同时，经济增长放缓，将使得分配上的冲突不可避免，因为在这样的条件下，对一方有利的东西必然会侵害到另一方的利益。很容易想象，当经济增长迟缓之时，富裕国家与贫穷国家之间、老人与年轻人之间、华尔街与普通民众之间、医疗机构与患者之间，以及代表各自利益的政党之间，将利益冲突不断。

但尽管有种种诸如此类的问题，我仍然对人类未来持谨慎乐观的态度。人类逃离苦难、追求幸福的欲望是根深蒂固的，绝非轻易就会被挫败。未来的逃亡者将站在巨人的肩膀上。或许前面的人会把后面的路堵死，但是开山辟路的知识已经在那里了，他们无法阻止知识的传播。

经济增速放缓有可能被夸大了，因为统计者遗漏了很多关于质量提升的统计，尤其是服务方面，它在国家产出中所占的份额越来越大，却未得到很好的计算。信息革命以及相关的工具设备等也为人类福祉做出了很多贡献，却无法被量化统计。这些领域或技术给我们的生活所带来的愉悦无法反映到关于经济增长的统计中，这只能说明统计方式本身不完善，而不能说技术为我们带来的愉悦不够。

世界上大多数人口都生活在不发达国家，因此对他们而言，经济增速下降的问题并不存在。事实上，中国和印度两个国家超过25亿的人口，近年来经历了人类有史以来最为迅速的经济增长。尽管现在这两个国家的经济增长速度放慢了，在未来几年，"后发优势"将仍足以保证它们保持一个超出平均水平的经济追赶速度。

非洲国家面临着无数可能性。一些非洲国家避开了过去由自己造成的灾难，经济治理水平大幅提高。如果西非能够摆脱对援助的过分依赖，并停止破坏非洲的政局，则本地驱动的发展也大有希望。另外，我们也需要让非洲人的天分得到自由发挥。

虽然预期寿命的增长速度在下降，但这是好事，而不是坏事。死亡人口正在转向老年人，而延长老年人的寿命并不像拯救儿童生命那样可以极大提高整体人口的预期寿命。另外需要重申，问题的核心是找到合理的评估标准，而非具体去评估什么。要衡量一个社会是否在变好，预期寿命并非总是正确指标，没有任何理由说延长中老年人的寿命没有拯救儿童的生命有意义。

虽然人类健康仍然受到威胁，但是人们的健康水平也在大幅提升。在过去的40年里，人们在对抗心脑血管疾病方面取得了长足进步。如今，有迹象显示，我们在癌症的治疗方面也取得了真正的进步。如果足够幸运，人类将有可能在癌症治疗上复制在心脑血管疾病方面所取得的成就。

健康水平最终会提升的终极原因是，人们在这方面有诉求，同时对于健康水平提升所需的基础科学研究、行为研究、药物研发、治疗疗程研究以及治疗设备的研制等，做好了随时买单的准备。当然，创新不能通过购买而得，也不是有需求就会有创新，但是毫无疑问，有需求又有大量的资金投入，肯定就会有相应的产出。

虽然艾滋病大流行造成了严重损失，但是它成功说明，新的基础知识和新的治疗方法可以对需求做出反馈，而且这种反馈可以在一定的时间范围内完成。尽管对于那些死于艾滋病的人而言，这种反应速度还是太慢，但是以历史的眼光看，人类对艾滋病的反应速度已经相当快了。这说明科技的确在发挥作用。

还有很多正在发生的进步没有在这本书中得到讨论。譬如，暴力在减少，今天，人们被谋杀的概率已经大大低于从前[3]；与50年前相比，民主在全世界范围广泛实现，一个社会集团镇压另一个集团的事情已不常见，并且变得越来越少；同时，与之前相比，人们参与社会活动的机会也大为增加；另外，全世界的人都长得更高大了，而且也似乎变得更聪明了。

在世界上的多数地区，教育受重视的程度在提高。如今，全世界80%的人口都受过教育，而在1950年，世界上有一半的人是文盲。[4] 以前，在印度的部分农村地区，几乎所有的成年女性都未接受过教育，但是现在，她们的女儿几乎全部进入了学校。

期盼以上所谈论的诸多问题可以在世界各地同时取得进步或者取得持续进展是不现实的。总会有不好的事情发生，而新的人类逃亡也会和以前一样带来新的不平等。但是，过去的一切挫折与困难，都在后来的发展中得到了解决。所以，我期望，眼前的这一切挫折与困难，也都将在未来被战胜和解决。

注 释

引言

1. 电影《大逃亡》(根据保罗·布里克西尔的同名图书改编)于 1963 年上映,由约翰·斯特奇斯执导,史蒂夫·麦奎因、詹姆斯·加纳和理查德·阿滕伯勒主演,Mirisch Company 出品,美国联美电影公司发行。
2. Lant Pritchett, 1997, "Divergence, big time," *Journal of Economic Perspectives* 11(3): 3–11, and Kenneth Pomeranz, 2000, *The Great Divergence: China, Europe, and the making of the world economy,* Princeton University Press.
3. Jack Goldstone, 2009, *Why Europe? The rise of the West in world history, 1500–1850,* McGraw-Hill.
4. Ian Morris, 2010, *Why the West rules—for now: The patterns of history, and what they reveal about the future,* Farrar, Straus and Giroux.
5. Ibid.
6. Eric L. Jones, 2000, *Growth recurring: Economic change in world history,* University of Michigan Press.
7. Robert Allen, 2011, *Global economic history: A very short introduction,* Oxford University Press.
8. Daron Acemoglu and James Robinson, 2012, *Why nations fail: The origins of power, prosperity, and poverty,* Crown.
9. E. Janet Browne, 2002, *Charles Darwin,* Volume 2: *The power of place,* Jonathan Cape.
10. Allen, *Global economic history.*

11. Roy Porter, 2000, *The creation of the modern world: The untold story of the British Enlightenment,* Norton, and Joel Mokyr, 2009, *The enlightened economy: An economic history of Britain, 1700–1850,* Yale University Press.
12. Morris, *Why the West rules.*
13. Acemoglu and Robinson, *Why nations fail.*
14. Amartya Sen, 1992, *Inequality re-examined,* Harvard University Press, and 2009, *The idea of justice,* Harvard University Press.
15. Sen, *Idea of justice,* and Jonathan Haidt, 2012, *The righteous mind: Why good people are divided by politics and religion,* Pantheon.
16. Daniel Kahneman and Jason Riis, 2005, "Living, and thinking about it: Two perspectives on life," in Felicia Huppert, Nick Baylis, and Barry Keverne, eds., *The science of well-being,* Oxford University Press, 285–304.
17. Ronald Inglehart and Hans-Dieter Klingemann, 2000, "Genes, culture, democracy and happiness," in Ed Diener and Eunkook M. Suh, eds., *Culture and subjective well-being,* MIT Press, 165–83; Richard Layard, 2005, *Happiness: Lessons from a new science,* Penguin; and Richard Wilkinson and Kate Pickett, 2009, *The spirit level: Why greater equality makes societies stronger,* Bloomsbury.

第一章

1. For a related calculation, see James Vaupel and John M. Owen, 1986, "Anna's life expectancy," *Journal of Policy Analysis and Management* 5(2): 383–89.
2. Robert C. Allen, Tommy E. Murphy, and Eric B. Schneider, 2012, "The colonial origins of the divergence in the Americas: A labor market approach," *Journal of Economic History* 72(4): 863–94.
3. Amartya Sen, 1999, *Development as freedom,* Knopf.
4. Layard, *Happiness.*
5. Samuel Preston, 1975, "The changing relation between mortality and level of economic development," *Population Studies* 29(2): 231–48.
6. Wilkinson and Pickett, *Spirit level,* p. 12, and Richard Wilkinson, 1994, "The epidemiological transition: From material scarcity to social disadvantage," *Daedalus* 123: 61–77.
7. Elizabeth Brainerd and David M Cutler, 2005, "Autopsy on an empire: The mortali-

ty crisis in Russia and the former Soviet Union," *Journal of Economic Perspectives* 19(1): 107–30, and Jay Bhattacharya, Christina Gathmann, and Grant Miller, 2013, "The Gorbachev anti-alcohol campaign and Russia's mortality crisis," *American Economic Journal: Applied* 5(2): 232–60.

8. Robert W. Fogel, 2004, *The escape from hunger and premature death, 1700 to 2100: Europe, America, and the Third World,* Cambridge University Press, and 1997, "New findings on secular trends in nutrition and mortality: Some implications for population theory," in Mark R. Rosenzweig and Oded Stark, eds., *Handbook of population and family economics,* Elsevier, 433–81.

9. Sen, *Development as freedom.*

10. Preston, "The changing relation between mortality and level of economic development."

11. Stanley Fischer, 2003, "Globalization and its challenges," *American Economic Review* 93(2): 1–30.

12. Martin Ravallion and Shaohua Chen, 2010, "The developing world is poorer than we thought, but no less successful in the fight against poverty," *Quarterly Journal of Economics* 125(4): 1577–625. Update to 2008: "An update of the World Bank's estimates of consumption poverty in the developing world," http://siteresources.worldbank.org/INTPOVCALNET/Resources/ Global_Poverty_Update_2012_02-29-12.pdf.

13. Charles Kenny, 2011, *Getting better,* Basic Books.

14. Joseph E. Stiglitz, Amartya K. Sen, and Jean-Paul Fitoussi, 2009, *Report of the commission on the measurement of economic performance and social progress,* http://www.stiglitz-sen-fitoussi.fr/en/index.htm.

15. Anna Wierzbicka, 1994, "'Happiness' in cross-linguistic and cross-cultural perspective," *Daedalus* 133(2): 34–43, and Ed Diener and Eunkook M. Suh, 2000, *Culture and subjective wellbeing,* MIT Press.

16. Amartya K. Sen, 1985, *Commodities and capabilities,* Elsevier; 1987, *On ethics and economics,* Blackwell; and 2009, *The idea of justice,* Belknap.

17. Martha C. Nussbaum, 2008, "Who is the happy warrior? Philosophy poses questions to psychology," *Journal of Legal Studies* 37(S2): S81–S113.

18. Richard A. Easterlin, 1974, "Does economic growth improve the human lot? Some empirical evidence," in R. David and M. Reder, eds., *Nations and households in economic*

growth: Essays in honor of Moses Abramowitz, Academic Press, 89–125, and 1995, "Will raising the incomes of all increase the happiness of all?" *Journal of Economic Behavior and Organization* 27(1): 35–47.

19. Betsey Stevenson and Justin Wolfers, 2008, "Economic growth and subjective wellbeing: Reassessing the Easterlin paradox," *Brookings Papers on Economic Activity* (Spring), 1–86, and Daniel W. Sacks, Betsey Stevenson, and Justin Wolfers, 2012, "Subjective wellbeing, income, economic development and growth," in Philip Booth, ed., . . . *And the pursuit of happiness,* Institute for Economic Affairs, 59–97.

20. Angus Deaton, 2008, "Income, health, and wellbeing around the world: Evidence from the Gallup World Poll," *Journal of Economic Perspectives* 22(2): 53–72.

21. Daniel Kahneman and Angus Deaton, 2010, "High income improves evaluation of life but not emotional wellbeing," *Proceedings of the National Academy of Sciences* 107(38): 16489–93.

22. Keith Thomas, 2009, *The ends of life: Roads to fulfillment in early modern England,* Oxford University Press.

23. Adam Smith, 1767, *The theory of moral sentiments,* third edition, printed for A. Millar, A. Kincaid, and J. Bell in Edinburgh and sold by T. Cadell in the Strand, 272, 273, 273, and 271.

24. David E. Bloom, 2011, "7 billion and counting," *Science* 333 (July 29), 562–68.

第二章

1. 参见：Massimo Livi-Bacci, 2001, *A concise history of world population,* third edition, Blackwell; James C. Riley, 2001, *Rising life expectancy: A global history,* Cambridge University Press; and Mark Harrison, 2004, *Disease and the modern world,* Polity Press.

2. 数据来源：Human Mortality Database, http://www.mortality.org/.

3. 以下描述参考：Graeme Barker, 2006, *The agricultural revolution in prehistory: Why did foragers become farmers?* Oxford University Press, and Mark Nathan Cohen, 1991, *Health and the rise of civilization,* Yale University Press; Morris, *Why the West rules.*

4. David Erdal and Andrew Whiten, 1996, "Egalitarianism and Machiavellian intelligence in human evolution," in Paul Mellars and Kathleen Gibson, eds., *Modelling the early human mind,* McDonald Institute Monographs, 139–50.

5. Marshall Sahlins, 1972, *Stone age economics*, Transaction.
6. Cohen, *Health and the rise of civilization*, p. 141.
7. Ibid., p. 30.
8. Esther Boserup, 2005 [1965], *The conditions of agricultural growth*, Transaction.
9. Morris, *Why the West rules,* p. 107.
10. Clark Spenser Larsen, 1995, "Biological changes in human populations with agriculture," *Annual Review of Anthropology* 24: 185–213.
11. John Broome, 2006, *Weighing lives*, Oxford University Press.
12. E. A. Wrigley and R. S. Schofield, 1981, *The population history of England, 1541–1871,* Harvard University Press, and E. A. Wrigley, R. S. Davies, J. E. Oeppen, and R. S. Schofield, 1997, *English population history from family reconstitution 1580–1837,* Cambridge University Press.
13. Thomas Hollingsworth, 1964, "The demography of the British peerage," *Population Studies* 18(2), Supplement, 52–70.
14. Bernard Harris, 2004, "Public health, nutrition, and the decline of mortality: The McKeown thesis revisited," *Social History of Medicine* 17(3): 379–407.
15. Massimo Livi-Bacci, 1991, *Population and nutrition: An essay on European demographic history,* Cambridge University Press.
16. Roy Porter, 2001, *The creation of the modern world: The untold history of the British Enlightenment,* Norton.
17. Thomas, *The ends of life,* p. 15.
18. Peter Razzell, 1997, *The conquest of smallpox*, Caliban.
19. http://www.nlm.nih.gov/exhibition/smallpox/sp_variolation.html.
20. Sheila Ryan Johansson, 2010, "Medics, monarchs, and mortality, 1600–1800: Origins of the knowledge-driven health transition in Europe," electronic copy available at http://ssrn.com/abstract=1661453.
21. Thomas McKeown, 1976, *The modern rise of population,* London, Arnold, and 1981, *The origins of human disease,* Wiley-Blackwell.
22. Thomas McKeown, 1980, *The role of medicine: Dream, mirage, or nemesis,* Princeton University Press.
23. Robert W. Fogel, 1994, "Economic growth, population theory, and physiology: The

bearing of long-term processes on the making of economic policy," *American Economic Review* 84(3): 369–95, and Robert W. Fogel and Dora L. Costa, 1997, "A theory of technophysio evolution, with some implications for forecasting population, healthcare costs, and pension costs," *Demography* 34(1): 49–66.

24. Richard Easterlin, 1999, "How beneficent is the market? A look at the modern history of mortality," *European Review of Economic History* 3: 257–94.
25. Livi-Bacci, *Population and nutrition.*
26. Samuel J. Preston, 1996, "American longevity: Past, present, and future," Center for Policy Research, Maxwell School, Syracuse University, Paper 36, http://surface.syr.edu/cpr/36.
27. George Rosen, 1991, *A history of public health,* Johns Hopkins University Press.
28. John Snow, 1855, *On the mode of transmission of cholera,* London, John Churchill. See also Steven Johnson, 2007, *The ghost map: The story of London's most terrifying epidemic and how it changed science, cities, and the modern world,* Riverhead.
29. David A. Freedman, 1991, "Statistical analysis and shoe leather," *Sociological Methodology* 21: 291–313.
30. Nancy Tomes, 1999, *The gospel of germs: Men, women and the microbe in American life,* Harvard University Press.
31. Alfredo Morabia, 2007, "Epidemiologic interactions, complexity, and the lonesome death of Max von Pettenkofer," *American Journal of Epidemiology* 166(11): 1233–38.
32. Simon Szreter, 1988, "The importance of social intervention in Britain's mortality decline c. 1850–1914: A reinterpretation of the role of public health," *Social History of Medicine* 1(1): 1–36.
33. Tomes, *The gospel of germs,* and Joel Mokyr, *The gifts of Athena: Historical origins of the knowledge economy,* Princeton University Press.
34. Samuel J. Preston and Michael Haines, 1991, *Fatal years: Child mortality in late nineteenth century America,* Princeton University Press.
35. Howard Markel, 2005, *When germs travel: Six major epidemics that have invaded America and the fears they have unleashed,* Vintage.
36. Valerie Kozel and Barbara Parker, n.d., "Health situation assessment report: Chitrakot district," World Bank, unpublished.

第三章

1. Davidson R. Gwatkin, 1980, "Indications of change in developing country mortality trends: The end of an era?" *Population and Development Review* 6(4): 615–44.
2. "Water with sugar and salt," *The Lancet,* August 5, 1978, pp. 300–301; quote on p. 300.
3. Preston, "The changing relation between mortality and level of economic development."
4. Joshua H. Horn, 1970, *Away with all pests: An English surgeon in the People's Republic of China, 1954–1969,* Monthly Review Press.
5. Jean Drèze and Amartya Sen, 2002, *India: Development and participa tion,* Oxford.
6. Deaton, "Income, health, and wellbeing around the world."
7. Nazmul Chaudhury, Jeffrey Hammer, Michael Kremer, Karthik Muralidharan, and F. Halsey Rogers, 2006, "Missing in action: Teacher and health worker absence in developing countries," *Journal of Economic Perspectives* 20(1): 91–116.

第四章

1. 关于本节中讨论的许多问题，可参见：Eileen M. Crimmins, Samuel H. Preston, and Barry Cohen, 2011, *Explaining divergent levels of longevity in high-income countries,* National Academies Press.
2. 这些以及其他关于吸烟的数据由 P. N. Lee Statistics and Computing Ltd. 整理，来自他们的网站 International Mortality and Smoking Statistics database, http://www.pnlee.co.uk/imass.htm.
3. Tomes, *The gospel of germs,* and Mokyr, *The gifts of Athena,* especially Chapter 5.
4. 图表由作者根据世界卫生组织的死亡率数据库中的数据计算得来，http://www.who.int/healthinfo/ morttables/en/.
5. http://www.mskcc.org/cancer-care/adult/lung/prediction-tools.
6. Crimmins, Preston, and Cohen, *Explaining divergent levels of longevity.*
7. http://www.mayoclinic.com/health/diuretics/HI00030.
8. Veterans Administration Cooperative Study Group, 1970, "Effects of treatment on morbidity in hypertension. II. Results in patients with diastolic blood pressure averaging 90 through 114 mm Hg," *Journal of the American Medical Association* 213(7): 1143–52.
9. Earl S. Ford, Umed A. Ajani, Janet B. Croft, et al., 2007, "Explaining the decrease in U.S. deaths from coronary disease, 1980–2000," *New England Journal of Medi-*

cine 356(23): 2388–98.

10. David Cutler, 2005, *Your money or your life: Strong medicine for America's health care system*, Oxford, and David Cutler, Angus Deaton, and Adriana Lleras-Muney, 2006, "The determinants of mortality," *Journal of Economic Perspectives* 20(3): 97–120.

11. John C. Bailar III and Elaine M. Smith, 1986, "Progress against cancer?" *New England Journal of Medicine* 314(19): 1226–32, and John C. Bailar III and Heather L. Gornik, 1997, "Cancer undefeated," *New England Journal of Medicine* 336(22): 1569–74.

12. David M. Cutler, 2008, "Are we finally winning the war on cancer?" *Journal of Economic Perspectives* 22(4): 3–26.

13. Archie Bleyer and H. Gilbert Welch, 2012, "Effects of three decades of screening mammography on breast-cancer incidence," *New England Journal of Medicine* 367(21): 1998–2005.

14. Siddhartha Mukherjee, 2010, *The emperor of all maladies*, Scribner.

15. H. Gilbert Welch, Lisa Schwartz, and Steve Woloshin, 2011, *Overdiagnosed*, Beacon Press.

16. Gabriele Doblhammer and James W. Vaupel, 2001, "Lifespan depends on month of birth," *Proceedings of the National Academy of Sciences* 98(5): 2934–39.

17. 因为我自己有行髋关节置换术的经验，参见：http://www.princeton.edu/~deaton/downloads/letterfromamerica_apr2006_hip-op.pdf.

18. Henry Aaron and William B. Schwartz, 1984, *The painful prescription: Rationing hospital care*, Brookings.

19. Nicholas Timmins, 2009, "A NICE way of influencing health spending: A conversation with Sir Michael Rawlins," *Health Affairs* 28(5): 1360–65.

20. http://www.dartmouthatlas.org/. See also John E. Wennberg and Megan M. Cooper, 1999, *The quality of medical care in the United States: A report on the Medicare program. The Dartmouth atlas of healthcare 1999*, American Hospital Association Press; John E. Wennberg, Elliott Fisher, and Jonathan Skinner, 2002, "Geography and the debate over Medicare reform," *Health Affairs* 96–114, DOI: 10.1377/hlthaff.w2.96; and Katherine Baicker and Amitabh Chandra, 2004, "Medicare spending, the physician workforce, and beneficiaries' quality of care," *Health Affairs Web Exclusive* W4: 184–97, DOI: 10.1377/hlthaff.W4.184.

21. 有一个简短易读的摘要见：Ezekiel J. Emanuel and Victor R. Fuchs, 2008, "Who really

pays for health care?: The myth of 'shared responsibility,'" *Journal of the American Medical Association* 299(9): 1057-59. 也可以参见: Jonathan Gruber, 2000, "Health insurance and the labor market," in A. J. Culyer and J. P. Newhouse, eds., *Handbook of health economics,* Volume 1, Elsevier, 645–706, and Kate Baicker and Amitabh Chandra, 2006, "The labor market effects of rising health insurance premiums," *Journal of Labor Economics* 24(3): 609–34.

22. Victor R. Fuchs, "The financial problems of the elderly: A holistic view," in Stuart H. Altman and David I. Shactman, eds., *Policies for an aging society,* Johns Hopkins University Press, 378–90.

23. Katherine M. Flegal, Barry I. Graubard, David F. Williamson, et al., 2003, "Excess deaths associated with underweight, overweight, and obesity," *Journal of the American Medical Association* 293(15): 1861–67; Edward W. Gregg, Yiling J. Chen, Betsy L. Caldwell, et al., 2005, "Secular trends in cardiovascular disease risk factors according to body mass index in US adults," *Journal of the American Medical Association* 293(15): 1868–74; S. Jay Olshansky, Douglas J. Passaro, Ronald C. Hershow, et al., 2005, "A potential decline in life expectancy in the United States in the 21st century," *New England Journal of Medicine* 352(12): 1138–45; and Neil K. Mehta and Virginia W. Chang, 2011, "Secular declines in the association between obesity and mortality in the United States," *Population and Development Review* 37(3): 435–51.

24. Jim Oeppen and James W. Vaupel, 2002, "Broken limits to life expectancy," *Science* 296 (May 10), 1029–31. See also Jennifer Couzin-Frankel, 2011, "A pitched battle over life span," *Science* 333 (July 29), 549–50.

25. Morris, *Why the West rules;* quote on p. 296.

26. Alfred W. Crosby, [1973] 2003, *The Columbian exchange: Biological and cultural consequences of 1492,* Greenwood; Jared Diamond, 2005, *Guns, germs, and steel: The fates of human societies,* Norton; and Charles C. Mann, 2011, *1493: Uncovering the new world that Columbus created,* Knopf.

27. Phyllis B. Eveleth and James M. Tanner, 1991, *Worldwide variation in human growth,* Cambridge University Press, and Roderick Floud, Kenneth Wachter, and Anabel Gregory, 2006, *Height, health, and history: Nutritional status in the United Kingdom, 1750–1980,* Cambridge University Press.

28. Anne C. Case and Christina H. Paxson, 2008, "Stature and status: Height, ability, and labor market outcomes," *Journal of Political Economy* 116(3): 499–532.
29. T. J. Cole, 2003, "The secular trend in human physical growth: A biological view," *Economics and Human Biology* 1(2): 161–68.
30. Timothy J. Hatton and Bernice E. Bray, 2010, "Long-run trends in the heights of European men, 19th–20th centuries," *Economics and Human Biology* 8(3): 405–13.
31. Timothy J. Hatton, 2011, "How have Europeans grown so tall?" CEPR Discussion Paper DP8490, available at SSRN: http://ssrn.com/abstract= 1897996.
32. Dean Spears, 2012, "How much international variation in child height can sanitation explain?" http://www.princeton.edu/rpds/papers/Spears_ Height_and_Sanitation.pdf.pdf.
33. Floud, Wachter, and Gregory, *Height, health, and history.*
34. Angus Deaton, 2008, "Height, health, and inequality: The distribution of adult heights in India," *American Economic Review* 98(2): 468–74.
35. S. V. Subramanian, Emre Özaltin, and Jocelyn E. Finlay, 2011, "Height of nations: A socioeconomic analysis of cohort differences and patterns among women in 54 low-to middle-income countries," *PLoS ONE* 6(4): e18962.

第五章

1. Lant Pritchett, 1997, "Divergence, big time," *Journal of Economic Perspectives* 11(3): 3–17.
2. François Bourguignon and Christian Morrisson, 2002, "Inequality among world citizens: 1820–1992," *American Economic Review* 92(4): 727–44.
3. These numbers and those in Figure 1 come from http://www.bea.gov/ iTable/iTable. cfm?ReqID=9&step=1#reqid=9&step=3&isuri=1&903=264.
4. William Nordhaus and James Tobin, 1972, "Is growth obsolete?" in *Economic Research: Retrospect and prospect,* Volume 5: *Economic growth,* National Bureau of Economic Research, 1–80.
5. Gordon M. Fisher, 1992, "The development and history of the poverty thresholds," http://www.ssa.gov/history/fisheronpoverty.html.
6. Connie F. Citro and Robert T. Michael, 1995, *Measuring poverty: A new approach,* National Academies Press.

7. Amartya K. Sen, 1983, "Poor, relatively speaking," *Oxford Economic Papers*, New Series 35(2): 153–69.
8. The Census Bureau maintains a website covering the experimental measures, http://www.census.gov/hhes/povmeas/.
9. Bruce D. Meyer and James X. Sullivan, 2012, "Winning the war: Poverty from the Great Society to the Great Recession," *Brookings Papers on Economic Activity,* Fall, 133–200.
10. David S. Johnson and Timothy M. Smeeding, 2012, "A consumer's guide to interpreting various U.S. poverty measures," *Fast Focus* 14, Institute for Research on Poverty, University of Wisconsin at Madison.
11. James C. Scott, 1999, *Seeing like a state: How certain schemes to improve the human condition have failed,* Yale University Press.
12. Jan Tinbergen, 1974, "Substitution of graduate by other labor," *Kyklos* 27(2): 217–26.
13. Lawrence F. Katz and Claudia Goldin, 2010, *The race between education and technology,* Belknap.
14. Anthony B. Atkinson, 2008, *The changing distribution of earnings in OECD countries,* Oxford University Press.
15. Daron Acemoglu, 2002, "Technical change, inequality, and the labor market," *Journal of Economic Literature* 40(1): 7–72.
16. Jonathan Gruber, 2000, "Health insurance and the labor market," in Anthony J. Culyer and Joseph P. Newhouse, eds., *Handbook of health economics,* Volume 1, Part A, Elsevier, 645–706.
17. Emanuel and Fuchs, "Who really pays for health care?"
18. Robert Frank, 2007, *Richistan: A journey through the American wealth boom and the lives of the new rich,* Crown.
19. David H. Autor, Lawrence F. Katz, and Melissa S. Kearney, 2006, "The polarization of the U.S. labor market," *American Economic Review* 96(2): 189–94, and David Autor and David Dorn, "The growth of low-skill service jobs and the polarization of the US labor market," *American Economic Review,* forthcoming, available at http://economics.mit.edu/files/1474.
20. David Card and Alan B. Krueger, 1994, "Minimum wages and employment: A case study of the fast food industry in New Jersey and Pennsylvania," *American Economic Re-*

view 84(4): 772–93, and David Card and Alan B. Krueger, 1995, *Myth and measurement: The new economics of the minimum wage,* Princeton University Press.

21. James Buchanan, 1996, "A commentary on the minimum wage," *Wall Street Journal,* April 25, p. A20.

22. David S. Lee, 1999, "Wage inequality in the United States during the 1980s: Rising dispersion or falling minimum wage," *Quarterly Journal of Economics* 114(3): 977–1023.

23. Congressional Budget Office, 2011, *Trends in the distribution of household income between 1979 and 2007,* Washington, DC.

24. Thomas Piketty and Emmanuel Saez, 2003, "Income inequality in the United States 1913–1998," *Quarterly Journal of Economics* 118(1): 1–41.

25. Simon Kuznets, 1953, *Shares of upper income groups in income and saving,* National Bureau of Economic Research.

26. 皮凯蒂-塞思分析中的收入是应税收入，是纳税单位的收入，而不是家庭或家户的收入，家庭或家户还包括不相关的个人。之前引用的国会预算办公室的收入数据包括了国民经济核算中的一些项目，但没有被纳入这个调查。在一些研究中，家庭或家户收入根据该纳税单位的人数以及他们是成人还是儿童进行了修正。我尽量不让读者了解这些细节，因为我认为这些细节不会影响我所讲述的大致故事，但在不进行修正或调整的情况下，比较收入的不同定义可能是有问题的。

27. Congressional Budget Office, *Trends in the distribution of household income.*

28. Miles Corak, "Inequality from generation to generation: The United States in comparison," University of Ottawa, http://milescorak.files.wordpress.com/2012/01/inequality-from-generation-to-generation-the-united-states-in-comparison-v3.pdf.

29. Martin S. Feldstein, 1998, "Income inequality and poverty," National Bureau of Economic Research Working Paper 6770; quote from abstract.

30. Marianne Bertrand and Sendhil Mullainathan, 2001, "Are CEOs rewarded for luck? The ones without principals are," *Quarterly Journal of Economics* 116(3): 901–32.

31. Thomas Philippon and Ariell Reshef, 2012, "Wages and human capital in the U.S. financial industry: 1909–2006," *Quarterly Journal of Economics* 127(4): 1551–1609.

32. Jacob S. Hacker and Paul Pierson, 2011, *Winner-take-all politics: How Washington made the rich richer—and turned its back on the middle class,* Simon and Schuster.

33. Gretchen Morgenson and Joshua Rosner, 2011, *Reckless endangerment: How outsized ambition, greed, and corruption created the worst financial crisis of our time,* St. Martin's Griffin.
34. Thomas Piketty, Emmanuel Saez, and Stefanie Stantcheva, 2011, "Optimal taxation of top labor incomes: A tale of three elasticities," National Bureau of Economic Research Working Paper 17616. Note that these authors interpret the relationship differently than I do in the text.
35. Larry Bartels, 2010, *Unequal democracy: The political economy of the new gilded age,* Princeton University Press, and Martin Gilens, 2012, *Affluence and influence: Economic inequality and political power in America,* Princeton University Press.
36. Anne O. Krueger, 1974, "The political economy of the rent-seeking society," *American Economic Review* 64(3): 291–303, and Jagdish N. Bhagwati, 1982, "Directly unproductive profit-seeking (DUP) activities," *Journal of Political Economy* 90(5): 988–1002.
37. Gilens, *Affluence and influence.*
38. Joseph E. Stiglitz, 2012, *The price of inequality: How today's divided society endangers our future,* Norton.
39. Eric Jones, 1981, *The European miracle: Environments, economies, and geopolitics in the history of Europe and Asia,* Cambridge University Press, and 1988, *Growth recurring: Economic change in world history,* Oxford University Press.
40. Stanley Engerman and Kenneth L. Sokoloff, 2011, *Economic development in the Americas since 1500: Endowments and institutions,* Cambridge University Press.
41. Daron Acemoglu, Simon Johnson, and James Robinson, 2002, "Reversal of fortune: Geography and institutions in the making of the modern world income distribution," *Quarterly Journal of Economics* 117(4): 1231–94, and Acemoglu and Robinson, *Why nations fail.*
42. Mancur Olson, 1982, *The rise and decline of nations: Economic growth, stagflation, and social rigidities,* Yale University Press.

第六章

1. 参见：https://pwt.sas.upenn.edu/icp.html for information on the International Comparison of Prices Program. The price collection program is housed at the World Bank; see

http://siteresources.worldbank.org/ICPEXT/Resources/ICP_2011.html.
2. Angus Deaton and Alan Heston, 2010, "Understanding PPPs and PPP-based national accounts," *American Economic Journal: Macroeconomics* 2(4): 1–35.
3. Milton Gilbert, Colin Clark, J.R.N. Stone, et al., 1949, "The measurement of national wealth: Discussion," *Econometrica* 17 (Supplement, Report of the Washington Meeting): 255–72; quote on p. 261.
4. Robert M. Solow, 1956, "A contribution to the theory of economic growth," *Quarterly Journal of Economics* 70(1): 65–74.
5. Angus Maddison and Harry X. Wu, 2008, "Measuring China's economic performance," *World Economics* 9(2): 13–44.
6. William Easterly, Michael Kremer, Lant Pritchett, and Lawrence H. Summers, 1993, "Good policy or good luck? Country growth performance and temporary shocks," *Journal of Monetary Economics* 32(3): 459–83.
7. Commission on Growth and Development, 2008, *The growth report: Strategies for sustained growth and inclusive development*, World Bank.
8. Paul Collier, 2008, *The bottom billion: Why the poorest countries are failing and what can be done about it*, Oxford University Press.
9. Matthew Connelly, 2008, *Fatal misconceptions: The struggle to control world population*, Harvard University Press.
10. Julian L Simon, 1983, *The ultimate resource*, Princeton University Press.
11. David Lam, 2011, "How the world survived the population bomb: Lessons from 50 years of extraordinary demographic history," *Demography* 48(4): 1231–62.
12. Angus Deaton, 2005, "Measuring poverty in a growing world, or measuring growth in a poor world," *Review of Economics and Statistics* 87(1): 1–19.
13. Atul Kohli, 2012, *Poverty amid plenty in the new India*, Cambridge University Press.
14. Robert C. Allen, Tommy E. Murphy, and Eric B. Schneider, 2012, "The colonial origins of the divergence in the Americas: A labor market approach," *Journal of Economic History* 72(4): 863–94.
15. Anthony B. Atkinson, Thomas Piketty, and Emmanuel Saez, 2011, "Top incomes in the long run of history," *Journal of Economic Literature* 49(1): 3–71.
16. Ibid.

17. Maarten Goos, Alan Manning, and Anna Salomons, 2009, "Job polarization in Europe," *American Economic Review* 99(2): 58–63.
18. Branko Milanovic, 2007, *Worlds apart: Measuring international and global inequality*, Princeton University Press. An important update is Branko Milanovic, 2010, "Global income inequality," http://siteresources.worldbank.org/INTPOVRES/Resources/477227-1173108574667/global_inequality_ presentation_milanovic_imf_2010.pdf.
19. Ronald Dworkin, 2000, *Sovereign virtue*, Harvard University Press, 6. Quoted in Thomas Nagel, 2005, "The problem of global justice," *Philosophy and Public Affairs* 33(2): 113–47, p. 120.

第七章

1. 这些数字和计算来自世界银行关于贫困计算的网站，http://iresearch.worldbank.org/PovcalNet/index.htm?3.
2. Angus Deaton and Olivier Dupriez, 2011, "Purchasing power parity exchange rates for the global poor," *American Economic Journal: Applied Economics* 3(2): 137–66.
3. http://www.givingwhatwecan.org/.
4. Richard Attenborough, "17p to save a child's life," *The Observer*, March 4, 2000, http://www.guardian.co.uk/world/2000/mar/05/mozambique.theobserver.
5. Smith, 1767, *Theory of moral sentiments*, p. 213.
6. David Hume, 1912 [1777], *An enquiry concerning the principles of morals*, Project Gutenberg edition, part I (originally published in 1751).
7. Peter Singer, 1972, "Famine, affluence, and mortality," *Philosophy and Public Affairs* 1(1): 229–43; quote on p. 242.
8. Peter Singer, 2009, *The life you can save: Acting now to end world poverty*, Random House.
9. 除非另有说明，本章中有关援助的数据均来自经济合作与发展组织发展援助委员会，http://www.oecd.org/dac/stats/, or from World Bank, World Development Indicators, http:// databank.worldbank.org/data/home.aspx.
10. The term comes from Jonathan Temple, 2010, "Aid and conditionality," *Handbook of development economics*, Elsevier, Chapter 67, p. 4420.
11. Peter Bauer, 1971, *Dissent on development*, Weidenfeld and Nicolson, quoted in Temple,

"Aid and conditionality," p. 4436.
12. 本节中的许多资料来自：Roger Riddell, 2007, *Does foreign aid really work?* Oxford.
13. Quoted in Devesh Kapur, John P. Lewis, and Richard Webb, eds., 1997, *The World Bank: Its first half century,* Volume 1: *History,* Brookings Institution Press, p. 128.
14. William Easterly and Claudia R. Williamson, 2011, "Rhetoric v. reality: The best and worst of aid agency practices," *World Development* 39(11): 1930–49.
15. Ibid., and for the next two paragraphs.
16. Alberto Alesina and David Dollar, 2000, "Who gives foreign aid to whom and why," *Journal of Economic Growth* 5(1): 33–63.
17. Michael Maren, 2002, *The road to hell: The ravaging effects of foreign aid and international charity,* Free Press; Alex de Waal, 2009, *Famine crimes: Politics and the disaster relief industry in Africa,* Indiana University Press; and Linda Polman, 2011, *The crisis caravan: What's wrong with humanitarian aid,* Picador.
18. Helen Epstein, 2010, "Cruel Ethiopia," *New York Review of Books,* May 13.
19. Angus Deaton and Ronald I. Miller, 1995. *International commodity prices, macroeconomic performance, and politics in sub-Saharan Africa,* Princeton Studies in International Finance 79, Princeton University Press.
20. Angus Deaton, 1999, "Commodity prices and growth in Africa," *Journal of Economic Perspectives* 13(3): 23–40.
21. Arvind Subramanian and Raghuram Rajan, 2008, "Aid and growth: What does the cross-country evidence really show?" *Review of Economics and Statistics* 90(4): 643–65.
22. Nancy Cartwright and Jeremy Hardie, 2012, *Evidence-based policy: A practical guide to doing it better,* Oxford University Press.
23. Nicolas van de Walle, 2005, *Overcoming stagnation in aid-dependent countries,* Center for Global Development; Todd Moss, Gunilla Pettersson, and Nicolas van de Walle, 2007, "An aid-institutions paradox? A review essay on aid dependency and state building in sub-Saharan Africa," in William Easterly, ed., *Reinventing foreign aid,* MIT Press, 255–81; and Timothy Besley and Torsten Persson, 2011, *Pillars of prosperity: The political economics of development clusters,* Princeton University Press.
24. Moss, Pettersson, and van de Walle, "An aid-institutions paradox?"
25. Quoted in Deaton, "Commodity prices and growth in Africa," p. 23.

26. Arvind Subramanian and Raghuram Rajan, 2011, "Aid, Dutch disease, and manufacturing growth," *Journal of Development Economics* 94(1): 106–18.
27. Michela Wrong, 2001, *In the footsteps of Mr. Kurz: Living on the brink of disaster in Mobutu's Congo,* Harper.
28. Nicolas van de Walle, *Overcoming stagnation.*
29. Besley and Persson, *Pillars of prosperity;* see also Timothy Besley and Torsten Persson, 2011, "Fragile states and development policy," *Journal of the European Economic Association* 9(3): 371–98.
30. Jakob Svensson, 2003, "Why conditional aid does not work and what can be done about it," *Journal of Development Economics* 70(2): 381–402, and 2006, "The institutional economics of foreign aid," *Swedish Economic Policy Review* 13(2): 115–37.
31. Ravi Kanbur, 2000, "Aid, conditionality, and debt in Africa," in Finn Tarp, ed., *Foreign aid and development: Lessons learnt and directions for the future,* Routledge, 318–28; quote on p. 323.
32. Robert H. Bates, 2006, "Banerjee's approach might teach us more about impact but at the expense of larger matters," *Boston Review,* September, pp. 67–72.
33. William Easterly, 2002, *The elusive quest for growth: Economists' adventures and misadventures in the tropics,* MIT Press; quote on p. 116.
34. Polman, *The crisis caravan.*
35. Michela Wrong, 2009, *It's our turn to eat: The story of a Kenyan whistleblower,* Harper.
36. Nick Cullather, 2010, *The hungry world: America's Cold War battle against poverty in Asia,* Harvard University Press.
37. Nicolas van de Walle, *Overcoming stagnation.*
38. Connelly, *Fatal misconceptions.*
39. James Ferguson, 1994, *The anti-politics machine: "Development," depoliticization, and bureaucratic power in Lesotho,* University of Minnesota Press.
40. Leif Wenar, 2010, "Poverty is no pond: Challenges for the affluent," in Patricia Illingworth, Thomas Pogge, and Leif Wenar, eds., *Giving well: The ethics of philanthropy,* Oxford University Press, pp. 104–32.
41. William Easterly, 2006, *The White Man's Burden: Why the West's efforts to aid the rest have done so much ill and so little good,* Penguin.

42. Mark Mazower, 2009, *No enchanted palace: The end of empire and the ideological origins of the United Nations,* Princeton University Press.
43. Michela Wrong, 2006, *I didn't do it for you: How the world betrayed a small African nation,* Harper.
44. Ruth Levine et al., 2004, *Millions saved: Proven successes in global health,* Center for Global Development.
45. Anthony S. Fauci and Gregory K. Folkers, 2012, "The world must build on three decades of scientific advances to enable a new generation to live free of HIV/AIDS," *Health Affairs* 31(7): 1529–36.
46. Deon Filmer, Jeffrey Hammer, and Lant Pritchett, 2000, "Weak links in the chain: A diagnosis of health policy in poor countries," *World Bank Research Observer* 15(2): 199–224; quote on p. 199.
47. Helen Epstein, 2005, "The lost children of AIDS," *New York Review of Books,* November 3.
48. A favorite (and effective) question put by William Easterly; see, for example, 2012, "How I would not lead the World Bank: Do not, under any circumstances, pick me," *Foreign Policy,* March 5.
49. World Health Organization, 2001, *Macroeconomics and health: Investing in health for economic development,* http://www.cid.harvard.edu/archive/cmh/cmhreport.pdf, and Jeffrey Sachs, 2006, *The end of poverty: Economic possibilities for our time,* Penguin.
50. http://www.oecd.org/dac/aideffectiveness/parisdeclarationandaccraagendaforaction.htm#Paris.
51. Nancy Birdsall and William Savedoff, 2010, *Cash on delivery: A new approach to foreign aid,* Center for Global Development.
52. Abhijit Vinayak Banerjee, 2007, *Making aid work,* MIT Press, pp. 91–97; quote on pp. 95–96.
53. Thomas Pogge, 2012, "The Health Impact Fund: Enhancing justice and efficiency in global health," *Journal of Human Development and Capabilities,* DOI: 10.1080/19452829.2012.703172.
54. Michael Kremer, Ruth Levine, and Alice Albright, 2005, *Making markets for vaccines: Ideas to action,* Report of the Advance Market Commitment Working Group, Center for

Global Development.
55. http://www.gavialliance.org/funding/pneumococcal-amc/about/.
56. Michael Kremer and Seema Jayachandran, 2006, "Odious debt," *American Economic Review* 96(1): 82–92.
57. The Extractive Industries Transparency Initiative, www.eitc.org.
58. Kofi Annan, 2012, "Momentum rises to lift Africa's resource curse," *New York Times*, September 14, http://www.nytimes.com/2012/09/14/opinion/kofi-annan-momentum-rises-to-lift-africas-resource-curse.html?_r=0.

后记

1. Jared Diamond, 2004, *Collapse: How societies choose to fail or succeed*, Viking.
2. Olson, *Rise and decline of nations*.
3. Steven Pinker, 2011, *The better angels of our nature: Why violence has declined*, Viking.
4. Kenny, *Getting better*.